应用本科通识教育系列教材

大学语文

DAXUE YUWEN

主　编　邹春霞　季　芳

副主编　贾　彬　任芯颖　童　敏
　　　　孙洪禛　石　昭

参　编　卢　颖　蹇　佳　蒋静静
　　　　杨晓玉　刘子菱

重庆大学出版社

图书在版编目(CIP)数据

大学语文 / 邹春霞，季芳主编. --重庆：重庆大学出版社，2017.8（2021.8重印）

ISBN 978-7-5689-0793-4

Ⅰ. ①大…　Ⅱ. ①邹…②季…　Ⅲ. ①大学语文课—高等学校—教材　Ⅳ. ①H193.9

中国版本图书馆CIP数据核字（2017）第214216号

大学语文

主　编　邹春霞　季　芳
副主编　贾　彬　任芯颖　童　敏
孙洪禎　石　昭
策划编辑：贾　曼
责任编辑：向文平　　版式设计：张　晗
责任校对：姜　凤　　责任印制：张　策
*
重庆大学出版社出版发行
出版人：饶帮华
社址：重庆市沙坪坝区大学城西路21号
邮编：401331
电话：（023）88617190　88617185（中小学）
传真：（023）88617186　88617166
网址：http://www.cqup.com.cn
邮箱：fxk@cqup.com.cn（营销中心）
全国新华书店经销
重庆市正前方彩色印刷有限公司印刷
*
开本：787mm×1092mm　1/16　印张：15.25　字数：393千
2017年8月第1版　　2021年8月第4次印刷
ISBN 978-7-5689-0793-4　定价：42.00元

前言

《大学语文》是集工具性、基础性、审美性、人文性、趣味性和综合性于一体的课程，它是以中国传统文化为主体的文化与文学的主要载体，凝聚着深厚的人文精神与科学精神。

2007年教育部高教司《高等学校大学语文教学改革研讨会纪要》指出：“大学语文应当成为普通高等院校面向全体学生开设的公共必修课；明确课程性质、功能和目标，突出课程特色，保证教学效果；从各高校的实际情况出发，积极创造条件，提高课程质量。”

为适应高等教育发展的新形势和应用本科人才培养的需要，引导学生研读母语经典及代表性优秀作品，提高大学生的语文水平，提升其人文精神、科学精神、审美能力和鉴赏能力，拓展其观察世界的视野，挖掘其认识世界的深度，本书编写立足于更新人才培养观念和教学理念，以学生的需要为中心，把培养思维能力和创新意识，提高阅读、写作与表达能力有机统一起来，强化学生在教学过程中的主体地位，探索课堂教学的多元化模式。

本编写组在认真总结近年来大学语文教学经验和教学改革成果的基础上，讨论确定了大学何为、仁者爱人、情满人间、山水自然、家国天下、生命哲思、艺术审美、科学创新八个专题，精选了64篇经典文学作品。其中，每个专题八篇文章，前三篇为重点解读文章，后五篇为拓展阅读作品。

本书突破了现有教材的固有模式，在体例上进行了一定创新。每个专题下面，不仅有与主题相关联的知识链接，还有运用现代多媒体技术精心设计的原创微课作品，如需要可找编者索取（邮箱：975240121@qq.com）。为了提升学生的阅读、理解、思辨、表达能力，我们还在每个单元最后增设了“学以致用”的环节，精心设计了可操作性极强的各具特色的主题活动。

本书作为“应用本科通识教育系列”的主干教材，注释精当，特色鲜明，既便于教师讲授，又便于学生自学。本书可以作为高等学校非中文专业大学语文课的通用教材。

本书由邹春霞、季芳担任主编，负责全书的总纂、统稿、修改和定稿工作，贾彬、任芯颖、童敏、孙洪禛、石昭担任副主编，卢颖、蹇佳、蒋静静等老师参与了相关章节的资料收集与编纂工作。本书在编写过程中，参阅了大量书刊和相关论著，并吸收了其中的最新研究成果和有益经验，在此谨向原作者致以衷心感谢！

由于我们水平有限，本书难免存在一些问题和不足，诚请专家、读者批评指正，以便我们再版时修正、完善。

因时间仓促，本书所引用的某些文章及译文未及与著作人联系，见书后，请有关著作权人与重庆大学出版社或重庆市版权保护中心联系。

编　者

2017年8月

目 录

拓展阅读

第 3 单元　情满人间

拓展阅读

第 4 单元　山水自然

拓展阅读

第7单元　艺术审美

拓展阅读

第8单元　科学创新

拓展阅读

第 1 单元

大学何为

大学之“大”在于其有博大精深的学问。“论天下之精微，理万物之是非。”从战国时期的稷下学宫到古希腊时期的柏拉图学园，从传统书院到现代高等教育机构，大学汇聚的学问深不可测。它是人类智慧的殿堂，知识的圣地，是人类文明的重要象征。现代大学应以知识之力量促使学生触及时代脉搏，以脚踏实地之精神，深明义理。大学之“大”还在于其有执着地追求“真理高于一切”的信念。人类文明的传承正是在于知识分子对真理的追求。现代大学在历史的长河中承担着这一时代和社会的责任，大学人要以“不为五斗米折腰”的情怀在世俗社会中力排功利主义，追求真理与正义。大学之“大”还在于其有独立于世的精神，这正是一所大学真正吸引人之处。遥想抗日战争时期的西南联合大学，在内忧外患的情况下以“刚毅坚卓”的精神在大后方形成一道独特的风景线。

“大学之道，在明明德，在亲民，在止于至善。”在现代社会，大学应坚持“以人为本”的教育理念，培养高素质的社会公民。

1 大学（节选）[1]

大学之道[2]，在明明德[3]，在亲民[4]，在止于至善[5]。知止而后有定[6]，定而后能静，静而后能安，安而后能虑，虑而后能得[7]。物有本末[8]，事有终始。知所先后，则近道矣。

古之欲明明德于天下者，先治其国；欲治其国者，先齐其家[9]；欲齐其家者，先修其身[10]；欲修其身者，先正其心；欲正其心者，先诚其意；欲诚其意者，先致其知[11]；致知在格物[12]。

物格而后知至，知至而后意诚，意诚而后心正，心正而后身修，身修而后家齐，家齐而后国治，国治而后天下平。

自天子以至于庶人[13]，壹是皆以修身为本[14]。其本乱，而末治者否矣。其所厚者薄，而其所薄者厚[15]，未之有也[16]。

---

[1] 选自戴圣编《十三经注疏》，上海古籍出版社，2007 年版。

[2]大学：相对于小学而言的“大人之学”。古代八岁入小学，学习“洒扫应对进退、礼乐射御书数”等文化基础知识和礼节；十五岁入大学，学习“穷理正心，修己治人”的学问。

[3] 明明德：前一个“明”字作使动词用，即“使彰明”，也就是发扬、弘扬的意思；后一个“明”字是形容词，明德，即光明正大的德性。

[4] 亲民：程颐说“亲”当作“新”，即革新、自新。新民，使人弃旧图新、去恶从善。

[5] 至善：最完善的境界。

[6] 知止：知道目的地。

[7] 定、静、安、虑、得：讲了心里认识、完善的过程，是儒家心性修养的重要途径，后人对此讨论很多。

[8] 本末：本是根，末是梢，即是根本与枝末。这是古代重要的哲学概念。

[9] 齐其家：治理好自己的家庭或家族

[10] 修其身：修养自身的品性。

[11] 致其知：使自己获得知识。

[12] 格物：认识、研究万事万物的道理。

[13] 庶人：指平民百姓。

[14] 壹是：都是。本：根本。

[15] 其所厚者薄：当重视的不重视。薄者厚：不该重视的反而重视。

[16] 未之有也：即“未有之也”，没有这样的道理。

《礼记》是一部孔子弟子及其后世学者论述先秦礼制的学术论文集，作者并非一人，写作年代也前后不一。《礼记》在流传过程中，又有《大戴礼记》和《小戴礼记》之分。《大戴礼记》为戴德汇编而成，共八十五篇；《小戴礼记》为戴圣汇编而成，共四十九篇。《大戴礼记》的流传若断若续，仅有三十九篇保存下来。我们今天所见到《礼记》乃是戴圣所编的《小戴礼记》。

戴德、戴圣本为叔侄关系，二人同时师从经学大师后苍学礼。《后汉书·儒林列传》曰："苍授梁人戴德及德兄子圣、沛人庆普，于是德为《大戴礼》、圣为《小戴礼》，庆为'庆氏礼'，三家皆立博士。"戴德曾被任命为信都王刘兴的太傅，汉宣帝时被立为博士。戴圣一生以学习儒家经典为主，潜心钻研《礼》学，先后两次为《礼》经学博士，官至九江太守，除编纂《礼记》外，还有《石渠礼论》四卷、《群经疑义》十二卷等著作。

《礼记》四十九篇，始于《曲礼》，终于《丧服四制》，主要内容是记载和论述先秦到汉的礼制、礼仪，解释仪礼。这部著作内容深广，集中体现了先秦儒家的政治、哲学和伦理观念，宣扬了儒家的礼治思想，为古代政府提供了极富弹性的礼治理论。《礼记》对中国古代封建社会产生了深远的影响。

《礼记·大学》系统地阐述了儒家"修己治人"的思想，总结了先秦儒家的"德治仁政"主张，强调"修己"是治国的关键。

朱熹和"四书"

在中国的历史长河中，宋代一直遭受着内忧外患的困扰。王安石变法失败以及"靖康之变"，不仅造成了南宋初期政局的动荡，同时也导致宋代士大夫人文精神发生巨大转折。这主要体现在理学思想的兴起和构建上。

南宋初期的民族危机使得天理愈加不明、人欲横流，孔孟倡导的仁义道德、“礼乐治国”的理想已无法推行。由此激发了南宋士大夫们从“外王之道”转移到“内圣之学”，从治世之道转移到心性修养。理学的发展就是在这一时代背景下产生的。

朱熹是宋朝理学的集大成者。朱熹，字元晦，又字仲晦，谥文，世称朱文公，是宋朝著名理学家、思想家、教育家。朱熹的理学思想对元、明、清三朝影响很大。先秦到汉唐的儒家学者以阐释“五经”（也即《诗》《书》《礼》《周易》《春秋》）为重点。南宋时，朱熹将《礼记》中的《中庸》与《大学》提出来，单篇成书，与记录孔子言行的《论语》、记录孟子言行的《孟子》合在一起称为“四书”。朱熹作为宋朝理学的集大成者，他对“四书”的研究更是倾注了一生的心血，并且构建了庞大的“四书学”体系，《四书章句集注》的问世最终使“四书”取代了“五经”成为儒学新经典。

从“五经”到“四书”，也即是从“礼”到“理”的转化。在“五经”核心价值的引导下，孔子及其后学，以及历代儒家均致力于“礼”的阐发。而“四书”中所有概念都笼罩在“理”的解释中。朱熹说：“天者，理而已矣。大之事小，小之事大，皆理之当然也。自然合理，故曰乐天。不敢违理，故曰畏天。”

“四书”弘扬道统，继善成性、修己安人等思想内涵，集中体现了宋代理学家对“内圣外王”理想之路的追寻。

切问近思

1. 如何理解“大学之道”？

2.《大学》提出的“三纲八目”有什么内在联系？

3. 在当代社会我们该如何从传统文化中汲取养分，提升自身修养？

2 大学以精神为最上[1]

陈平原

1931 年出任清华大学校长的梅贻琦，其《就职演说》中有一段话，近年常被引用：“所谓大学者，非谓有大楼之谓也，有大师之谓也。”大楼与大师，代表着办学的两大支柱：金钱与学问。这两者都很重要，只不过世人偏重看得见的大楼，梅贻琦这才有必要强调大师的重要性。某大学校长为了表示自己看问题更全面，提出：我们既需要大师，也需要大楼。这是废话，梅贻琦主持清华时，也没说过不盖大楼。

这个话题，我想略微拓展。当我们谈论“大师”对于“大学”的重要性时，主要关注的是学问。可大学除了博大精深的“学问”，还需要某种只可意会难以言传的“精神”。在某种意义上，这些没能体现在考核表上的“精神”，更能决定一所大学的品格与命运。

在《大学排名、大学精神与大学故事》一文中，我提到自己不喜欢“北大精神”“中大精神”这样的提法，理由是：

> 不相信有凝定不变的大学精神。如果说真有“北大精神”“中大精神”的话，那也是经由一代代师生的努力，而逐渐积累起来的。只要大学存在，她就永远只能是一个未完成时——有大致的发展方向，但更需要一代代人的添砖加瓦；而后人的努力，必定对原有的方向有所修正。所以，我更愿意说大学传统，她比大学精神更实在些，也更好把握。而且，一说传统，大家都明白，那是在培育过程中的，是没有定型的，还在不断发展。

这么说，并非认定大学可以没“精神”。相反，我特别看重一所大学由于历史原因以及一代代人的努力凝聚而成的某种特殊品格。我只是反对将这种“精神”凝固，或者落实为校训，或者演变成为口号。

北大人喜欢引用鲁迅的话：“北大是常为新的，改进的运动的先锋。”这么引，其实有问题：此话还有前言后语，不该被省略。1925 年 12 月，北大学生请鲁迅为校庆二十七

[1] 节选自陈平原著《大学何为》，北京大学出版社，2016 年版。原标题为《大学需要“学问”，更需要精神》。陈平原的“大学五书”分别为《抗战烽火中的中国大学》《大学何为》《大学有精神》《老北大的故事》《大学新语》。

周年写文章，鲁迅于是写了这则《我观北大》，其中有这么一段：

> 既然是二十七周年，则本校的萌芽，自然是发于前清的，但我并民国初年的情形也不知道。惟据近七八年的事实看来，第一，北大是常为新的，改进的运动的先锋，要使中国向着好的，往上的道路走。虽然很中了许多暗箭，背了许多谣言，教授和学生也都逐年地有些改换了，而那向上的精神还是始终一贯，不见得弛懈。[1]

即便是校庆征文，只能说好话，鲁迅也说得很有分寸："近七八年"，也就是1917年新文化运动兴起以来，这所大学很有成绩。至于此前怎么样，我不晓得；以后命运如何，那就更无法预测了。

又过了七八年，鲁迅给台静农写信，谈及昔日《新青年》同人，对钱玄同的"夸而懒，又高自位置"，以及刘半农的喜欢"摆架子"，有很尖刻的批评。接下来的那句话，更是要命："北大堕落至此，殊可叹息，若将标语各增一字，作'五四失精神'，'时代在前进'，则较切矣。"（《鲁迅全集》，12卷，309页）1933年的北京大学，是否真的像鲁迅说的那么不堪，这里暂不深究；我只想指出，鲁迅对北大的评价，并非"一以贯之"。还有，鲁迅谈论某所大学的功过得失时，不怎么考虑其科研成果，特别看重的，是其是否"失精神"。

熟悉北大校史的人都知道，1931年起，蒋梦麟[2]正式主持校政，采取一系列措施，包括公布组织大纲、实行教授专任、规范课程设置、扩大研究院，以及借助中华文化教育基金董事会的拨款推动科学研究。那些年，北大在学术上是有明显进步的。为什么鲁迅谈及他曾经工作并热情表彰过的北大，会如此痛心疾首？

当然，鲁迅是文学家、思想家，不是教育史家，评价大学时，不考虑专业成绩，而用无法量化的"精神"来说事，显得有些"粗枝大叶"。可换一个角度，大学不仅生产知识，还影响社会，1930年代的北京大学，确实不像五四新文化时期那样引领全国思想文化潮流。尤其让鲁迅不能容忍的是，当年的新文化闯将，如今都功成名就，成了掌握生杀大权的"学阀"，对青年人的态度很不友善。鲁迅对"北大堕落"的慨叹，从教育史上看，是不准确的；可它提出了一个重要命题：如何评介一所大学的精神风貌。

只要稍微接触现代中国教育史，肯定会被西南联大的故事所深深吸引。抗战时活跃于

[1] 鲁迅著《鲁迅全集》3卷，人民文学出版社，1981年版，158页。

[2] 蒋梦麟：浙江余姚人，哥伦比亚大学博士，曾任国民政府第一任教育部长、行政院秘书，也是北京大学历史上任职时间最长的校长。

大后方、肩负起中华文化复兴伟大使命的西南联大，可以说是中国教育史上的一大奇迹。在如此艰难的状态下办学，竟然意气风发，教授们出成果，学生中出人才。近年出版的六卷本《国立西南联合大学史料》，以及众多关于西南联大的书籍，读了让人感动。除了具体的学术上的业绩，最让我们怀念的，还是西南联大师生那种百折不回的精神状态。

西南联大的情况，大家比较熟悉；下面这个小故事，则估计比较生疏。半个世纪前，陈六使[1]与新马华人共同集资，在新加坡创办了海外第一所华文大学——南洋大学。从开办到合并，二十几年间，南洋大学始终伴随着激烈的争议，其中困扰着他们的，是政府主持的一系列学术评鉴。1970 年 8 月，李光耀总理应南洋大学历史学会之请，做《南大与我们的前途》专题演讲，其中提到，南大创办的最初几年，出现很多非常优秀的学生；“很矛盾的，现在南大的师资和教学水准虽已提高了，但特出的学生却没有从前那么多”。[2]是有点奇妙，教学水平上去了，学生却不见得比以前更有出息。如何解释这一矛盾？我以为，关键在于创校初期，教授与学生全都憋着一股气，有明显的精神追求；日后走上正轨，教与学都变得平淡无奇，无论学生还是教师，都不那么有“精神”了。其实，不只南洋大学如此，古今中外很多大学，都曾面临如此尴尬的情境。

“大楼”不能取代“大师”，这是目前大家谈得比较多的；我想补充的是，“学问”不等于“精神”，办大学，必须有超越技术层面的考虑。过去常说“教书育人”，不是没道理的。

总的感觉是，目前中国的大学太实际了，没有超越职业训练的想象力。校长如此，教授如此，学生也不例外。北大学生常被批评为不谙世故，书生气太重；但在我看来，这不是什么坏事。如果大学还没毕业，已经老气横秋，像坐了十几年办公室，对所有人事均能应对自如，这其实很可怕。学生嘛，总该有点理想主义，即便不切实际，也没关系。

记得王国维的《人间词话》是这样开篇的：“词以境界为最上。有境界，则自成高格，自有名句。”请允许我套用：大学以精神为最上。有精神，则自成气象，自有人才。

陈平原，广东潮州人。1977 年考入中山大学中文系。这是恢复高考后的第一批大学生，

[1] 陈六使：著名南洋企业家、慈善家，一生最突出的贡献是倡议和创办了南洋大学，并聘请林语堂为第一任校长。1980 年，南洋大学被并入新加坡国立大学。

[2] 李业霖主编《南洋大学走过的历史道路》，马来西亚南洋大学校友会，2002 年版，440-444 页。

他们有着特殊的人生经历。一方面他们在社会上已摸爬滚打多年，有着丰富的人生阅历；另一方面在教育背景上又存在着先天缺陷。梦寐以求的大学校园和对知识的渴求，让这一批人特别珍视自己的校园生活。他们在学术上勤奋、活跃，具有创新精神和强烈的批判意识。在中山大学，陈平原先后获得了文学学士和文学硕士学位。1984 年在著名学者王瑶先生的推荐之下到北京大学攻读文学博士学位，并于 1987 年毕业。这是北京大学第一批文学博士。1984 年北大中文系总共招收两名博士生，除了陈平原先生，另外一位即现北大中文系教授、著名学者温儒敏先生。

1985 年，陈平原和钱理群、黄子平论“二十世纪中国文学”的系列文章发表，引起了学界的广泛关注，而进一步展示其学术功力的是陈平原的博士毕业论文《中国小说叙事模式的转变》，考察了中国小说的现代化进程。陈平原先生在学术研究中一直坚持“有情怀的专业研究”和“有专业背景的挥洒才情”，将“学问”和“情怀”并重。20 世纪 90 年代中期，陈平原的学术研究从文学领域进入到了教育史领域的研究。在近现代史上，百年的中国大学史其实就是中国社会发展的一个侧影。陈平原先生的大学研究将教育、思想、学术三者熔为一炉，在历史记忆和现实体验中重新叩问“大学何为”。

清华国学研究院

《辛丑条约》签订之后，中美双方达成协议，决定使用“庚子赔款”在中国办学，专门负责培养合格的学生赴美深造。美国此举实质是希冀在文化上扶植“亲美派”，因而早期的清华学校在课程设置与学制等方面都效法当时的美国高校，在清华读书的学生本质上接受的是美式教育，侧重于西学，但是对于本国的历史和人文知识了解甚少。

1925 年，在胡适的建议下，清华大学成立一个研究院国学门，也即是后来为人所称颂的国学研究院。国学研究院的目标是培养各级学校的国学教师以及“以著述为毕生事业”的国学研究人才。曹云祥校长聘请吴宓为国学研究院筹备处主任，与此同时，聘请王国维、梁启超、陈寅恪、赵元任为国学研究院四大导师。1925 年 9 月，清华国学研究院正式开学，曹云祥校长在开学典礼上致辞：“现在中国所谓新教育，大都抄袭欧美各国之教育，欲谋自动，必须本中国文化之精神，悉心研究。所以本校同时组织研究院，研究中国高深之经史哲学。其研究之法，可以利用科学方法，并参加中国考据之法，希望研究院寻出中国之魂。”

清华国学研究院在历史上只存在四年的时间，但是在这四年里，国学研究院本着“研究高深学术，造成专门人才”的宗旨，培养出了一大批优秀的学者。国学研究院的四大导师无一不是学贯中西、博古通今的大师，他们立足本土文化、培养专门人才，并且在中国人文学术研究领域衍生出了一个“清华学派”。清华国学研究院是中国教育发展史上的一块丰碑。

切问近思

1. 如何理解陈平原先生所说的“大学以精神为最上”？

2. 你怎么看待梅贻琦先生的“所谓大学者，非谓有大楼之谓也，有大师之谓也”？

3. 作为当代大学生，你认为自身应该具备怎样的精神面貌来应对急速变化的社会节奏？

3　求知若饥　虚心若愚[1]

——在斯坦福大学毕业典礼上的演讲

（美）乔布斯

我很荣幸能和你们一起参加毕业典礼，斯坦福大学是世界上最好的大学之一，而我从来没有从大学毕业过，说实话，今天也许是我的生命中离大学毕业最近的一天了。我想向你们讲述我人生中的三个故事——不是什么大不了的事情，只是三个故事而已。

第一个故事是关于如何把生命中的点点滴滴串联起来。

我在里德学院读了六个月之后就退学了，但是在十八个月以后真正地做出退学决定之前，我还经常去学校。为什么要退学呢?

故事要从我出生的时候讲起。我的亲生母亲是一名年轻的、没有结婚的大学毕业生。她决定让别人收养我，她十分想让我被大学毕业生收养，所以在我出生的时候，她已经做好了一切的准备工作。我的养父母在半夜突然接到了一个电话："现在我这儿有一个不小心生出来的男婴，你们想收养他吗？"他们回答道："当然！"但是我亲生母亲随后发现，我的养母从来没有上过大学，养父甚至从没有读过高中。她拒绝签这个收养合同。但在几个月以后，我的养父母答应她一定让我上大学，那个时候她才勉强同意。

在十七岁那年，我真的上了大学。但是我很愚蠢地选择了一个几乎和你们斯坦福大学一样贵的学校，我父母还处于蓝领阶层，他们几乎把所有积蓄都花在了我的学费上。六个月过去了，我却看不到其中的价值所在。我不知道我真正想要做什么，我也不知道大学能怎样帮助我找到答案。但是在这里，我几乎花光了我父母这一辈子的全部积蓄。所以我决定退学，我觉得这是个正确的决定。不能否认，我当时确实非常害怕，但是现在回头看看，那的确是我这一生中最棒的一个决定。在做出退学决定的那一刻，我终于可以不必去读那些令我提不起丝毫兴趣的课程了，接下来我可以去修那些看起来有点意思的课程。

那些日子一点都不浪漫。我失去了我的宿舍，所以只能在朋友房间的地板上睡觉；我去捡可以换五美分的可乐罐，仅仅为了填饱肚子；在星期天的晚上，我需要走七英里的路

[1] 本文转引自王荣生、吕志敏主编《大学语文》，外语教学与研究出版社，2014 年版。

程，到城那头的黑尔—科里施纳礼拜堂，只是为了能吃上一顿好饭——这个星期唯一一顿好一点的饭，我喜欢那里的饭菜。

我凭着直觉和好奇心前行，所做的很多事情，此后都被证明是无价之宝。我来给你们举一个例子吧。那时的里德学院提供的也许是全美最好的美术字课程。这个大学的每张海报、每个抽屉的标签上都是漂亮的美术字。因为我退学了，不必去上正规的课程，所以我决定去学习这个课程，学学怎样写出漂亮的美术字。我学到了San Serif和Serif字体，我学会了根据不同的字母组合调整其间距，还有怎么样才能做出最棒的版式。那种美好、历史感和艺术的精妙，是科学永远不能捕捉到的，那实在是太迷人了。

在当时看来，这些东西在我的生命中好像都没有什么实际应用的可能。但是十年后，当我们在设计第一台麦金塔（Macintosh, 缩写为Mac）计算机的时候，就并非如此了。我把当时学的那些东西全都设计进了麦金塔计算机——那是第一台使用了漂亮的印刷字体的计算机。如果我当时没有退学，就不会有机会去学习这个我感兴趣的美术字课程，麦金塔计算机就不会有这么多丰富的字体，以及赏心悦目的字符间距。因为微软只是照抄了麦金塔，所以个人电脑才有现在这么美妙的字型。

当然，我在大学的时候，还不可能把从前的点点滴滴串联起来，但是当我十年后回顾这一切的时候，真的豁然开朗了。

再次需要说明的是，你在展望未来的时候不可能将这些片段串联起来，你只能在回顾人生的时候将点点滴滴串联起来。所以你必须相信这些片段会在你未来的某一天串联起来。你必须相信某些东西：你的勇气、目的、生命、因缘……这个过程从来不会令你失望，只会让你的生命更加与众不同。

我的第二个故事是关于爱和失去。

我非常幸运，因为我很早就找到了自己钟爱的东西。斯蒂夫·盖瑞·沃兹尼亚克和我在二十岁的时候就在父母的车库里面开创了苹果公司。我们工作得很努力，十年之后，这个公司由两个在车库中起家的穷小子发展到了拥有超过四千名雇员、价值超过二十亿的大公司。在公司成立的第九年，我们刚刚发布了最好的产品，那就是麦金塔计算机。我也快要三十岁了。那一年，我被炒了鱿鱼。你们可能会问，你怎么可能被你自己创立的公司炒了鱿鱼呢？嗯，在苹果快速成长的时候，我们雇用了一个很有天分的家伙和我一起管理这个公司，在最初的几年，公司运转得很好。但是后来我们对未来的看法产生了分歧，最终吵了起来。当争吵到不可开交的时候，董事会站在了他那一边。所以在三十岁时，我被炒了，在那么多人的目光下我被炒了。在而立之年，我的生命支柱离我远去，这真是毁灭性的打击。

最初的几个月里，我真不知道该做些什么。我觉得我令上一代的开创者们很失望，我把他们交给我的接力棒弄丢了。我和创办惠普公司的戴维·帕卡德、创办英特尔公司的鲍勃·诺伊斯见面，并试图向他们道歉，我把事情弄得糟糕透顶。但是我渐渐发现了曙光，我仍然喜爱我从事的这些事情。苹果公司发生的事情丝毫没有改变这些，一点也没有。我居然被驱逐了，但我仍然钟爱我所做的事情。所以我决定从头再来。我当时没有察觉，但是事后证明，从苹果公司被炒是我这辈子发生的最棒的事情。因为，作为一个成功者的负重感被作为一个创业者的轻松重新代替，没有比这更确定的事情了。这让我觉得如此自由，我进入了我生命中最有创造力的一个阶段。在接下来的五年里，我创立一个名叫“NeXT”的公司，还有一个叫“Pixar”的公司，然后和一位后来成为我妻子的优雅女人相识。“Pixar”制作了世界上第一个用电脑制作的动画电影——《玩具总动员》，“Pixar”现在也是世界上最成功的电脑制作工作室。

在后来的一系列运转中，苹果公司收购了“NeXT”，然后我又回到了苹果公司。我们在“NeXT”发展的技术，在苹果公司今天的复兴之中发挥了关键的作用。而且，我还和劳伦斯一起建立了一个幸福完美的家庭。

我可以非常肯定，如果我不被苹果公司开除的话，这些事情一件也不会发生。这剂良药的味道实在是太苦了，但是我认为“良药苦口利于病”。有些时候，生活会拿起一块砖头向你的脑袋上猛拍一下，即便如此，也不要失去信仰。我很清楚唯一使我一直走下去的动力，就是我所做的事情令我无比钟爱。你需要去找到你所爱的东西。对于工作如此，对于你的爱人也如此。你的工作将会占据你生活中很大的一部分。只有相信自己所做的是伟大的工作，你才能怡然自得。如果你现在还没有找到，那么请继续寻找，不要停下来，只要全心全意地去找，在你找到的时候，你的心会告诉你的。就像任何真诚的关系，随着岁月的流逝只会越来越紧密。所以请继续寻找，直到你找到它，不要停下来。

我的第三个故事与死亡有关。

十七岁时，我读到过一句话：“如果你把每一天都当作生命中最后一天去生活的话，那么有一天你会发现你是正确的。”这句话给我留下了一个印象。从那时开始，三十三年来，我每天早晨都会对着镜子问自己：“如果今天是我生命中的最后一天，你会不会完成你今天想做的事情呢？”当答案连续多天是“不”的时候，我知道自己应该要有所改变了。

“记住你即将死去”是我一生中遇到的最重要的箴言，它帮我做出人生的重大抉择。因为几乎所有的事情，包括所有的荣誉、所有的骄傲、所有对难堪和失败的恐惧，在死亡面前都会消失。我看到的是会留下的真正重要的东西。有时候你会思考你将会失去某些东西，“记住你即将死去”是我知道的避免这些想法的最好办法。你已经赤身裸体了，你没有理由不去跟随自己内心的声音。

大概一年前，我被诊断出患有癌症。我在早晨七点半做了一个检查，检查清楚地显示我的胰腺有一个肿瘤。我当时都不知道胰腺是什么东西。医生告诉我那很可能是一种无法治愈的癌症，我还有三到六个月的时间活在这个世界上。我的医生叫我回家，然后整理好我的一切，那是医生对临终病人的标准程序。那意味着你将要把未来十年对你小孩说的话在几个月里说完；那意味着你要把每件事情都安排好，让你的家人尽可能轻松地生活；那意味着你要说“再见了”。

我拿着那个诊断书过了一整天。那天晚上我做了一个活切片检查，医生将一个内窥镜从我的喉咙伸进去，通过我的胃，然后进入我的肠子，用一根针在我的胰腺的肿瘤上取了几个细胞。我当时是被麻醉的，但是妻子在那里，后来她告诉我，当医生在显微镜下观察这些细胞的时候他们开始尖叫，因为这些细胞竟然是一种非常罕见的可以用手术治愈的胰腺癌症细胞。我做了手术，现在痊愈了。

那是我最接近死亡的时候，我希望这也是以后的几十年最接近的一次。从死亡线上又活了过来，我可以比以前把死亡只当成一种想象中的概念的时候，更肯定地对你们说：没有人愿意死，即使人们想上天堂，也不会为了去那里而死。但死亡是我们每个人共同的终点，从来没有人能够逃脱它。也应该如此。因为死亡就是生命最好的一个发明。它将旧的清除以便给新的让路。你们现在是新的，但是从现在开始不久以后，你们将会逐渐地变成旧的然后被送离人生舞台。我很抱歉我说得这样戏剧性，但是这十分真实的。

你们的时间很有限，所以不要将时间浪费在重复其他人的生活上。不要被教条束缚，那意味着你和其他人思考的结果一起生活。不要被其他人喧嚣的观点掩盖住你内心真实的声音。最重要的是，你要有勇气去听从你的直觉和心灵的指示——它们在某种程度上知道你想要成为什么样子，所有其他的事情都是次要的。

当我年轻的时候，有本神奇的杂志，名叫《全球概览》，它是我们的经典读物之一。它的创立者叫斯图尔特·布兰德，就住在离这不远的门洛帕克市，他把杂志办得很有诗意。那是二十世纪六十年代后期，在个人电脑出现之前，所以这本杂志全部是靠打字机、剪刀以及宝丽来照相机制造的。它有点像用软皮包装的谷歌，却比谷歌早问世了三十五年。这本杂志很理想主义，里面充满了新奇工具与伟大的见解。斯图尔特和他的团队出版了好几期《全球概览》，当它完成了自己使命的时候，他们出了停刊号。那是在二十世纪七十年代中期，我正是你们现在这个年龄。在停刊号的封底，有张清晨乡间小路的照片——那种你四处搭便车探险旅行时会经过的乡间小路。在照片之下印了行小字：

求知若饥，虚心若愚。

那是他们亲笔写下的告别辞。我总是以此自勉。现在，当你们即将毕业开始新生活时，我也以此祝福你们——

求知若饥，虚心若愚。

知人论世

2011 年 10 月 6 日，美国苹果公司的联合创始人史蒂夫·乔布斯因病去世。美国前总统奥巴马曾评价他说：“乔布斯是美国最伟大的创新领袖之一，他的卓越天赋也让他成为了一个能够改变世界的人。”乔布斯从未大学毕业过。青少年时期的他非常叛逆，性格乖张，养父母让他去里德学院读书，但是最后因为昂贵的学费和自己的学习兴趣问题而退学了，后来成为雅达利电视游戏机公司的一名职员。1976 年乔布斯和沃兹尼亚克自制了第一台苹果电脑。

乔布斯是苹果公司的灵魂人物，他在苹果任职期间所做的每一次改革都对苹果的发展有着至关重要的作用。乔布斯是一位伟大的领导者、设计师，他被认为是一个时代的传奇。乔布斯之所以取得巨大的成功，原因在于他是一个极致的完美主义者。他不断地颠覆传统、挑战现实，在创新中将科技与艺术完美地结合到了一起，改变了一代人的生活方式。

乔布斯还是一位极具天赋的演讲家。正如卡迈恩·加洛所说：“乔布斯是世界沟通舞台上最具魅力的大师级人物，没有人能够与其相媲美。”2005 年，乔布斯在美国斯坦福大学毕业典礼上的演讲激励了很多追逐梦想的人。这次演讲中，乔布斯分享了他在学习、创业以及生活中的三个故事，这三个故事传达了乔布斯的人生价值观念，同时这三个故事也适合所有对未来充满希望的人去学习。

触类旁通

史蒂夫·乔布斯传

2011 年上半年，美国出版商西蒙舒斯特对外发出消息称即将公开出版《史蒂夫·乔布斯传》。2011年10月24日，《史蒂夫·乔布斯传》在全球发售，简体中文版也同步上市，这是乔布斯唯一一本官方授权的传记。

《史蒂夫·乔布斯传》是美国著名传记作家沃尔特·艾萨克森撰写的。沃尔特·艾萨克森曾任美国有线电视新闻网（CNN）总裁及《时代周刊》（*Time Magazine*）总编辑，是美国当代最具有影响力的传记作家之一。1992年，艾萨克森完成了他的第一部传记作品《亨利·基辛格传》，后来又在富兰克林诞生300周年前夕，完成了《本杰明·富兰克林传》。2007年，艾萨克森的第三部传记作品《阿尔伯特·爱因斯坦传》更是获得了巨大的成功。

乔布斯早在2004年的时候就主动邀请艾萨克森为其作传，直到2009年艾萨克森才开始这份工作。传记作品贵在真实性，能尽可能完全地反映传主的一生。在两年多的时间里，艾萨克森与乔布斯进行了40多次面对面的沟通，采访了100多位乔布斯身边的人，包括他的家庭成员、朋友、竞争对手、敌人和同事。在写作过程中乔布斯也坦言绝不干涉本书的写作，不限定写作内容。艾萨克森以追求真相的专业精神，坚持客观公正的立场，为广大读者还原了一个真实的乔布斯。他的激情、创造力、欲望、极致的完美主义、对掌控权的迷恋都让读者认识到了一个有复杂性格甚至是自我矛盾的乔布斯。但同时这些个性、激情与他的产品之间又是相互关联的。

《史蒂夫·乔布斯传》采用了传记作品中常用的时间纵向叙事方式，以讲故事的形式追溯了乔布斯传奇的一生。该书目前广为传播的中文译本有两个，一个是中国大陆中信出版社发行的简体中文版，另一个是中国台湾天下文化出版社发行的繁体中文版。

切问近思

1. 乔布斯所说的“求知若饥，虚心若愚”有什么含义？

2. 对于大学生来说，我们能从乔布斯的这篇演讲中学到什么？

3. 你如何看待在校大学生的创业问题？

拓展阅读

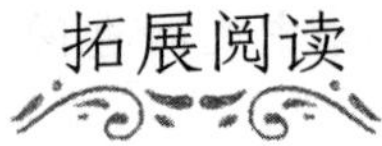

论教育之宗旨[1]

王国维

教育之宗旨何在？在使人为完全之人物而已。何谓完全之人物？谓人之能力无不发达且调和是也。人之能力分为内外二者：一曰身体之能力，一曰精神之能力。发达其身体而萎缩其精神，或发达其精神而罢敝其身体，皆非所谓完全者也。完全之人物，精神与身体必不可不为调和之发达。而精神之中又分为三部：知力、感情及意志是也。对此三者而有真美善之理想："真"者知力之理想，"美"者感情之理想，"善"者意志之理想也。完全之人物不可不备真美善之三德，欲达此理想，于是教育之事起。教育之事亦分为三部：智育、德育（即意育）、美育（即情育）是也。如佛教之一派，及希腊罗马之斯多噶派，抑压人之感情而使其能力专发达于意志之方面；又如近世斯宾塞尔之专重智育，虽非不切中一时之利弊，皆非完全之教育也。完全之教育，不可不备此三者，今试言其大略。

一、智育

人苟欲为完全之人物，不可无内界及外界之知识，而知识之程度之广狭，应时地不同。古代之知识至近代而觉其不足，闭关自守时之知识，至万国交通时而觉其不足。故居今之世者，不可无今世之知识。知识又分为理论与实际二种；溯其发达之次序，则实际之知识常先于理论之知识，然理论之知识发达后，又为实际之知识之根本也。一科学如数学、物理学、化学、博物学等，皆所谓理论之知识。至应用物理、化学于农工学，应用生理学于医学，应用数学于测绘等，谓之实际之知识。理论之知识乃人人天性上所要求者，实际之知识则所以供社会之要求，而维持一生之生活。故知识之教育，实必不可缺者也。

二、德育

然有知识而无道德，则无以得一生之福祉，而保社会之安宁，未得为完全之人物也。夫人之生也，为动作也，非为知识也。古今中外之哲人无不以道德为重于知识者，故古今中外之教育无不以道德为中心点。盖人人至高之要求，在于福祉，而道德与福祉实有不可离之关系。爱人者人恒爱之；敬人者人恒敬之。不爱敬人者反是。如影之随形，响之随声，其效不可得而诬也。《书》云："惠迪，吉；从逆，凶。"希腊古贤所唱福德合一论，固无古今中外之公理也。而道德之本原又由内界出而非外铄我者。张皇而发挥之，此又教育之任也。

[1] 本文选自姚淦铭、王燕编《王国维文集》第三卷，中国文史出版社，1997 年版。此为佚文，刊于 1903 年 8 月《教育世界》56 号。

三、美育

德育与智育之必要，人人知之，至于美育有不得不一言者。盖人心之动，无不束缚于一己之利害；独美之为物，使人忘一己之利害而入高尚纯洁之域，此最纯粹之快乐也。孔子言志，独与曾点；又谓“兴于诗”，“成于乐”。希腊古代之以音乐为普通学之一科，及近世希痕林、希尔列尔等之重美育学，实非偶然也。要之，美育者一面使人之感情发达，以达完美之域；一面又为德育与智育之手段，此又教育者所不可不留意也。

然人心之知情意三者，非各自独立，而互相交错者。如人为一事时，知其当为者“知”也，欲为之者“意”也，而当其为之前（后）又有苦乐之“情”伴之：此三者不可分离而论之也。故教育之时，亦不能加以区别。有一科而兼德育智育者，有一科而兼美育德育者，又有一科而兼此三者。三者并行而得渐达真善美之理想，又加以身体之训练，斯得为完全之人物，而教育之能事毕矣。

以美育代宗教说[1]

——在北京神州学会演说词

蔡元培

兄弟于学问界未曾为系统的研究，在学会中本无可以表示之意见。惟既承学会诸君子责以讲演，则以无可如何中，择一于我国有研究价值之问题为到会诸君一言，即“以美育代宗教”之说是也。

夫宗教之为物，在彼欧西各国，已为过去问题。盖宗教之内容，现皆经学者以科学的研究解决之矣。吾人游历欧洲，虽见教堂棋布，一般人民亦多入堂礼拜，此则一种历史上之习惯。譬如前清时代之袍褂，在民国本不适用，然因其存积甚多，毁之可惜，则定为乙种礼服而沿用之，未尝不可。又如祝寿、会葬之仪，在学理上了无价值，然戚友中既以请帖、讣闻相招，势不能不循例参加，藉通情愫。欧人之沿习（袭）宗教仪式，亦犹是耳。所可怪者，我中国既无欧人此种特别之习惯，乃以彼邦过去之事实作为新知，竟有多人提出讨论。此则由于留学外国之学生，见彼国社会之进化，而误听教士之言，一切归功于宗教，遂欲以基督教劝导国人。而一部分之沿习（袭）旧思想者，则承前说而稍变之，以孔子为我国之基督，遂欲组织孔教，奔走呼号，视为今日重要问题。

自兄弟观之，宗教之原始，不外因吾人精神之作用而构成。吾人精神上之作用，普通分为三种：一曰知识；二曰意志；三曰感情。最早之宗教，常兼此三作用而有之。盖以吾人当未开化时代，脑力

[1] 本文选自高平舒编《蔡元培全集》第三卷（1917—1920 年），中华书局，1984 年版。文章有删改。这篇演说词先后刊载于《新青年》第 3 卷 6 号（1917 年 8 月 1 日出版）及《学艺》杂志第 1 年第 2 号（1917 年 9 月出版）；辑入《蔡孑民先生言行录》时，曾作修订。

简单，视吾人一身与世界万物，均为一种不可思议之事。生自何来？死将何往？创造之者何人？管理之者何术？凡此种种，皆当时之人所提出之问题，以求解答者也。于是有宗教家勉强解答之。如基督教推本于上帝，印度旧教则归之梵天，我国神话则归之盘古。其他各种现象，亦皆以神道为惟（唯）一之理由。此知识作用之附丽于宗教者也。且吾人生而有生存之欲望，由此欲望而发生一种利己之心。其初以为非损人不能利己，故恃强凌弱，掠夺攫取之事，所在多有。其后经验稍多，知利人之不可少，于是有宗教家提倡利他主义。此意志作用之附丽于宗教者也。又如跳舞、唱歌，虽野蛮人亦皆乐此不疲。而对于居室、雕刻、图画等事，虽石器时代之遗迹，皆足以考见其爱美之思想。此皆人情之常，而宗教家利用之以为诱人信仰之方法。于是未开化人之美术，无一不与宗教相关联。此又情感作用之附丽于宗教者也。天演之例，由浑而昼。当时精神作用至为浑（混）沌，遂结合而为宗教。又并无他种学术与之对，故宗教在社会上遂具有特别之势力焉。

迨后社会文化日渐进步，科学发达，学者遂举古人所谓不可思议者，皆一一解释之以科学。日星之现象，地球之缘起，动植物之分布，人种之差别，皆得以理化、博物、人种、古物诸科学证明之。而宗教家所谓吾人为上帝所创造者，从生物进化论观之，吾人最初之始祖，实为一种极小之动物，后始日渐进化为人耳。此知识作用离宗教而独立之证也。宗教家对于人群之规则，以为神之所定，可以永远不变。然希腊诡辩家，因巡游各地之故，知各民族之所谓道德，往往互相抵触，已怀疑于一成不变之原则。近世学者据生理学、心理学、社会学之公例，以应用于伦理，则知具体之道德不能不随时随地而变迁；而道德之原理则可由种种不同之具体者而归纳以得之；而宗教家之演绎法，全不适用。此意志作用离宗教而独立之证也。

知识、意志两作用，既皆脱离宗教以外，于是宗教所最有密切关系者，惟（唯）有情感作用，即所谓美感。凡宗教之建筑，多择山水最胜之处，吾国人所谓天下名山僧占多，即其例也。其间恒有古木名花，传播于诗人之笔，是皆利用自然之美以感人者。其建筑也，恒有峻（俊）秀之塔，崇闳幽邃之殿堂，饰以精致之造像，瑰丽之壁画，构成黯淡之光线，佐以微妙之音乐。赞美者必有著名之歌词，演说者必有雄辩之素养，凡此种种，皆为美术作用，故能引人入胜。苟举以上种种设施而屏弃之，恐无能为役矣。然而美术之进化史，实亦有脱离宗教之趋势。例如吾国南北朝著名之建筑则伽蓝耳，其雕刻则造像耳，图画则佛像及地狱变相之属为多；文学之一部分，亦与佛教为缘。而唐以后诗文，遂多以风景人情世事为对象；宋元以后之图画，多写山水花鸟等自然之美。周以前之鼎彝，皆用诸祭祀。汉唐之吉金，宋元以来之名瓷，则专供把玩。野蛮时代之跳舞，专以娱神，而今则以之自娱。欧洲中古时代留遗之建筑，其最著者率为教堂，其雕刻图画之资料，多取诸新旧约；其音乐，则附丽于赞美歌；其演剧，亦排演耶稣故事，与我国旧剧“目莲救母”相类。及文艺复兴以后，各种美术，渐离宗教而尚人文。至于今日，宏丽之建筑，多为学校、剧院、博物院。而新设之教堂，有美学上价值者，几无可指数。其他美术，亦多取资于自然现象及社会状态。于是以美育论，已与宗教分合之两派。以此两派相较，美育之附丽于宗教者，常受宗教之累，失其陶养之作用，而转以激刺感情。盖无论何等宗教，无不有扩张己教、攻击异教之条件。基督教与回教冲突，而有十字军之战，几及百年。基督教中又有新旧教之战，亦亘数十年之久。至佛教之圆通，非他教所能及。而学佛者苟有拘牵教义之成见，则崇拜舍利受持经忏之陋习，虽通人亦肯为之。甚至为护法起见，不惜于共和时代，附和帝制。宗教之为累，一至于此，皆激刺感情之作用为之也。

鉴激刺感情之弊，而专尚陶养感情之术，则莫如舍宗教而易以纯粹之美育。纯粹之美育，所以陶养吾人之感情，使有高尚纯洁之习惯，而使人我之见、利己损人之思念，以渐消沮者也。盖以美为普遍性，决无人我差别之见能参入其中。食物之入我口者，不能兼果他人之腹；衣服之在我身者，不能兼供他人之温，以其非普遍性也。美则不然。即如北京左近之西山，我游之，人亦游之；我无损于人，人亦无损于我也。隔千里兮共明月，我与人均不得而私之。中央公园之花石，农事试验场之水木，人人得而赏之。埃及之金字塔，希腊之神祠，罗马之剧场，瞻望赏叹者若干人，且历若干年，而价值如故。各国之博物院，无不公开者，即私人收藏之珍品，亦时供同志之赏览。各地方之音乐会、演剧场，均以容多数人为快。所谓独乐乐不如人乐乐，与寡乐乐不如与众乐乐，以齐宣王之惛，尚能承认之。美之为普遍性可知矣。且美之批评，虽间亦因人而异，然不曰是于我为美，而曰是为美，是亦以普遍性为标准之一证也。

美以普遍性之故，不复有人我之关系，遂亦不能有利害之关系。马牛，人之所利用者，而戴嵩所画之牛，韩幹所画之马，决无对之而作服乘之想者。狮虎，人之所畏也，而芦（卢）沟桥之石狮，神虎桥之石虎，决无对之而生搏噬之恐者。植物之花，所以成实也，而吾人赏花，决非作果实可食之想。善歌之鸟，恒非食品。灿烂之蛇，多含毒液。而以审美之观念对之，其价值自若。美色，人之所好也；对希腊之裸像，决（绝）不敢作龙阳之想；对拉飞尔若鲁滨司之裸体画，决（绝）不敢有周昉秘戏图之想。盖美之超绝实际也如是。且于普通之美以外，就特别之美而观察之，则其义益显。例如崇闳之美，有至大至刚两种。至大者如吾人在大海中，惟见天水相连，茫无涯涘。又如夜中仰数恒星，知一星为一世界，而不能得其止境，顿觉吾身之小虽微尘不足以喻，而不知何者为所有。其至刚者，如疾风震霆，覆舟倾屋，洪水横流，火山喷薄，虽拔山盖世之气力，亦无所施，而不知何者为好胜。夫所谓大也，刚也，皆对待之名也。今既自以为无大之可言，无刚之可恃，则且忽然超出乎对待之境，而与前所谓至大至刚者肸合而为一体，其愉快遂无限量。当斯时也，又岂尚有利害得丧之见能参入其间耶！其他美育中，如悲剧之美，以其能破除吾人贪恋幸福之思想。《小雅》之怨悱，屈子之离忧，均能特别感人。《西厢记》若终于崔、张团圆，则平淡无奇；惟如原本之终于草桥一梦，始足发人深省。《石头记》若如《红楼后梦》等，必使宝、黛成婚，则此书可以不作；原本之所以动人者，正以宝、黛之结果一死一亡，与吾人之所谓幸福全然相反也。又如滑稽之美，以不与事实相应为条件。如人物之状态，各部分互有比例。而滑稽画中之人物，则故使一部分特别长大或特别短小。作诗则故为不谐之声调，用字则取资于同音异义者。方朔割肉以遗细君，不自责而反自夸。优旃谏漆城，不言其无益，而反谓漆城荡荡，寇来不得上，皆与实际不相容，故令人失笑耳。要之，美学之中，其大别为都丽之美，崇闳之美（日本人译言优美、壮美）。而附丽于崇闳之悲剧，附丽于都丽之滑稽，皆足以破人我之见，去利害得失之计较，则其所以陶养性灵，使之日进于高尚者，固已足矣。又何取乎侈言阴骘、攻击异派之宗教，以激刺人心，而使之渐丧其纯粹之美感为耶。

大学一解[1]（节选）

梅贻琦

大学有新民之道，则大学生者负新民工作之实际责任者也。此种实际之责任，固事先必有充分之准备，相当之实验或见习，而大学四年，即所以为此准备与实习而设，亦自无烦赘说。然此种准备与实习果尽合情理乎？则显然又为别一问题。明德功夫即为新民功夫之最根本之准备，则此则已大有不能尽如人意者在，上文已具论之矣。然准备之缺乏犹不止此。今人言教育者，动称通与专之二原则。故一则曰大学生应有通识，又应有专识，再则曰大学卒业之人应为一通才，亦应为一专家，故在大学期间之准备，应为通专并重。此论固甚是，然有不尽妥者，亦有未易行者。此论亦固可以略求近时过於（于）重视专科之弊，然犹未能充量发挥大学应有之功能。窃以为大学期内，通专虽应兼顾，而重心所寄，应在通而不在专，换言之，即须一反目前重视专科之倾向，方足以语於（于）新民之效。夫社会生活大於（于）社会事业，事业不过为人生之一部分，其足以辅翼人生，推进人生，固为事实，然不能为谓全部人生即寄寓於（于）事业也。通识，一般生活之准备也，专识，特种事业之准备也，通识之用，不止润身而已，亦所以自通於（于）人也，信如此论，则通识为本，而专识为末，社会所需要者，通才为大，而专家次之，以无通才为基础之专家临民，其结果不为新民，而为扰民。此通专并重未为恰当之说也。大学四年而已，以四年之短期间，而既须有通识之准备，又须有专识之准备，而二者之间又不能有所轩轾，即在上智，亦力有未逮，况中资以下乎？并重之说所以不易行者此也。偏重专科之弊，既在所必革，而并重之说又窒碍难行，则通重於（于）专之原则尚矣。

难之者曰，大学而不重专门，则事业人才将焉出？曰，此未作通盘观察之论也。大学虽重要，究不为教育之全部，造就通才虽为大学应有之任务，而造就专才则固别有机构在。一曰大学之研究院。学子即成通才，而於（于）学问之某一部门，有特殊之兴趣，与特高之推理能力，而将以研究为长期或终身事业者可以入研究院。二曰高级之专门学校。艺术之天分特高，而审美之兴趣特厚者可入艺术学校，躯干刚劲，动作活泼，技术之智能强，而理论之兴趣较薄者可入技术学校。三曰社会事业本身之训练。事业人才之造就，由於（于）学识者半，由於（于）经验者亦半，而经验之重要，且在学识之上，尤以社会方面之事业人才所谓经济长才者为甚，尤以在今日大学教育下所能产生之此种人才为甚。今日大学所授之社会科学知识，或失之理论过多，不切实际，或失诸凭空虚构，不近人情，或失诸西洋之资料太多，不适国情民性；学子一旦毕业而参加事业，往往发见学用不相呼应，而不得不於（于）所谓“经验之学校”中，别谋所以自处之道，及其有成，而能对社会有所贡献，则泰半自经验之学校

[1] 本文原载于1941年4月《清华学报》第十三卷第一期。这篇文章体现了清华教育理念之一——通才教育。梅贻琦（1889—1962年），字月涵，是第一批庚款留美学生。1914年学成归国，历任清华学校教员、物理系教授、教务长等职。1931—1948年，任清华大学校长。1938年，清华、北大、南开在昆明联合办学，成立国立西南联合大学，梅贻琦主持西南联大常务工作。1955年，在台湾新竹创建清华大学并出任校长。梅贻琦先生把毕生都奉献给清华的教育事业，因而被誉为清华“终身校长”。

得来，而与所从卒业之大学不甚相干，以至於（于）甚不相干。至此始恍然於（于）普通大学教育所真能造就者，不过一出身而已，一资格而已。

出身诚是也，资格亦诚是也。我辈从事大学教育者，诚能执通才之一原则，而曰，才不通则身不得出，社会亦诚能执同一之原则，而曰，无通识之准备者，不能取得参加社会事业之资格，则所谓出身与资格者，固未尝不为绝有意识之名词也。大学八目[1]，明德之一部分至身修而止，新民之一部分自修身而始，曰出身者，亦曰身已修，德已明，可以出而从事于新民而已矣，夫亦岂易言哉？不论一人一身之修明之程度，不问其通识之有无多寡，而但以一纸文凭为出身之标识者，斯失之矣。

通识之授受不足，为今日大学之教育之一大通病，固已渐为有识者所公认，然不足者果何在，则言之者少。大学第一年部分院系，是根据通之原则者也，至第二年而分院系，则其所据为专之原则。通则一年，而专乃三年，此不足者最大原因而显而易见者。今日而言学问，不能出自然科学，社会科学，与人文科学三大部门；与通识者，亦曰学子对此三大部门，均有相当准备而已，分而言之，则对每门有充分之了解，合而言之，则於（于）三者之间，能识其会通之所在，而恍然於（于）宇宙之大，品类之多，历史之久，文教之繁，要必有其一以贯之之道，要必有其相为因缘与依倚之理。此则所谓通也。今学习仅及期年而分院分系，而许其进入专门之学，於（于）是从事於（于）一者，不知二与三为何物，或仅得二与三之一知半解，与道听途说者初无二致；学者之选习另一部门或院系之学程也，亦先存“限于规定，聊复选习”之不获已之态度，日久而执教者亦曰，聊复有此规定而，固不敢以此期许学子之必成为通才也。近年以来，西方之从事於（于）大学教育者，亦尝计虑及此，而设为补救之法矣。其大要不出二途。一为展缓分院分系指年限，有自第三学年始分者；二为於（于）第一学年中增设“通识”之学程。窃以为此二途者俱有未足，然亦颇有可供攻错之价值；可为前途改革学程支配之张（根）本。大学所以宏造就，其所造就者为粗制滥造之专家乎，抑为比较周见洽闻，本末兼赅，博而能约之通士乎？胥於（于）此种改革卜之矣。大学亦所以新民，吾侪於（于）新民之义诚欲作进一步之体认与实践，欲使大学出身之人，不藉新民之名，而作扰民之实，亦胥以此种改革委为入手之方。

然大学之新民之效，初不待大学生之学成与参加事业而始见也。大学学府之机构，自身亦正复有其新民之功用，就其所在地言之，大学俨然为一方教化之重镇；而就其声教所暨者言之，则充其极可以为国家文化之中心，可以为国际思潮交流与朝宗之汇点（近人有译英文Focus一字为汇点者，兹从之）。即就西洋大学发展之初期而论，十四世纪末年与十五世纪初年，欧洲中古文化史有三大运动焉，而此三大运动者均自大学发之。一为东西两教皇之争，其终於（于）平息而教权复归於（于）一者，法之巴黎大学领导之功也；二为魏克立夫（Wyclif）之宗教思想革新运动，孕育而拥护之者英之牛津大学也；三为郝斯（John Hus）之宗教改革运动，郝氏与惠氏之运动均为十六世纪初年马丁·路德宗教改革之先声，而孕育与拥护之者，布希米亚（战前为捷克地）之蒲拉赫（Prague）大学也。大学机构自身正复有其新民之效，此殆最为彰明较著之若干例证。

间尝思之，大学机构之所以生新民之效者，盖又不出二途。一曰为社会之倡导与表率，其在平时，表率之力为多，及处非常，则倡导之功为大。上文所举之例证，盖属於（于）倡导一方面者也。二曰新文化因素之孕育涵养与简练揣摩。而此二途者又各有其凭藉（借）。表率之效之凭藉（借）为师生

[1] 大学在这里指的是《礼记·大学篇》。所谓“八目”指的是：格物、致知、诚意、正心、修身、齐家、治国、平天下。

之人格与其言行举止。此为最显而易见者。一地之有一大学，犹一校之有教师也，学生以教师为表率，地方则以学府为表率，古人谓一乡有一善士，则一乡化之，况学府者应为四方善士之一大总汇乎？设一校之师生率为文质彬彬之人，其出而与社会周旋也，路之人亦得指而目之曰，是某校教师也，是某校生徒也。而其所由指认之事物为语默进退之间所自然流露之一种风度，则始而为学校环境以内少数人之所独有者，终将为一地方所公有，而成为一种风气；教化云者，教在学校环境以内，而化则达於於（于）学校环境以外，然则学校新民之效，固不待学生出校而始见也明矣。

新文化因素之孕育所赁藉者又为何物？师生之德行才智，图书实验，大学之设备，可无论矣。所不可不论者为自由探讨之风气。宋儒安定胡先生有曰，“艮言思不出其位，正以戒在位者也，若夫学者，则无所不思，无所不言，以其无责，可以行其志也；若云思不出其位，是自弃于浅陋之学也”。此语最当。所谓无所不思，无所不言，以今语释之，即学术自由（Academic Freedom）而已矣。今人颇有以自由主义为诟病者，是未察自由主义之真谛者也。夫自由主义（Liberalism）与荡放主义（Li-bertinism）不同，自由主义与个人主义，或乐利的个人主义，亦截然不为一事。假自由之名，而行荡放之实者，斯病矣。大学致力於（于）知情，志，之陶冶者也，以言知，则有博约之原则在，以言情，则有裁节之原则在，以言志，则有持养之原则在，秉此三者而求所谓“无所不思，无所不言”，则荡放之弊又安从而乘之？此犹仅就学者一身内在之制裁而言之耳，若自新民之需要言之，则学术自由之重要，更有不言而自明者在。新民之大业，非旦夕可期也，即非旦夕可期，则与此种事业最有关系之大学教育，与从事於（于）此种教育之人，其所以自处之地位，势不能不超越几分现实，其注意之所集中，势不能为一时一地之所限止，其所期望之成就，势不能为若干可以计日而待之近功。职是之故，其“无所不思”之中，必有一部分为不合时宜之思，其“无所不言”之中，亦必有一部分为不合时宜之言；亦正惟其所思所言，不尽合时宜，乃或有合於（于）将来，而新文化之因素胥於（于）是生，进步之机缘，胥於（于）是启，而新民之大业，亦胥於（于）是奠其基矣。

大学之道，在明明德，在新民，在止于至善。至善之界说难言也，姑舍而不论。然明明德与新民二大目的固不难了解而实行者。然洵如上文所论，则今日之大学教育，於（于）明明德一方面，了解犹颇有未尽，践履犹颇有不力者而不尽不力者，要有三端；於（于）新民一方面亦然，其不尽力者二端。不尽者尽之，不力者力之，是今日大学教育之要图也，是“大学一解”之所作也。

赠与今年的大学毕业生[1]

胡　适

这一两个星期里，各地的大学都有毕业的班次，都有很多的毕业生离开学校去开始他们的成人事

[1] 本文选自胡适著《胡适文存》第四集，黄山书社，1996 年版。

业。学生的生活是一种享有特殊优待的生活，不妨幼稚一点，不妨吵吵闹闹，社会都能纵容他们，不肯严格地要他们负行为的责任。现在他们要撑起自己的肩膀来挑他们自己的担子了。在这个国难最紧急的年头，他们的担子真不轻！我们祝他们的成功，同时也不忍不依据我们自己的经验，赠与他们几句送行的赠言——虽未必是救命毫毛，也许做个防身的锦囊罢！

你们毕业之后，可走的路不出这几条：绝少数的人还可以在国内或国外的研究院继续做学术研究；少数的人可以寻着相当的职业；此外还有做官、办党、革命三条路；此外就是在家享福或者失业闲居了。第一条继续求学之路，我们可以不讨论。走其余几条路的人，都不能没有堕落的危险。堕落的方式很多，总括起来，约有这两大类。

第一是容易抛弃学生时代求知识的欲望。你们到了实际社会里，往往所用非所学，往往所学全无用处，往往可以完全用不着学问，而一样可以胡乱混饭吃，混官做。在这种环境里，即使向来抱有求知识学问的决心的人，也不免心灰意懒，把求知的欲望渐渐冷淡下去。况且学问是要有相当的设备的：书籍、实验室、师友的切磋指导，闲暇的工夫，都不是一个平常要糊口养家的人所能容易办到的。没有做学问的环境，又谁能怪我们抛弃学问呢？

第二是容易抛弃学生时代的理想的人生的追求。少年人初次与冷酷的社会接触，容易感觉理想与事实相去太远，容易发生悲观和失望。多年怀抱的人生理想，改造的热诚，奋斗的勇气，到此时候，好像全不是那么一回事。渺小的个人在那强烈的社会炉火里，往往经不起长时期的烤炼就熔化了，一点高尚的理想不久就幻灭了。抱着改造社会的梦想而来，往往是弃甲曳兵而走，或者做了恶势力的俘虏。你在那俘虏牢狱里，回想那少年时代的种种理想主义，好像都成了自误误人的迷梦！从此以后，你就甘心放弃理想人生的追求，甘心做现成社会的顺民了。

要防御这两方面的堕落，一面要保持我们求知识的欲望，一面要保持我们对于理想人生的追求。有什么好的法子呢？依我个人的观察和经验，有三种防身的药方是值得一试的。

第一个方子只有一句话：“总得时时寻一两个值得研究的问题！”问题是知识学问的老祖宗；古今来一切知识的产生与积聚，都是因为要解答问题——要解答实用上的困难或理论上的疑难。所谓“为知识而求知识”，其实也只是一种好奇心追求某种问题的解答，不过因为那种问题的性质不必是直接应用的，人们就觉得这是“无所为”的求知识了。我们出学校之后，离开了做学问的环境，如果没有一个两个值得解答的疑难问题在脑子里盘旋，就很难继续保持追求学问的热心。可是，如果你有了一个真有趣的问题天天逗你去想他，天天引诱你去解决他，天天对你挑衅笑你无可奈何他——这时候，你就会同恋爱一个女子发了疯一样，坐也坐不下，睡也睡不安，没工夫也得偷出工夫去陪她，没钱也得撙衣节食去巴结她。没有书，你自会变卖家私去买书；没有仪器，你自会典押衣服去置办仪器；没有师友，你自会不远千里去寻师访友。你只要能时时有疑难问题来逼你用脑子，你自然会保持发展你对学问的兴趣，即使在最贫乏的智识环境中，你也会慢慢地聚起一个小图书馆来，或者设置起一所小实验室来。所以我说：第一要寻问题。脑子里没有问题之日，就是你的智识生活寿终正寝之时！古人说，“待文王而兴者，凡民也。若夫豪杰之士，虽无文王犹兴”。试想葛理略（Galileo）和牛敦（Newton）有多少藏书？有多少仪器？他们不过是有问题而已。有了问题而后，他们自会造出仪器来解答他们的问题。没有问题的人们，关在图书馆里也不会用书，锁在试验室里也不会有什么发现。

第二个方子也只有一句话："总得多发展一点非职业的兴趣"。离开学校之后，大家总得寻个吃饭的职业。可是你寻得的职业未必就是你所学的，或者未必是你所心喜的，或者是你所学而实在和你的性情不相近的。在这种状况之下，工作就往往成了苦工，就不感兴趣了。为糊口而作那种非"性之所近而力之所能勉"的工作，就很难保持求知的兴趣和生活的理想主义。最好的救济方法只有多多发展职业以外的正当兴趣与活动。一个人应该有他的职业，又应该有他的非职业的顽艺儿，可以叫做业余活动。凡一个人用他的闲暇来做的事业，都是他的业余活动。往往他的业余活动比他的职业还更重要，因为一个人的前程往往全靠他怎样用他的闲暇时间。他用他的闲暇来打马将，他就成个赌徒；你用你的闲暇来做社会服务，你也许成个社会改革者；或者你用你的闲暇去研究历史，你也许成个史学家。你的闲暇往往定你的终身。英国十九世纪的两个哲人，弥儿（J.S.Mill）终身做东印度公司的秘书，然而他的业余工作使他在哲学上，经济学上，政治思想史上都占一个很高的位置；斯宾塞（Spencer）是一个测量工程师，然而他的业余工作使他成为前世纪晚期世界思想界的一个重镇。古来成大学问的人，几乎没有一个不是善用他的闲暇时间的。特别在这个组织不健全的中国社会，职业不容易适合我们性情，我们要想生活不苦痛或不堕落，只有多方发展业余的兴趣，使我们的精神有所寄托，使我们的剩余精力有所施展。有了这种心爱的顽艺儿，你就做六个钟头的抹桌子工作也不会感觉烦闷了，因为你知道，抹了六个钟头的桌子之后，你可以回家去做你的化学研究，或画完你的大幅山水，或写你的小说戏曲，或继续你的历史考据，或做你的社会改革事业。你有了这种称心如意的活动，生活就不枯寂了，精神也就不会烦闷了。

第三个方子也只有一句话："你总得有一点信心"。我们生当这个不幸的时代，眼中所见，耳中所闻，无非是叫我们悲观失望的。特别是在这个年头毕业的你们，眼见自己的国家民族沉沦到这步田地，眼看世界只是强权的世界，望极天边好像看不见一线的光明——在这个年头不发狂自杀，已算是万幸了，怎么还能够希望保持一点内心的镇定和理想的信任呢？我要对你们说：这时候正是我们要培养我们的信心的时候！只要我们有信心，我们还有救。古人说："信心（Faith）可以移山。"又说："只要功夫深，生铁磨成绣花针"。你不信吗？当拿破仑的军队征服普鲁士占据柏林的时候，有一位穷教授叫做菲希特（Fichte）的，天天在讲堂上劝他的国人要有信心，要信仰他们的民族是有世界的特殊使命的，是必定要复兴的。菲希特死的时候（1814），谁也不能预料德意志统一帝国何时可以实现。然而不满五十年，新的统一的德意志帝国居然实现了。

一个国家的强弱盛衰，都不是偶然的，都不能逃出因果的铁律的。我们今日所受的苦痛和耻辱，都只是过去种种恶因种下的恶果。我们要收将来的善果，必须努力种现在的新因。一粒一粒的（地）种，必有满仓满屋的（地）收，这是我们今日应该有的信心。

我们要深信：今日的失败，都由于过去的不努力。

我们要深信：今日的努力，必定有将来的大收成。

佛典里有一句话："福不唐捐"。唐捐就是白白地丢了。我们也应该说："功不唐捐"！没有一点努力是会白白的（地）丢了的。在我们看不见想不到的时候，在我们看不见想不到的方向，你瞧！你下的种子早已生根发叶开花结果了！

你不信吗？法国被普鲁士打败之后，割了两省地，赔了五十万万佛（法）郎的赔款。这时候有一位刻苦的科学家巴斯德（Pasteur）终日埋头在他的试验室里做他的化学试验和微菌学研究。他是一个最爱国的人，然而他深信只有科学可以救国。他用一生的精力证明了三个科学问题：（1）每一个发酵作用都是由于一种微菌的发展；（2）每一种传染病都是由于一种微菌在生物体中的发展；（3）传染病的微菌，在特殊的培养之下，可以减轻毒力，使他从病菌变成防病的病苗。——这三个问题，在表面上似乎都和救国大事业没有多大的关系。然而从第一个问题的证明，巴斯德定出做醋酿酒的新法，使全国的酒醋业每年减除极大的损失。从第二个问题的证明，巴斯德教全国的蚕丝业怎样选种防病，教全国的畜牧农家怎样防止牛羊瘟疫，又教全世界的医学界怎样注重消毒以减除外科手术的死亡率。从第三个问题的证明，巴斯德发明了牲畜的脾热瘟的疗治药苗，每年替法国农家减除了二千万佛（法）郎的大损失；又发明了疯狗咬毒的治疗法，救济了无数的生命。所以英国的科学家赫胥黎（Huxley）在皇家学会里称颂巴斯德的功绩道："法国给了德国五十万万佛（法）朗的赔款，巴斯德先生一个人研究科学的成绩足够还清这一笔赔款了。"

巴斯德对于科学有绝大的信心，所以他在国家蒙奇辱大难的时候，终不肯抛弃他的显微镜与试验室。他绝不想他的显微镜底下能偿还五十万万佛（法）郎的赔款，然而在他看不见想不到的时候，他已收获了科学救国的奇迹了。

朋友们，在你最悲观最失望的时候，那正是你必须鼓起坚强的信心的时候。你要深信：天下没有白费的努力。成功不必在我，而功力必不唐捐。

向母校告别[1]

——记西南联大中文系全体师生最后一次集会

吴宏聪

我 1938 年考进西南联大中国文学系，1942 年毕业后留系工作，直到 1946 年联大结束，历时八载。流年似水，往事如烟，许多值得纪念的人和事，已有不少师长和校友撰写文章，《笳吹弦诵在春城》和《笳吹弦诵情弥切》便是联大八年最好的历史见证。但回首当年，值得回忆的往事似乎还有不少，中文系师生最后一次集会便是难忘的一桩往事。

记得从 1945 年 8 月日本宣布投降开始，校园里便不断传出有关北大、清华、南开三校复员，西南联大结束办学的消息。日期和路线一改再改，最后联大常委会宣布西南联大于 1946 年 5 月 4 日结束，学校决定于 5 月 4 日在图书馆举行结业仪式。于是各系也纷纷赶在 5 月 4 日前举行结业活动。中文系

[1] 本文为《中国大学十讲》附录三。陈平原著《中国大学十讲》，复旦大学出版社，2002 年版。吴宏聪（1918—2011 年），优秀教育家、现代文学研究家。1942 年西南联合大学毕业后留校任教至 1946 年 5 月。

决定在 5 月 3 日集合，系主任罗庸先生要赵毓英和我负责通知系里的老师和各年级同学参加，罗先生特别叮嘱，一定要把冯友兰院长请到。因为这样大规模的师生集合，八年来还是第一次，而且又是最后一次，大家都很珍惜和重视。那天除罗常培先生赴美讲学未归，刘文典先生已赴滇西磨黑，杨振声先生因事情请假外，余下的全体教师都出席了，各年级同学也基本上到齐，气氛十分热烈。

集会由系主任罗庸先生主持，他致辞后，冯友兰、朱自清、闻一多、王力、游国恩、沈从文、蒲江青等几位老师都先后讲了话，话题集中讲北大、清华、南开三校如何风雨同舟，在战火纷飞、生活条件如此艰苦的条件下把西南联大办成蜚声全国的大学的种种经历，勉励大家要继承和发扬西南联大优良校风、学风，为西南联大增光添彩，语重心长，令人感动。可惜事隔多年，我现在已记不清老师们讲的原话了。只记得当年出席会议的讲师、教员、助教共有十多位（中文系因为负责全校大一国文的教学，班次多，教师也多），罗庸先生请年轻教师也讲一讲联大八年的感受，李广田先生很动情地：我们十来个人，都是战前分别毕业于北大、清华、南开或在战时毕业于西南联大的学生，在座的各位先生都是我们的老师，春风化雨，师恩浩荡，毕业后又在老师身边工作多年，老师言传身教，使我们受益不尽，毕生难忘……一席话，给集会平添了一份惜别的感情色彩，大家都意识到，我们将要分手了，但又不愿分手。座中有人说：《国立西南联合大学纪念碑文》，由冯友兰先生撰文，闻一多先生篆额，罗庸先生书丹，珠联璧合，堪称‘三绝’，若干年后，肯定会成为极有价值的历史文献。又有人说，纪念碑文不长，却是联大八年最好的概括，纪念碑文列举了四点值得纪念的地方，十分中肯。闻一多先生听了，接着插话说，碑文列举的四点，一点也不错，值得大书特书，但此时此地，我并不在乎纪念碑文会不会成为历史文献，我看重碑文中一字千金的“违千夫之诺诺，作一士之谔谔”。联大八年，兴学育才，作出了贡献，也作出了牺牲，暂且不谈别的，中文系办公室离四烈士墓很近，要使烈士的鲜血不白流，就要时刻记住‘千夫诺诺，不如一士谔谔’这句古话。闻一多先生抗战后期致力于民主爱国运动，国而忘私，公而忘私，是一位深受学生爱戴的老师，“一二·一”运动过去还不到半年，四烈士遗体安葬也只有二个月，谁都掂得出他这些话的分量，会场顿时静了下来，气氛显得颇为凝重。在座的同学也有两三位发了言，大都是感谢老师和母校的哺育之恩，感谢三迤父老对西南联大的支持和帮助，情真意切，觉得世界上没有什么人比老师更可亲可敬的了。

集会结束时，罗庸先生请大家到中文系办公室门前摄影留念。有人建议师生合唱一次校歌，罗先生是校歌歌词的作者，请罗先生领唱。话刚落音，便引来了一阵掌声，罗先生笑着说，这给我出了一个难题，我只会作词，不会唱歌。说着说着，不知谁拉开嗓门：“万里长征，辞却五朝宫阙……”有人起音，后面的很快便跟着唱起来了。以前是唱：“待驱除仇寇复神京，还燕碣”，现在已经驱除仇寇马上复神京，还燕碣，所以师生们唱得特别带劲，嗓门有多高便拉多高，谁也不管它会不会离音走调。虽然唱得不很整齐，但唱得荡气回肠，余音袅袅，情景的确动人，有人激动得哭了，出门照相的时候，我看见有一位同学眼中还含着泪花。

照相是罗庸先生事前作了安排的，副教授以上的老师坐前排，其他的老师和同学或站或盘膝而坐。他看见东北区 2 号甲的门牌号码有点剥落，还叫我们找粉笔把它誊清。待到要拍照的时候，罗庸先生一再请冯友兰院长坐中间，但冯先生坚持就近坐下，推让之间，朱自清先生挽着冯先生的手并肩坐下说：今天是师生合影留念，不是梁山泊英雄排座次。如果有人感兴趣，那么这张照片中间一排，从左往右，蒲江青先生第一，我第二；从右往左，沈从文先生第一，王力先生第二，就这样行了吧。几句话又赢得一阵掌声。这张珍贵的照片就这样留下来了。照相完毕后，许多同学仍在东北区 2 甲门前簇拥着老师，话长话短，不愿离去。我们差不多全体列队陪着老师沿着东北区膳堂，走过图书馆右侧铺了煤屑的校道走出校门，然后挥手致意，互道珍重。人过了马路，到了南区还回首凝眸，深情地注视着那挂着“国立西南联合大学”横匾的校门，默默地向母校告别。校园上空，一片蓝天，几堆像棉絮般的白云从东边飘过来，雪白，雪白……

学以致用

一、活动主题

举办“西南联大给我的启示”分享会。

二、活动规则

1. 分享会前认真观看纪录片《西南联大启示录》。
2. 以学习小组为单位选择分享主题，搜集整理资料，制作幻灯片。
3. 每个学习小组选派 1~2 名代表参加课堂分享展示。

三、活动评价

评分标准

1. 分享内容（50 分）：主题突出、内容丰富、层次分明、措辞准确、联系实际等五个方面各 10 分。
2. 语言表达（40 分）：语音标准、吐字清晰、表达流畅、富有逻辑性等四个方面各 10 分。
3. 综合印象（10 分）：由评委根据各小组的临场表现作综合评价。

第2单元

仁者爱人

孔子倡导“仁”，主张仁者“爱人”。千百年来，儒家的道德修养观念不仅给我们提供了做人做事的行为准则，也让仁爱天下成为中国传统人文精神中光彩熠熠的思想资源。

从孔子的周游列国、讲学宣道，到杜甫的壮游天下、关怀国运，再到胡适的流离辗转、恕人胸怀无不体现了华夏知识者一脉相承的人格力量，是他们的精神坚守和躬行实践，才使得儒家带有乌托邦色彩的“明知不可而为之”的道德理想，变成了切实可行的人生大学问，这个大学问的核心便是“仁爱”精神。

如今，我们倡导“以人为本”，这与“推己及人”“老吾老以及人之老”的孔孟仁爱思想有着实质意义上的契合，都是为了保证每个公民能够更好地生存和发展，保证每个公民能够享受足够多的自由和幸福。如果我们都能自觉地把“仁爱”化为我们内心的道德律，关爱自己、关爱他人，乃至于关爱一切生灵，那么我们的内心将会充溢着爱的温暖，社会也会充满爱的和谐，生活也会遍布爱的阳光。

4 论仁[1]

孔 子

1. 樊迟[2]问仁。子曰："爱人。"（《论语·颜渊》）

2. 颜渊[3]问仁。子曰："克己[4]复礼为仁。一日克己复礼，天下归仁焉。为仁由己。而由人乎哉？"（《论语·颜渊》）

3. 子曰："仁远乎哉？我欲仁，斯仁至矣。"（《论语·述而》）

4. 子曰："参[5]乎！吾道一以贯之。"曾子曰："唯。"子出，门人问曰："何谓也？"曾子曰："夫子之道，忠恕而已矣。"（《论语·里仁》）

5. 仲弓[6]问仁。子曰："出门如见大宾[7]，使民如承大祭[8]。己所不欲，勿施于人。在邦无怨，在家无怨[9]。"仲弓曰："雍虽不敏[10]，请[11]事斯语矣[12]！"（《论语·颜渊》）

6. 子贡[13]问曰："有一言而可以终身行之者乎？"子曰："其恕乎！己所不欲，勿施于人。"（《论语·卫灵公》）

---

[1] 选自李学勤主编，何晏注，邢昺疏《十三经注疏·论语注疏》，北京大学出版社，1999年版。注释参见杨伯峻著《论语译注》（中华书局，1980年版）、钱穆著《论语新解》（生活·读书·新知三联书店，2002年版）及中华书局版"中华经典藏书"系列。

[2] 樊迟：姓樊名须，字子迟，鲁国人，孔子的弟子。

[3] 颜渊：姓颜名回，字子渊，鲁国人，孔子的弟子。

[4] 克己：约束己身。克：约束，抑制。

[5] 参：指曾参，字子舆，鲁国人，孔子的弟子。

[6] 仲弓：姓冉名雍，字仲弓，鲁国人，孔子的弟子。

[7] 如见大宾：好像去接待贵宾。

[8] 如承大祭：好像承当重大的祭祀典礼。表示严肃认真，小心谨慎。

[9] "在邦"二句：清刘宝楠《论语正义》指"在邦谓仕于诸侯之邦，在家谓仕于卿大夫之家也。"无怨：没有怨恨。

[10] 不敏：不聪慧。

[11] 请：敬辞，表示愿做某事而请求允许。

[12] 事斯语：实践这句话。

[13] 子贡：姓端木名赐，字子贡，卫国人，孔子的弟子。

7. 樊迟问仁。子曰："居处恭[1]，执事敬[2]，与人忠，虽之[3]夷狄[4]，不可弃也。"（《论语·子路》）

8. 司马牛[5]问仁。子曰："仁者，其言也讱[6]。"曰："其言也讱，斯谓之仁已乎？"子曰："为之难，言之得无讱乎？"（《论语·颜渊》）

9. 子贡曰："如有博施[7]于民而能济众[8]，何如？可谓仁乎？"子曰："何事于仁，必也圣乎！尧、舜其犹病诸[9]！夫仁者，己欲立而立人，己欲达而达人。能近取譬[10]，可谓仁之方也已。"（《论语·雍也》）

10. 子曰："刚、毅、木、讷[11]近仁。"（《论语·子路》）

孔子（前 551—前 479 年），名丘，字仲尼，春秋时期鲁国陬邑（今山东曲阜东南）人。我国古代著名的思想家、教育家，儒家学派的创始人。祖上是宋国贵族，早年贫贱，做过小吏，后授徒讲学，参与政治活动。五十岁时任鲁国的司寇。后周游列国十三年，宣扬其学说，终不为世所用。晚年返回鲁国，倾力于教育事业和典籍整理。

《论语》是记载孔子及其弟子言行的语录，由孔子的弟子及再传弟子汇集而成，是研究孔子及儒家思想的原始文献与重要经典。

孔子的核心思想是"仁"，认为"仁"就是"爱人"，达到"仁"要约束己身，并以外在的"礼"为规范，宣称"克己复礼为仁"。"仁"的内涵又分为"忠恕"两部分，尽己之心以待人谓之

[1] 居处恭：平日的言行举止端正庄严。

[2] 执事敬：从事工作严肃认真。

[3] 之：动词，到。

[4] 夷狄：古代称东方部族为夷，北方部族为狄，此处泛称华夏以外的各族。

[5] 司马牛：姓司马名耕，字子牛，宋国人，孔子的弟子。

[6] 讱（rèn）：说话迟缓，此处引申为说话谨慎。

[7] 博施：广泛实施。

[8] 济众：帮助众人。

[9] 病：担忧。诸："之于"的合音。

[10] 能近取譬：能设身处地之意。

[11] 讷：不善言辞。

“忠”，推己之心以及人谓之“恕”，所以孔子又强调，“己欲立而立人，己欲达而达人”，不以己之不欲而施加于人。[1]

轴心时期与诸子百家

德国哲学家雅思贝尔斯在1949年出版的《历史的起源与目标》中，把公元前500年左右（公元前800—200年）的时期定义为“轴心时期”。在这一个时间范围内，南亚有了释迦牟尼，西亚有了犹太先知，南欧有了古希腊哲学家，中国有了先秦诸子。“轴心时期”诸多思想家的诞生，为各民族和地区贡献了思想资源，同时他们自己也成了各民族乃至于世界的精神导师，在塑造了各个民族文化传统的同时，也深刻地改变了各个地域人们的生存方式。

学者易中天在其《易中天中华史·百家争鸣》中，梳理过此时期的几个阶段：“第一阶段，孔子与犹太先知、释迦牟尼、毕达哥拉斯同时，四大文明礼炮齐鸣。第二阶段，墨子与苏格拉底同时，《老子》一书的作者与柏拉图同时，孟子和庄子与亚里士多德同时，中国与希腊并肩前进。第三阶段，希腊人也退出历史舞台，只剩下我们的荀子和韩非”。

在这几百年里，中华民族最伟大的思想家相继诞生，出现了先秦诸子百家争鸣的思想局面，即后来被分为“儒、墨、道、法、名、杂、农、阴阳、纵横、小说”等有代表性的十家，也叫诸子百家。

1. 简述孔子关于仁学思想的主要内涵。
2. 不同的弟子问仁，孔子的回答并不一样，这是否说明孔子思想有内在的矛盾？
3. 查阅相关资料，归纳先秦诸子的代表人物和主要思想。

---

[1] 本单元“知人论世”部分参考徐中玉，齐森华编《大学语文（第九版）》，华东师范大学出版社，2007年版。漆永祥编选《大学国文选本》，北京大学出版社，2014年版。

5　杜甫诗二首

杜　甫

赠卫八处士[1]

人生不相见，动如参与商[2]。
今夕复何夕[3]，共此灯烛光。
少壮能几时，鬓发各已苍。
访旧半为鬼，惊呼热中肠。
焉知二十载，重上君子堂。
昔别君未婚，儿女忽成行。
怡然敬父执[4]，问我来何方。
问答未及已，儿女罗酒浆。
夜雨剪春韭，新炊间黄粱[5]。
主称会面难，一举累十觞。
十觞亦不醉，感子故意长。
明日隔山岳，世事两茫茫。

又呈吴郎[6]

堂前扑枣任西邻，无食无儿一妇人。

---

[1] 与下篇的《又呈吴郎》均选自唐杜甫撰，清仇兆鳌注《杜诗详注》，中华书局，1979 年版。这首诗是公元 759 年春天杜甫从洛阳返回华州途中拜访卫八处士之后所作。卫八处士：名字不详。处士：未做官的读书人。

[2] 参、商：星宿名，两星此升则彼降，不会同时出现。

[3] 今夕复何夕：出自《诗经・唐风・绸缪》“今夕何夕，见此良人”。

[4] 执：朋友。

[5] 黄粱：谷名，色黄。

[6] 呈：呈送。这是用诗写的一封信，杜甫以前写过《简吴郎司法》，所以说“又呈”。吴郎：来自忠州的一位司法，是杜甫的晚辈亲戚，暂住夔州。杜甫曾把自己的瀼西草堂让给吴郎居住。

不为困穷宁有此[1]？只缘[2]恐惧转须亲[3]。
即防远客[4]虽多事[5]，便插疏篱却甚真[6]。
已诉征求[7]贫到骨，正思戎马[8]泪盈巾。

知人论世

杜甫（712—770年），字子美，自号少陵野老，又称老杜、杜拾遗、杜工部，原籍襄阳（今湖北襄樊），自其曾祖时迁居巩县（今河南巩义）。三十五岁以前，杜甫壮游齐赵、吴越等地，结识了李白、高适等著名诗人。天宝六年（747年）科考失利，客居长安，生活困顿。这一时期唐朝政治也日趋黑暗，使他对当时的社会现实有了深入的认识。“安史之乱”期间，他辗转流离，备尝艰辛，写出了大量表现这一重大历史动乱的名篇，如“三吏”“三别”等。四十八岁之后，诗人“漂泊西南”，饱受离乱之苦，写下了一千余首诗歌，嗟叹自己的人生命运，表现了其忧国忧民的仁爱情怀。

杜甫是中国古代最重要的诗人之一。他出身于“奉儒守官”之家，以“致君尧舜上，再使风俗淳”作为自己的人生理想，对国家命运和民生疾苦非常关注。半生的流离失所，使他真正体会到了现实的黑暗和百姓的苦痛，他的诗歌因深刻地反映了唐朝由盛转衰过程中的社会风貌和时代苦难，因而被称为“诗史”。

杜甫也是在艺术上集大成的诗人，其众体皆擅，尤长七律，以“沉郁顿挫”的美学风格，形成了深具批判精神和悲悯情怀的“现实主义”流脉，影响了后世诸多诗人。他以其伟岸的人

[1] 宁有此：哪会这样做。此：指贫妇打枣这件事。
[2] 只缘：正因。
[3] 转须亲：反而更应该亲切对待。
[4] 远客：指吴郎。
[5] 多事：指那位贫妇多此一举。
[6] 却甚真：指像是真的不让贫妇来打枣。
[7] 征求：官府征收赋税。
[8] 戎马：指战争。

格、深刻的思想和炉火纯青的艺术成就被后人尊为“诗圣”，与伟大的浪漫主义诗人李白并称为“李杜”。

杜甫现存诗歌约 1400 余首，有《杜工部集》传世，清人仇兆鳌所著的《杜诗详注》是目前较为权威的注本。

历代文体与盛唐气象

王国维在《宋元戏曲史》的序中说，凡一代有一代之文学：楚之骚、汉之赋、六代之骈语、唐之诗、宋之词、元之曲，皆所谓一代之文学，而后世莫能继焉者也。可见，历朝历代风行的文学体裁各自不同，而杜甫所生活的唐代，文体成就最高的当属诗歌。

唐诗的发展大致又可以分为四个时期，即初、盛、中、晚唐四期，这种区分也大体上和时代的发展相同步。明朝高棅编《唐诗品汇》把唐诗分为这四个时期，“从高祖武德元年（618 年）至武后长安四年（704 年），共八十六年，是为初唐，“四杰”当然属于初唐诗人，不能另外提开。从中宗神龙元年（705 年）至代宗大历五年（770 年），共六十五年，是为盛唐。杜甫卒于大历五年。从大历初（766 年）至文宗大和末（835 年），共六十四年，是为中唐，以后七十一年，才是晚唐。”[1]

从唐朝的诗歌分期上，我们也能看出，盛唐集聚了一批赫赫有名的大诗人，王维、孟浩然、李白、杜甫、高适、岑参等诗人，他们不仅集前朝诗人成就之大成，也形成了“山水田园”“边塞”等诗歌派别，李白、杜甫继承了《诗经》《楚辞》的“风骚”传统，并开拓了“浪漫主义”与“现实主义”诗歌的写作路向，成为后世诗人争相效仿学习的对象，宋代的诗词理论家严羽结合盛唐诗的写作情况，归纳其总体艺术特点为“既笔力雄壮，又气象雄浑”，后世的文论家们根据此说，把盛唐诗歌的风貌特征，概括为“盛唐气象”。

[1] 转引自施蛰存著《唐诗百话》，上海古籍出版社，1987 年版。

切问近思

1.《赠卫八处士》一诗很多句子都在叙事，思考这种叙事对于表达感情的意义。

2. 结合《又呈吴郎》，体会杜甫批评吴郎时措辞的委婉。

3. 阅读杜甫相关传记作品，勾画出杜甫平生的行迹路线图。

6 容忍与自由[1]

胡 适

十七八年前，我最后一次会见母校康耐尔（康奈尔）大学的史学大师布尔先生（George Lincoln Burr）。我们谈到英国史学大师阿克顿（Lord Acton）一生准备要著作一部“自由之史”，没有完成他就死了。布尔先生那天谈话很多，有一句话我至今没有忘记。他说：“我年纪越大，越感觉到容忍（tolerance）比自由还更重要。”

布尔先生死了十多年了，他这句话我越想越觉得是一句不可磨灭的格言。我自己也有“年纪越大，越觉得容忍比自由还更重要”的感想。有时我竟觉得容忍是一切自由的根本：没有容忍，就没有自由。

我十七岁的时候（1908 年）曾在《竞业旬报》上发表几条“无鬼丛话”，其中有一条是痛骂小说《西游记》和《封神榜》的，我说：

> 《王制》有之：“假于鬼神[2]时日卜筮以疑众[3]，杀。”吾独怪夫数千年来之掌治权者，之以济世明道自期者[4]，乃懵然[5]不之注意，惑世诬民之学说得以大行，遂举我神州民族投诸极黑暗之世界！……

这是一个小孩子很不容忍的“卫道”态度。我那时候已是一个无鬼论者，所以发出那种摧除迷信的狂论，要实行《王制》（《礼记》的一篇）的“假于鬼神时日卜筮以疑众，杀”的一条经典。

我在那时候当然没有梦想到说这话的小孩子在十五年后（1923 年）会很热心的（地）给《西游记》作两万字的考证！我在那时候当然更没有想到那个小孩子在二三十年后还时时留心搜求可以考证《封神榜》的作者的材料！我在那时候也完全没有想想《王制》那句

---

［1］本文选自罗竹风主编《中国新文学大系（1949—1976）》杂文卷，上海文艺出版社，1997 年版，原文有删节。

［2］假于鬼神：假借鬼神的名义。

［3］时日卜筮以疑众：经常用卜筮（shì）的迷信举动来摇惑群众。卜：用火灼龟甲以测吉凶，后也指用其他方法测吉凶。筮：用蓍草占卦。

［4］以济世明道自期者：期望自己能够成为裨补时艰、阐明大道理的人，即寄心于关怀世事的志士仁人。

［5］懵然：糊里糊涂，不明事理的样子。

话的历史意义。那一段《王制》的全文是这样的：

析言破律[1]，乱名改作[2]，执左道[3]以乱政，杀。作淫声[4]异服奇技异器[5]以疑众，杀。行伪而坚[6]，言伪而辩[7]，学非而博[8]，顺非而泽[9]以疑众，杀。假于鬼神时日卜筮以疑众，杀。此四诛者，不以听[10]。

我在五十年前，完全没有懂得这一段话的“诛”正是中国专制体制下禁止新思想、新学术、新信仰、新艺术的经典的根据。我在那时候抱着“破除迷信”的热心，所以拥护那“四诛”之中的第四诛：“假于鬼神时日卜筮以疑众，杀。”我当时完全没有想到第四诛的“假于鬼神……以疑众”和第一诛的“执左道以乱政”的两条罪名都可以用来摧残宗教信仰的自由。我当时也完全没有注意到郑玄[11]注里用了公输班作“奇技异器”的例子，更没有注意到孔颖达[12]《正义》里举了“孔子为鲁司寇七日而诛少正卯”的例子来解释“行伪而坚，言伪而辩，学非而博，顺非而泽以疑众，杀”。故第二诛可以用来禁绝艺术创作的自由，也可以用来“杀”许多发明“奇技异器”的科学家。故第三诛可以用来摧残思想的自由，言论的自由，著作出版的自由。

我在五十年前引用《王制》第四诛，要“杀”《西游记》《封神榜》的作者。那时候我当然没有梦想到十年之后我在北京大学教书时就有一些同样“卫道”的正人君子也想引用《王制》的第三诛，要“杀”我和我的朋友们，当年我要“杀”人，后来人要“杀”我，动机是一样的：都是因为动了一点正义的火气，就失掉容忍的度量了。

[1] 析言破律：剖析言辞破坏法律。

[2] 乱名改作：变乱名物擅改制度。

[3] 左道：邪道。

[4] 淫声：放荡的音乐。

[5] 奇技异器：奇异怪诞的技术与器物。

[6] 行伪而坚：行为虚伪却坚持不改。

[7] 言伪而辩：言论虚伪却能说会道。

[8] 学非而博：学识不正却大肆夸口。

[9] 顺非而泽：依顺错误而巧于修饰。

[10] 不以听：对犯了这四种该杀之罪的人，应决然杀掉，不必再审问，听取什么意见。

[11] 郑玄（127—200年）：字康城，北海高密（今属山东）人，东汉著名经学家，曾为《礼记》做注，注中曾举了公输班作奇技异器的例子来解释经文。公输班：春秋时期鲁国人，一般称鲁班，创造过多种奇巧的工具，古代建筑大匠。

[12] 孔颖达（574—648年）：字冲远，冀州衡水（今属河北）人，唐经学家，曾撰《礼记正义》，举了传说孔子诛杀少正卯的例子解释经文。少正卯相传是孔子同时代的人。《荀子·宥坐》最早载有此事，说孔子于鲁国摄政，朝七日而杀少正卯，说孔子因少正卯兼有上述《王制》里的四诛等罪，不可不杀。但清代学者考证，此事未见重要经传中记载。对此事真伪存疑。

我自己叙述五十年前主张“假于鬼神时日卜筮以疑众，杀”的故事，为的是要说明我年纪越大，越觉得“容忍”比“自由”还更重要。

我到今天还是一个无神论者，我不信有一个有意志的神，我也不信灵魂不朽的说法。

我自己总觉得，这个国家、这个社会、这个世界，绝大多数人是信神的，居然能有这雅量，能容忍我的无神论，能容忍我这个不信神也不信灵魂不灭的人，能容忍我在国内和国外自由发表我的无神论的思想，从没有人因此用石头掷我，把我关在监狱里，或把我捆在柴堆上用火烧死。我在这个世界里居然享受了四十多年的容忍与自由。我觉得这个国家、这个社会、这个世界对我的容忍度量是可爱的，是可以感激的。

所以我自己总觉得我应该用容忍的态度来报答社会对我的容忍。所以我自己不信神，但我能诚心的（地）谅解一切信神的人，也能诚心的（地）容忍并且敬重一切信仰有神的宗教。

我要用容忍的态度来报答社会对我的容忍，因为我年纪越大，我越觉得容忍的重要意义。若社会没有这点容忍的气度，我决（绝）不能享受四十多年的大胆怀疑的自由，公开主张无神论的自由了。

在宗教自由史上，在思想自由史上，在政治自由史上，我们都可以看见容忍的态度是最难得、最稀有的态度。人类的习惯是喜同而恶异的，总不喜欢和自己不同的信仰、思想、行为。这就是不容忍的根源。不容忍只是不能容忍和我自己不同的新思想和新信仰。一个宗教团体总相信自己的宗教信仰是对的，是不会错的，所以它总相信那些和自己不同的宗教信仰必定是错的，必定是异端，邪教。一个政治团体总相信自己的政治主张是对的，是不会错的，所以它总相信那些和自己不同的政治见解必定是错的，必定是敌人。

一切对异端的迫害，一切对“异己”的摧残，一切宗教自由的禁止，一切思想言论的被压迫，都由于这一点深信自己是不会错的心理。因为深信自己是不会错的，所以不能容忍任何和自己不同的思想信仰了。

试看欧洲的宗教革新运动的历史。马丁·路德（Martin Luther）[1]和约翰·高尔文（John Calvin）[2]等人起来革新宗教，本来是因为他们不满意于罗马旧教的种种不容忍，种种不自由。但是新教在中欧、北欧胜利之后，新教的领袖们又都渐渐走上了不容忍的路上去，

[1] 马丁·路德（Martin Luther）（1483—1546 年）：16 世纪欧洲宗教改革运动的发起者，基督教新教路德宗的创始人，德国人。1517 年，发表《95 条论纲》，揭开宗教改革的序幕。

[2] 约翰·高尔文（John Calvin）（1509—1564 年）：通译“加尔文”，16 世纪欧洲宗教改革家，基督教新教加尔文宗创始人，法国人。他受马丁·路德影响，1533 年改信新教。1541 年后他长期定居日内瓦，在日内瓦建成政教合一的神权体制，成为一个宗教独裁者。

也不容许别人起来批评他们的新教条了。高尔文在日内瓦掌握了宗教大权，居然会把一个敢独立思想、敢批评高尔文的教条的学者塞维图斯（Servetus）定了“异端邪说”的罪名，把他用铁链锁在木桩上，堆起柴来，慢慢的（地）活烧死。这是1553年10月23日的事。

这个殉道者塞维图斯的惨史，最值得人们的追念和反省。宗教革新运动原来的目标是要争取“基督教的人的自由”和“良心的自由”。何以高尔文和他的信徒们居然会把一位独立思想的新教徒用慢慢的火烧死呢？何以高尔文的门徒（后来继任高尔文为日内瓦的宗教独裁者）柏时（Beze）竟会宣言“良心的自由是魔鬼的教条”呢？

基本的原因还是那一点深信我自己是“不会错的”的心理。像高尔文那样虔诚的宗教改革家，他自己深信他的良心确是代表上帝的命令，他的口和他的笔确是代表上帝的意志，那么他的意见还会错吗？他还有错误的可能吗？在塞维图斯被烧死之后，高尔文曾受到不少人的批评。1554年，高尔文发表一篇文字为他自己辩护，他毫不迟疑地说：“严厉惩治邪说者的权威是无可疑的，因为这就是上帝自己的说话。……这工作是为上帝的光荣战斗”。

上帝自己的说话，还会错吗？为上帝的光荣作战，还会错吗？这一点“我不会错”的心理，就是一切不容忍的根苗。深信我自己的信念没有错误的可能（infallible），我的意见就是“正义”，反对我的人当然都是“邪说”了。我的意见代表上帝的意旨，反对我的人的意见当然都是“魔鬼的教条”了。

这是宗教自由史给我们的教训：容忍是一切自由的根本；没有容忍“异己”的雅量，就不会承认“异己”的宗教信仰可以享受自由。但因为不容忍的态度是基于“我们的信念不会错”的心理习惯，所以容忍“异己”是最难得，最不容易养成的雅量。

在政治思想上，在社会问题的讨论上，我们同样的（地）感觉到不容忍是常见的，而容忍总是很稀有的。我试举一个死了的老朋友的故事作例子。四十多年前，我们在《新青年》杂志上开始提倡白话文学的运动，我曾从美国寄信给陈独秀，我说：

> 此事之是非，非一朝一夕所能定，亦非一二人所能定。甚愿国中人士能平心静气与吾辈同力研究此问题。讨论既熟，是非自明。吾辈已张革命之旗，虽不容退缩，然亦决（绝）不敢以吾辈所主张为必是而不容他人之匡正也。

独秀在《新青年》上答我道：

> 鄙意容纳异议，自由讨论，固为学术发达之原则，独于改良中国文学当以白话为正宗之说，其是非甚明，必不容反对者有讨论之余地；必以吾辈所主张者为绝对之是，而不容他人之匡正也。……

我当时就觉得这是很武断的态度。现在在四十多年之后，我还忘不了独秀这一句话，我还觉得这种“必以吾辈所主张者为绝对之是”的态度是很不容忍的态度，是最容易引起别人的恶感，是最容易引起反对的。

我曾说过，我应该用容忍的态度来报答社会对我的容忍。现在常常想，我们还得戒律自己：我们若想别人容忍谅解我们的见解，我们必须先养成能够容忍谅解别人的见解的度量。至少至少我们应该戒约自己决（绝）不可“以吾辈所主张者为绝对之是”。我们受过实验主义的训练的人，本来就不承认有“绝对之是”，更不可以“以吾辈所主张者为绝对之是”。

胡适（1891—1962 年），原名嗣穈，学名洪骍，后改名胡适、字适之。安徽绩溪人。中国现代著名学者、文学家、哲学家、思想家、诗人。

1910 年胡适考取官费留美，就读于康奈尔大学和哥伦比亚大学，师从著名哲学家约翰·杜威，1917 年归国后任北京大学教授，宣扬民主、科学思想，次年加入陈独秀主办的《新青年》杂志编辑部，率先提倡白话文创作并引领新文化运动，是五四文学革命的旗手之一。后曾任驻美大使、北京大学校长及台湾“中央研究院”院长，平生反对国民党政府的专制独裁，信奉实验主义、自由主义的哲学和政治思想。

胡适在中国哲学史、文学史、古籍整理、古代小说、白话诗等各个领域，都有一定的造诣和丰厚的成果，多数成就开了“第一人”的先河。其主要著作有《中国哲学史大纲》《白话文学史》《胡适文存》《尝试集》等。

文学革命与八不主义

1915 年，陈独秀主编的《青年杂志》（第 2 卷后改为《新青年》）在上海创刊，以“民主”“科学”等观念为先导，开启了中国思想的变革，成为“新文化运动”的标志之一。

1916年，尚在美国留学的胡适写作了自称为“文学革命宣言”的《文学改良刍议》，发表在1917年1月出版的《新青年》2卷5号，提出了具体的文学改良主张“八不主义”。随后，在2卷第6号的《新青年》上，陈独秀发表了《文学革命论》，“文中高张‘文学革命军’的大旗，并将胡适奉为文学革命的‘急先锋’，由此遂将胡适的这篇有关文学改良的‘未定草’，推上了中国文学革命的前台。一场史称‘文学革命’的运动也从此迅速展开。”[1]

在《文学改良刍议》中，胡适秉承王国维提出的“一时代有一时代之文学”的文学进化观念，提出了文学革命的必要性，认为文言文的书写和使用不再适应新时代的发展和需求，倡导“用白话来做文学的工具”，对于这场“文学形式”的革命，提出了具体的“八不主义”：

“一曰：“须言之有物”；二曰：不摹仿古人；三曰：须讲求文法；四曰：不作无病之呻吟；五曰：务去滥调套语；六曰：不用典；七曰：不讲对仗；八曰：不避俗字俗语。”

1. 胡适为什么引用《礼记·王制》之“四诛”的全文？阐明了他的什么思想？
2. 胡适提出的“容忍”和“自由”的内涵是什么，是无限度的“容忍”与“自由”吗？
3. 结合胡适与鲁迅的相关材料，思考两人思想方面的异同。

[1] 见程光炜等著《中国现代文学史（第二版）》，中国人民大学出版社，2008年版。

拓展阅读

诸子语录选读[1]

诸 子

1. 或曰“以德报怨，何如？”子曰：“何以报德？以直[2]报怨，以德报德。”（《论语·宪问》）

2. 孔子曰：“益者三友，损者三友。友直，友谅[3]，友多闻，益矣。友便辟[4]，友善柔[5]，友便佞[6]，损矣。”（《论语·季氏》）

3. 恻隐之心，仁也；羞恶之心，义也；恭敬之心，礼也；是非之心，智也。仁义礼智，非由外铄我也，我固有之也，弗思耳矣。故曰：“求则得之，舍则失之。”（《孟子·告子上》）

4. 故天将降大任于斯人也，必先苦其心志，劳其筋骨，饿其体肤，空乏其身，行拂[7]乱其所为，所以动心忍性，曾[8]益其所不能。（《孟子·告子下》）

5. 非我而当[9]者，吾师也；是[10]我而当者，吾友也；谄谀我者，吾贼[11]也。（《荀子·修身》）

6. 道虽迩，不行不至；事虽小，不为不成。（《荀子·修身》）

---

[1] 本篇所选诸子语录，选自中华书局出版的中华经典藏书系列丛书。

[2] 直：坦诚。

[3] 谅：信。

[4] 便辟：奉迎谄媚。

[5] 善柔：阿谀奉承。

[6] 便佞：花言巧语。

[7] 拂：逆，违背。

[8] 曾：通“增”。

[9] 当：恰当、正确。

[10] 是：肯定、赞同。

[11] 贼：害，指敌人。

7. 上善若水[1]。水善利万物而不争，处众人之所恶[2]，故几于道。居善地[3]，心善渊[4]，与善仁[5]，言善信[6]，政善治[7]，事善能[8]，动善时[9]。夫唯不争，故无尤[10]。（《老子·第八章》）

8. 名与身孰亲？身与货孰多[11]？得与亡孰病[12]？甚爱必大费[13]，多藏必厚[14]亡。故知足不辱，知止不殆，可以长久。（《老子·第四十四章》）

9. 古之至人，先存诸己，而后存诸人。（《庄子·人间世》）

10. 真者，精诚之至也。不精不诚，不能动人。（《庄子·渔父》）

11. 近者不亲，无务来远[15]；亲戚不附[16]，无务外交[17]；事无终始，无务多业；居物而闇[18]，无务博闻。（《墨子·修身》）

12. 志不强者智不达，言不信者行不果。（《墨子·修身》）

---

[1] 上善若水：上善之人如同水一样。

[2] 所恶：厌恶的地方。指低洼之处。

[3] 居善地：居住低洼之地。

[4] 心善渊：思虑深邃宁静。

[5] 与善仁：交接善良之人。仁，当为“人”。

[6] 言善信：说话遵守信用。

[7] 政善治：为政精于治理。

[8] 事善能：处事发挥特长。

[9] 动善时：行动把握时机。

[10] 尤：过失。

[11] 多：贵重。

[12] 病：痛苦。

[13] 费：耗费。

[14] 厚：厚重。

[15] 无务：不要致力于……，不要期待。来远：招徕、吸引离自己远的人。

[16] 附：归附。

[17] 外交：与亲戚以外的人交往。

[18] 闇：不明了，不了解。

与山巨源绝交书[1]

嵇　康

康白[2]：足下昔称[3]吾于颍川[4]，吾尝谓之知言[5]。然经[6]怪此意[7]，尚未熟悉于足下，何从[8]便得之也？前年[9]从河东[10]还，显宗[11]、阿都[12]说足下议以吾自代[13]；事虽不行，知足下故[14]不知之[15]。足下傍通[16]，多可而少怪[17]；吾直性狭中[18]，多所不堪[19]，偶与足下相知耳。

---

[1] 本篇选自嵇康著、戴明扬校注《嵇康集校注》，人民文学出版社，1962年版。此篇是嵇康写给同为“竹林七贤”的好友山涛（字巨源）的书信。此时，山涛投向司马氏集团，在朝中做官。当他调升时，推荐嵇康担任他以前的官职。愤怒之下，嵇康写下此文，一方面批评山涛，一方面批评时政，表现了他的反抗精神。嵇康：（223—262年），字叔夜，谯郡铚县人（今安徽宿州西南）。早年丧父，由母、兄抚养长大。二十岁被沛王曹林招为婿，成为曹魏宗室姻亲，竹林七贤之一，行为放诞，蔑视礼法，否定时政，终被图谋篡位的司马宗室所杀害。

[2] 白：陈述。

[3] 称：称赞，指称赞嵇康不愿出仕的意志。

[4] 颍川：指山嵚（qīn），山涛的叔父，曾经做过颍川太守，故以代称。

[5] 知言：有识见、知己的话。

[6] 经：经常。

[7] 此意：指嵇康不愿出仕的意志。

[8] 何从：从何。

[9] 前年：指260年。

[10] 河东：郡名，今山西省南部黄河以东地区，嵇康曾避居于此。

[11] 显宗：公孙崇，字显宗，谯（今安徽亳县）人，曾为尚书郎。

[12] 阿都：吕安，字仲悌，小名阿都，东平（今山东东平县）人。与显宗均为嵇康好友。

[13] 以吾自代：让我代替你自己，这里指山涛拟推荐嵇康代其职。

[14] 故：原来。

[15] 之：指代嵇康不愿出仕之志。

[16] 傍通：善于应变交际。

[17] 多可而少怪：多有许可而少有怪疑。指山涛处事圆滑。可：许可。怪：怪疑。

[18] 狭中：心地狭窄。

[19] 堪：忍受。

间[1]闻足下迁[2]，惕然[3]不喜；恐足下羞庖人之独割[4]，引尸祝[5]以自助，手荐[6]鸾刀[7]，漫[8]之膻腥。故具[9]为足下陈其可否。

吾昔读书，得并介之人[10]，或[11]谓无之，今乃信其真有耳。性有所不堪，真[12]不可强[13]。今空语同知有达人而无所不堪，外不殊俗而内不失正，与一世[14]同其波流[15]而悔吝[16]不生耳。老子、庄周，吾之师也，亲居贱职[17]；柳下惠[18]、东方朔[19]，达人也，安乎卑位。吾岂敢短[20]之哉！又仲尼[21]兼爱[22]，不羞[23]执鞭[24]；子文无欲卿相[25]，而三登令尹：是[26]乃君子思济物[27]之意

---

[1] 间：最近。

[2] 迁：升官，指山涛由曹郎迁为大将军从事中郎。

[3] 惕然：惧怕的样子。

[4] “恐足下”二句：语出《庄子·逍遥游》：“庖人虽不治庖，尸祝不越樽俎而代之。”意思是说：“即使厨师不做菜，祭师也不应该越职替代之。这里说明山涛独自做官感到不好意思，所以要荐引嵇康出仕。庖人：厨师。

[5] 尸祝：尸谓神主，祝是祭祀的主持者，因对“尸”而祝祷，故称“尸祝”，犹今之“祭师”。

[6] 荐：进。

[7] 鸾刀：装饰有鸾铃的刀。

[8] 漫：沾污。

[9] 具：详尽。

[10] 并介之人：既能兼济天下而又孤僻不群的人。并：兼济天下。介：特、独，耿介孤独。这里讥讽山涛的圆滑。

[11] 或：有时。

[12] 真：本性。

[13] 强：勉强。

[14] 一世：同一时代。

[15] 同其波流：谓同世俗沉浮。

[16] 悔吝：灾祸。

[17] 贱职：老子任过周朝的柱下史（管理图书）。庄周曾为宋国蒙之漆园吏。官职都甚低贱。

[18] 柳下惠：春秋时鲁国大夫展禽。据《论语·微子》载：柳下惠任士师时，曾被罢职三次，有人劝他到别国去，他自己却不以为意。

[19] 东方朔：汉武帝时人，常为郎官一类小职，虽曾上书，亦不见用。

[20] 短：短处，批评。

[21] 仲尼：孔子的字。

[22] 兼爱：泛爱。

[23] 羞：以……为羞。

[24] 执鞭：赶车的人。

[25] 子文：春秋时楚国人，曾三度任令尹，史称令尹子文。令尹：楚国官名，相当于宰相。

[26] 是：复指代词。

[27] 济物：救世天下。

也。所谓达能兼善而不渝[1]，穷则自得而无闷。以此观之，故尧、舜之君世[2]，许由之岩栖[3]，子房[4]之佐汉，接舆之行歌[5]，其揆[6]一也。仰瞻数君，可谓能遂[7]其志者也。故君子百行，殊途而同致[8]；循性而动，各附所安[9]，故有处朝廷而不出[10]，入山林而不返之论。且延陵[11]高子臧[12]之风[13]，长卿[14]慕相如之节，志气所托，不可夺也。

吾每读尚子平[15]、台孝威[16]传，慨然[17]慕之，想其为人。少加孤露[18]，母兄见骄[19]，不涉经学。性复疏懒，筋驽[20]肉缓[21]，头面常一月十五日不洗；不大闷痒[22]，不能[23]沐[24]也。每常小便而忍不起，令胞[25]中略转[26]，乃起耳。又纵逸来久，情意傲散，简与礼相背[27]，懒与慢相成，而为

[1] 渝：改变。

[2] 君世：统治天下。君：做……的君王。

[3] 许由：尧时隐士。岩栖：栖居于山岩，即隐居。尧想把天下让给他，他不肯接受，就到箕山去隐居。

[4] 子房：张良的字。汉高祖刘邦的谋士。

[5] 接舆：春秋时楚国隐士。行歌：唱歌。孔子游宦楚国时，接舆唱着讽劝孔子归隐的歌从其车边走过。

[6] 揆（kuí）：法度，原则。

[7] 遂：达成，实现。

[8] 殊途而同致：语出《易·系辞下》：“天下同归而殊途，一致而百虑。”

[9] 各附所安：各自依循自以为心安理得的行为。附：寄托。安：安身。

[10] “故有”二句：语出《韩诗外传》卷五：“朝廷之人为禄，故入而不出；山林之士为名，故往而不返。”

[11] 延陵：名季札，春秋时吴国公子。居于延陵，人称延陵季子。

[12] 子臧：一名欣时，曹国公子。曹宣公死后，曹人要立子臧为君，子臧拒不接受，离国而去。季札的父兄要立季札为嗣君，季札引子臧不为曹国君为例，拒不接受。

[13] 风：风概，指高尚的情操。

[14] 长卿：汉代司马相如的字。

[15] 尚子平：名长，东汉时人，曾做过小官，后归隐以砍柴为生。

[16] 台孝威：名佟，东汉时人，以出仕为苦，故隐居武安山中，凿穴为居，以采药为生。

[17] 慨然：赞叹貌。

[18] 孤露：幼年丧父。

[19] 兄：指嵇喜。见：我，放在动词“骄”之前。见骄：指受到母兄的骄纵。

[20] 驽：迟钝、笨拙。

[21] 缓：松弛。

[22] 大：十分。

[23] 能：通“耐”，禁受。

[24] 沐：洗头。

[25] 胞：借作“脬”（pāo），指膀胱。

[26] 略转：略略转动到将胀出之时。

[27] 简：简略。谓行止随便，不拘礼俗。

侪[1]类见宽[2]，不攻其过。又读《庄》《老》，重[3]增其放[4]。故使荣进[5]之心日颓，任实[6]之情转笃[7]。此犹禽鹿[8]，少见驯育则服从教制；长而见羁则狂顾[9]顿缨[10]，赴蹈汤火，虽饰以金镳[11]，飨[12]以嘉肴，愈思长林[13]而志在丰草也。

阮嗣宗口不论人过[14]，吾每师之，而未能及；至性[15]过人，与物无伤，唯饮酒过差[16]耳。至为礼法之士[17]所绳[18]，疾之如仇，幸赖大将军[19]保持[20]之耳。吾不如嗣宗之资，而有慢弛之阙[21]；又不识人情，暗[22]于机宜[23]；无万石[24]之慎，而有好尽[25]之累。久与事[26]接，疵[27]衅[28]日兴，

[1] 侪（chái）类：同类人。

[2] 宽：宽容。

[3] 重：更加。

[4] 放：放诞。

[5] 荣进：以致仕为荣。

[6] 任实：指放任本性。

[7] 笃：厚，强烈。

[8] 禽：通“擒”。古代对鸟兽的通称。禽鹿：被捕的鹿。

[9] 狂顾：狂乱四顾。

[10] 顿缨：挣脱绳索。

[11] 金镳（biāo）：金属制作的马笼头，这里指鹿笼头。

[12] 飨（xiǎng）：用酒食款待客人。

[13] 长林：茂林。

[14] 阮嗣宗：阮籍，字嗣宗，与嵇康同为“竹林七贤”之一。不拘礼法，常醉酒，以“口不臧否人物”来避祸。

[15] 至性：天性淳厚。

[16] 过差：过分、失度。

[17] 礼法之士：拘执礼法的人，此处指维护司马氏统治的何曾等人。

[18] 绳：纠弹，纠正过失。

[19] 大将军：指司马昭。

[20] 保持：保全。

[21] 阙：通“缺”，缺点。

[22] 暗：昏昧不明。

[23] 机宜：事理、时宜。

[24] 万石：指汉代石奋。他和四个儿子都官至二千石，共一万石，所以称他为“万石君”。一生以谨慎著称。

[25] 好尽：喜欢尽情直言，不知忌讳。

[26] 事：人事。

[27] 疵：毛病。

[28] 衅（xìn）：事端。

虽欲无患，其可得乎？又人伦有礼，朝廷有法，自惟[1]至熟[2]，有必不堪者七，甚不可者二。卧喜晚起，而当关[3]呼之不置[4]，一不堪也。抱琴行吟，弋[5]钩[6]草野，而吏卒守之，不得妄动，二不堪也。危坐[7]一时，痹[8]不得摇，性[9]复多虱，把搔[10]无已[11]，而当裹以章服[12]，揖拜上官，三不堪也。素不便[13]书，又不喜作书，而人间多事，堆案盈机[14]，不相酬答，则犯教伤义，欲自勉强，则不能之[15]，四不堪也。不喜吊丧，而人道以此为重，已为未见恕者所怨，至欲见中伤者[16]；虽惧[17]然自责，然性不可化，欲降心[18]顺俗，则诡故[19]不情[20]，亦终不能获无咎无誉[21]如此，五不堪也。不喜俗人，而当与之共事，或宾客盈坐，鸣声聒耳，嚣尘臭处[22]，千变百伎，在人目前，六不堪也。心不耐烦，而官事鞅掌[23]，机务缠其心，世故烦其虑，七不堪也。又每非[24]汤、武[25]而薄[26]周、孔[27]，在人

---

[1] 惟：思考。

[2] 至熟：极为熟悉。

[3] 当关：守门人。汉始置当关一职，天刚亮时，即呼叫人起床。

[4] 置：舍，停。

[5] 弋（yì）：系有绳子的箭，用来射取禽鸟。这里指射鸟。

[6] 钩：钓鱼。

[7] 危坐：端坐。

[8] 痹（bì）：麻木。

[9] 性：此处指身体。

[10] 把（pá）搔：搔痒。把，通“爬”。

[11] 无已：没有停止。

[12] 章服：以纹饰为等级标志的礼服。

[13] 便：善于。

[14] 堆案盈几：公文堆满桌案。机：同“几”，几案。

[15] 不能之：不能忍受这些。

[16] 已为未见恕者所怨，至欲见中伤者：已经被不能原谅我的人怨恨，乃至想要中伤我。

[17] 惧：惊恐。

[18] 降心：抑制心性。

[19] 诡故：违背自己本性。

[20] 情：诚实。

[21] 无咎无誉：指既不遭到罪责也得不到称赞。

[22] 嚣尘臭处：喧嚣、灰尘、污臭之处。

[23] 鞅（yāng）掌：官务忙碌。

[24] 非：非难。

[25] 汤武：商汤和周武王。

[26] 薄：轻视。

[27] 周孔：周公和孔子。

间[1]不止，此事会显[2]，世教所不容[3]，此甚不可一也。刚肠疾恶，轻肆直言，遇事便发，此甚不可二也。以促中[4]小心之性，统此九患，不有外难，当有内病，宁可久处人间邪？又闻道士遗言，饵[5]术、黄精[6]，令人久寿，意甚信之；游山泽，观鱼鸟，心甚乐之。一行作吏，此事便废，安能舍其所乐而从其所惧哉！

夫人之相知，贵识其天性，因而济之[7]。禹不逼伯成子高[8]，全其节也。仲尼不假[9]盖[10]于子夏[11]，护其短也。近诸葛孔明不逼元直[12]以入蜀，华子鱼不强幼安以卿相[13]。此可谓能相终始，真相知者也。足下见直木不可以为轮，曲木不可以为桷[14]，盖不欲以枉其天才，令得其所也。故四民[15]有业，各以得志为乐，唯达者为能通之，此足下度内[16]耳。不可自见好章甫[17]，强[18]越人[19]以文冕[20]也；己嗜臭腐，养鸳雏[21]以死鼠也。吾顷[22]学养生之术，方[23]外[24]荣华，去滋味[25]，

---

[1] 人间：相对隐居而言，指出仕。

[2] 会显：为众人所知。会：将会。显：显露。

[3] 世教所不容：世俗礼教所不容之事会显露出来。

[4] 促中：指心胸狭隘。与“小心”义同。

[5] 饵（ěr）：服食。

[6] 术、黄精：两种中草药名，古人认为服食可以轻身延年。

[7] 因而济之：根据他们的天性加以帮助。

[8] 伯成子高：尧时诸侯，禹时隐士。这里指禹不强迫他做诸侯。

[9] 假：借。

[10] 盖：雨伞。

[11] 子夏：孔子弟子卜商的字，生性吝啬。

[12] 元直：徐庶的字。徐庶和诸葛亮两人原来都在刘备部下，后来徐庶的母亲被曹操俘获，他就辞别刘备而归附曹操，诸葛亮没有加以阻留。

[13] 华子鱼：华歆的字。幼安：管宁的字。两人为同学好友，魏文帝时，华歆为太尉，想推举管宁接任自己的职务，管宁便举家渡海而逃，华歆也不强留。

[14] 桷（jué）：方形的椽子。

[15] 四民：指士、农、工、商。

[16] 度：考虑。度内：意料之中。

[17] 章甫：礼帽。

[18] 强：勉强。

[19] 越人：指今浙江、福建一带居民。

[20] 文：带有花纹的。文冕（miǎn）：饰有花纹的帽子。

[21] 鸳雏（chú）：传说中像凤凰一类的鸟。

[22] 顷：近来。

[23] 方：正在。

[24] 外：疏远。

[25] 滋味：美味。

游心于寂寞，以无为[1]为贵。纵无九患，尚不顾足下所好者。又有心闷疾，顷转增笃，私意[2]自试，不能堪其所不乐。自卜[3]已审[4]，若道尽途穷则已耳。足下无事[5]冤之[6]，令转于沟壑也[7]。

吾新失母兄之欢，意常凄切。女年十三，男年八岁，未及成人，况复多病。顾此悢悢[8]，如何可言！今但愿守陋巷，教养子孙；时与亲旧叙阔[9]，陈说平生。浊酒一杯，弹琴一曲，志愿毕矣。足下若嬲[10]之不置，不过欲为官得人[11]，以益时用[12]耳。足下旧[13]知吾潦倒粗疏，不切[14]事情，自惟亦皆不如今日之贤能也。若以俗人皆喜荣华，独能离之，以此为快；此最近之，可得言耳。然使[15]长才广度[16]，无所不淹[17]，而能不营[18]，乃可贵耳。若吾多病困，欲离事自全，以保余年，此真所乏耳。岂可见黄门[19]而称贞哉！若趣[20]欲共登王途，期于相致[21]，共为欢益，一旦迫之，必发其狂疾。自非[22]重怨[23]，不至于此也。

---

[1] 无为：顺应自然变化，老庄哲学基本命题。

[2] 私意：私下思考。

[3] 卜：选择、抉择。

[4] 审：明确。

[5] 无事：无缘无故。

[6] 冤：委屈。之：代“我”。

[7] 令转于沟壑：让我陷入绝境。语出《孟子·梁惠王下》“老弱转于沟壑”，指死无葬身之地。

[8] 悢（liàng）：悲伤貌。

[9] 阔：阔别，分离。叙阔：叙谈别离之情。

[10] 嬲（niǎo）：缠绕、纠缠。

[11] 为官得人：为朝廷拉人做官。

[12] 时用：当时的需要。

[13] 旧：以往。

[14] 不切：不近、不合。

[15] 使：假使。

[16] 长才广度：高才而大度的人。

[17] 淹：贯通。

[18] 不营：不营求。指不求仕进。

[19] 黄门：宦官。宦官因被阉割而无性欲，用以比喻自己不能出仕是天性使然，而不是像“广才长度”之人那样不谋求出仕。

[20] 趣：同“趋”，急于。

[21] 相致：共同招致入仕。

[22] 自非：若不是。

[23] 重怨：大仇。

野人[1]有快炙背[2]而美芹子[3]者，欲献之至尊[4]，虽有区区[5]之意，亦已疏[6]矣。愿足下勿似之。其意如此，既以解足下，并以为别[7]。嵇康白。

为学与做人[8]

梁启超

诸君！我在南京讲学将近三个月了。这边苏州学界里头，有好几回写信邀我，可惜我在南京是天天有功课的，不能分身前来。今天到这里，能够和全城各校诸君聚在一堂，令我感激得很。但有一件，还要请诸君原谅，因为我一个月以来，都带着些病，勉强支持，今天不能作很长的讲演，恐怕有负诸君期望哩。

问诸君："为什么进学校？"我想人人都会众口一词的答道："为的是求学问。"再问："你为什么要求学问？""你想学些什么？"恐怕各人的答案就很不相同，或者竟自答不出来了。诸君啊！我请替你们总答一句罢："为的是学做人。"你在学校里头学的什么数学、几何、物理、化学、生理、心理、历史、地理、国文、英语，乃至什么哲学、文学、科学、政治、法律、经济、教育、农业、工业、商业等等，不过是做人所需要的一种手段，不能说专靠这些便达到做人的目的，任凭你把这些件件学的（得）精通，你能够成个人不成个人还是个问题。

人类心理，有知、情、意三部分。这三部分圆满发达的状态，我们先哲名之为三达德——智、仁、勇。为什么叫做"达德"呢？因为这三件事是人类普通道德的标准，总要三件具备才能成一个人。三件的完成状态怎么样呢？孔子说："知者不惑，仁者不忧，勇者不惧。"所以教育应分为知育、情育、意育三方面——现在讲的智育、德育、体育，不对。德育范围太笼统，体育范围太狭隘——知育要教

[1] 野人：农夫。

[2] 快炙（zhì）背：对太阳晒背感到快意。

[3] 美芹子：以芹菜为美味。

[4] 至尊：君主。

[5] 区区：诚恳的样子。

[6] 疏：迂阔，不切实际。

[7] 别：告别。这是绝交的意思。

[8] 本文选自贾菁菁编选《梁启超演讲集》，天津古籍出版社，2005年版。本篇为梁启超1922年12月27日为苏州联合会所作演讲。梁启超（1873—1929年），字卓如，号任公，广东新会人。中国近代史上影响深远的政治活动家、思想家、教育家、史学家和文学家。

到人不惑，情育要教到人不忧，意育到教到人不惧。教育家教学生，应该以这三件为究竟，我们自动的（地）自己教育自己，也应该以这三件为究竟。

怎么样才能不惑呢？最要紧是养成我们的判断力。想要养成判断力，第一步，最少须有相当的常识；进一步，对于自己要做的事须有专门智识；再进一步，还要有遇事能断的智慧。假如一个人连常识都没有，听见打雷，说是雷公发威；看见月蚀（食），说是蛤蟆贪嘴，那么，一定闹到什么事都没有主意，碰到一点疑难问题，就靠求神、问卜、看相、算命去解决，真所谓“大惑不解”，成了最可怜的人了。学校里小学、中学所教，就是要人有了许多基本的知识，免得凡事都暗中摸索。但仅仅有这点常识还不够。我们做人，总要各有一件专门职业，这门职业，也并不是我一人破天荒去做，从前已经许多人做过，他们积了无数经验，发见出好些原理原则，这就是专门学识。我打算做这项职业，就应该有这项专门学识。例如我想做农吗，怎么的改良土壤，怎么的改良种子，怎么的防御水旱病虫……等等，都是前人经验有得成为学识的，我们有了这种学识，应用他（它）来处置这些事，自然会不惑，反是则惑了。做工、做商……等等都各各有他（它）的专门学识，也是如此。我想做财政家吗，何种租税可以生出何样结果，何种公债可以生出何样结果……等等，都是前人经验有得成为学识的，我们有了这种学识，应用他来处置这些事，自然会不惑，反是则惑了。教育家、军事家……等等，都各各有他的专门学说，也是如此。我们在高等以上学校所求的智识，就是这一类。

但专靠这种常识和学识就够吗？还不能。宇宙和人生是活的不是呆的，我们每日碰见的事理是复杂的变化的不是单纯的印板的。倘若我们只是学过这一件才懂这一件，那么，碰着一件没有学过的事来到跟前，便手忙脚乱了。所以还要养成总体的智慧，才能得有根本的判断力。这种总体的智慧如何才能养成呢？第一件，要把我们向来粗浮的脑筋，着实磨炼他，叫他变成细密而且踏实。那么，无论遇着如何繁难的事，我都可以彻头彻尾想清楚他的条理，自然不至于惑了。第二件，要把我们向来昏浊的脑筋，着实将养他，叫他变成清明。那么，一件事理到跟前，我才能很从容很莹澈的去判断他，自然不至于惑了。以上所说常识学识和总体的智慧，都是知育的要件，目的是教人做到“知者不惑”。

怎么样才能不忧呢？为什么仁者便会不忧呢？想明白这个道理，先要知道中国先哲的人生观是怎么样。“仁”之一字，儒家人生观的全体大用都包在里头。“仁” 到底是什么？很难用言语说明，勉强下个解释，可以说是普遍人格之实现。孔子说：“仁者，人也。”意思是说人格完成就叫做“仁”。但我们要知道，人格不是单独一个人可以表见的，要从人和人的关系上看出来。所以“仁”字从二人，郑康成解他做“相人偶”。总而言之，要彼我交感互发，成为一体，然后我的人格才能实现。所以我们若不讲人格主义，那便无话可说。讲到这个主义，当然归宿到普遍人格。换句话说，宇宙即是人生，人生即是宇宙，我的人格和宇宙无二区别，体验得这个道理，就叫做“仁者”。

然则这种仁者为什么就会不忧呢？大凡忧之所从来，不外两端，一曰忧成败，二曰忧得失。我们得着“仁”的人生观，就不会忧成败。为什么呢？因为我们知道宇宙和人生是永远不会圆满的，所以《易经》六十四卦，始“乾”而终“未济”。正为在这永远不圆满的宇宙中，才永远容得我们创造进化。我们所做的事，不过在宇宙进化几万万里的长途中，往前挪一寸两寸，那（哪）里配说成功呢？然则不做怎么样呢？不做便连这一寸都不往前挪，那可真真失败了。“仁者”看透这种道理，信得过只有不做事才算失败，凡做事便不会失败。所以《易经》说：“君子以自强不息。”换一方面来看，他们又信得过凡事不会成功的，几万万里路挪了一两寸，算成功吗？所以《论语》说："知其不可而为之。"你想，有这种人生观的人，还有什么成败可忧呢？再者，我们得着"仁"的人生观，便不会忧得失。为什么呢？因为认定这件东西是我的，才有得失之可言。连人格都不是单独存在，不能明确的（地）画出这一部分是我的，那一部分是人家的，然则那（哪）里有东西可以为我所得？既已没有东西为我所得，当然也没有东西为我所失。我只是为学问而学问，为劳动而劳动，并不是拿学问、劳动等做手段来达某种目的——可以为我们"所得"的。所以老子说："生而不有，为而不恃。""既以为人己愈有，既以与人己愈多。"你想，有这种人生观的人，还有什么得失可忧呢？总而言之，有了这种人生观，自然会觉得"天地与我并生，而万物与我为一"，自然会"无人而不自得"。他的生活，纯然是趣味化艺术化。这是最高的情感教育，目的教人做到"仁者不忧"。

怎么样才能不惧呢？有了不惑、不忧功夫，惧当然会减少许多了。但这是属于意志方面的事。一个人若是意志力薄弱，便会有丰富的智识，临时也会用不着；便有很优美的情操，临时也会变了卦。然则意志怎么才会坚强呢？头一件须要心地光明，孟子说："浩然之气，至大至刚。行有不慊于心，则馁矣。"又说："自反而不缩，虽褐宽博，吾不惴焉；自反而缩，虽千万人，吾往矣。"俗话说得好："生平不作亏心事，夜半敲门也不惊。"一个人要保持勇气，须要从一切行为可以公开做起，这是第一著。第二件要不为劣等欲望之所牵制。《论语》记："子曰：'吾未见刚者。'或对曰申'枨'。子曰：'枨也欲，焉刚？'"一被物质上无聊的嗜欲东拉西扯，那么百炼钢也会变为绕指柔了。总之，一个人的意志，由刚强变为薄弱极易，由薄弱返到刚强极难。一个人有了意志薄弱的毛病，这个人可就完了。自己作不起自己的主，还有什么事可做？受别人压制，做别人奴隶，自己只要肯奋斗，终须能恢复自由。自己的意志做了自己情欲的奴隶，那么，真是万劫沉沦，永无恢复自由的余地，终身畏首畏尾，成了个可怜人了。孔子说："和而不流，强哉矫；中立而不倚，强哉矫。国有道，不变塞焉，强哉矫；国无道，至死不变，强哉矫。"我老实告诉诸君说罢，做人不做到如此，决不会成一个人。但做到如此真是不容易，非时时刻刻做磨炼意志的功夫不可，意志磨炼得到家，自然是看着自己应做的事，一点不迟疑，扛起来便做，"虽千万人吾往矣"。这样才算顶天立地做一世人，绝不会有藏头躲尾左支右绌的丑态。这便是意育的目的，要教人做到勇者不惧。

我们拿这三件事作做人的标准，请诸君想想，我自己现时做到那（哪）一件——那（哪）一件稍微有一点把握。倘若连一件都不能做到，连一点把握都没有，嗳（哎）哟！那可真危险了，你将来做人恐怕做不成。讲到学校里的教育吗，第二层的情育，第三层的意育，可以说完全没有，剩下的只有第一层的知育。就算知育罢，又只有所谓常识和学识，至于我所讲的总体智慧靠来养成根本判断力的，却是一点儿也没有。这种"贩卖智识杂货店"的教育，把他前途想下去，真令人不寒而栗！现在这种教育，一时又改革不来，我们可爱的青年，除了他更没有可以受教育的地方。诸君啊，你到底还要做人不要？你要知道危险呀！非你自己抖擞精神方法自救，没有人救你呀！

诸君啊，你千万别要以为得些断片的智识就算是有学问呀。我老实不客气告诉你罢，你如果做成一个人，智识自然是越多越好；你如果做不成一个人，智识却是越多越坏。你不信吗？试想想，全国人所唾骂的卖国贼某人某人，是有智识的呀，还是没有智识的呢？试想想全国人所痛恨的官僚政客——专门助军阀作恶鱼肉良民的人，是有智识的呀，还是没有智识的呢？诸君须知道啊，这些人当十几年前在学校的时代，意气横厉，天真烂漫，何尝不和诸君一样？为什么就会堕落到这样田地呀？屈原说的：“何昔日之芳草兮，今直为此萧艾也！岂其有他故兮，莫好修之害也。”天下最伤心的事，莫过于看着一群好好的青年，一步一步的（地）往坏路上走。诸君猛醒啊！现在你所厌所恨的人，就是你前车之鉴了。

诸君啊！你现在怀疑吗？沉闷吗？悲哀痛苦吗？觉得外边的压迫你不能抵抗吗？我告诉你，你怀疑和沉闷，便是你因不知才会惑；你悲哀痛苦，便是你因不仁才会忧；你觉得你不能抵抗外界的压迫，便是你因不勇才有惧。这都是你的知、情、意未经过修养磨炼，所以还未成个人，我盼望你有痛切的自觉啊！有了自觉，自然会成功。那么，学校之外，当然有许多学问，读一卷经，翻一不史，到处都可以发见诸君的良师呀！ 诸君啊，醒醒罢！养足你的根本智慧，体验出你的人格人生观，保护好你的自由意志，你成人不成人，就看这几年哩！

心灵的灰烬[1]

傅　雷

一九五四年十月二日

聪，亲爱的孩子。收到九月二十二晚发的第六信，很高兴。我们并没为你前信感到什么烦恼或是不安。我在第八信中还对你预告，这种精神消沉的情形，以后还是会有的。我是过来人，决（绝）不至于大惊小怪。你也不必为此耽（担）心，更不必硬压在肚里不告诉我们。心中的苦闷不在家信中发泄，又哪里去发泄呢？孩子不向父母诉苦向谁诉呢？我们不来安慰你，又该谁来安慰你呢？人一辈子都在高潮——低潮中浮沉，唯有庸碌的人，生活才如死水一般；或者要有极高的修养，方能廓然无累，真正的（地）解脱。只要高潮不过分使你紧张，低潮不过分使你颓废，就好了。太阳太强烈，会把五谷晒焦；雨水太猛，也会淹死庄稼。我们只求心理相当平衡，不至于受伤而已。你也不是栽了筋斗爬不起来的人。我预料国外这几年，对你整个的人也有很大的帮助。这次来信所说的痛苦，我都理会得；我很同情，我愿意尽量安慰你，鼓励你。克利斯朵夫[2]不是经过多少回这种情形吗？他不是一切艺术家的缩影与结晶吗？慢慢的（地）你会养成另外一种心情对付过去的事：就是能够想到而不再惊心动魄，能够从客观的立场分析前因后果，做将来的借鉴，以免重蹈覆辙。一个人唯有敢于正视现实，正视错误，

[1] 本文选自傅敏编《傅雷家书》，三联书店，1981 年版。本文系傅雷 1954 年 10 月 2 日给儿子傅聪的信，1954 年初傅聪赴波兰参加第五届肖邦国际钢琴比赛并在波兰留学，题目为编者所加。傅雷（1908—1906 年），字怒安，号怒庵，上海南汇县人。我国著名的翻译家、教育家、美术评论家，以翻译法国重要作家伏尔泰、巴尔扎克、罗曼·罗兰等人作品著称，有《傅雷译文集》。傅聪为傅雷之子，为世界范围内享有盛誉的钢琴家。

[2] 克利斯朵夫：傅雷翻译的罗曼·罗兰的长篇名著《约翰·克里斯朵夫》中的主人公。约翰·克里斯朵夫一生为纯真的艺术而奋斗。历经无数次的精神磨难，最终获得艺术创造的成功和精神的安宁。

用理智分析，彻底感悟；终不至于被回忆侵蚀。我相信你逐渐会学会这一套，越来越坚强的。我以前在信中和你提过感情的 ruin[1]，就是要你把这些事当做（作）心灵的灰烬看，看的时候当然不免感触万端，但不要刻骨铭心的（地）伤害自己，而要像对着古战场一般的存着凭吊的心怀。倘若你认为这些话是对的，对你有些启发作用，那末（么）将来在遇到因回忆而痛苦的时候（那一定免不了会再来的），拿出这封信来重读几遍。

说到音乐的内容，非大家指导见不到高天厚地的话，我也有另外的感触，就是学生本人先要具备条件：心中没有的人，再经名师指点也是枉然的。

爱之后的爱[2]

（圣卢西亚）德里克·沃尔科特

总有那么一天，
你会满心欢喜地
在你自己的门前，
自己的镜中，欢迎你的到来，
彼此微笑致意，
并且说：这儿请坐；请吃。

你会重新爱上这个曾经是你的陌生人。
给他酒喝，给他饭吃。把你的心
还给它自己，还给这个爱了你一生，
被你因别人而忽视
却一直用心记着你的陌生人。

把你的情书从架上拿下来，
还有那些照片、绝望的小纸条，

[1] ruin：英文，指创伤、覆灭。

[2] 本诗为阿九翻译，选自王家新编著《中外现代诗歌导读》，中国人民大学出版社，2012 年版。作者德里克·沃尔科特（1930—2017 年），诗人，剧作家，生于圣卢西亚的卡斯特里，曾在圣玛丽大学和牙买加大学读书，后在美国一些大学任教，著有诗集和剧本各 20 余种。1992 年荣获诺贝尔文学奖。

从镜中揭下你自己的影子。

坐下来。享用你的一生。

学以致用

一、活动主题

举办“我眼中的你”主题班会活动。

二、活动规则

1. 选取一到两名主持人，准备便签纸条若干。

2. 每个班级随机分为若干小组（每组 10 人以内）。

3. 每个人分别拿与自己组员数相同的便签，每一个便签匿名写上每一个组员（包括自己）的优缺点，在便签背面写好被评价的组员姓名。

4. 主持人按照背面的姓名收取所有便签，再按照便签背面的姓名把便签发到相关同学手上，留作纪念。

5. 对比自我评价与他人评价的异同，思考自己的真正优缺点在哪里。

6. 结合本次活动，联系本章主题“仁者爱人”，各小组分别谈谈对仁爱的理解。

第 3 单元

情满人间

人们常说“情不知所起，一往而深。”一个“情”字，荏苒千年；这个“情”字，布满人间。

世人常念“得成比目何辞死，愿作鸳鸯不羡仙”，见花间偎语、调琴弄瑟，醉心爱情之乐；世人常念“浮云游子意，落日故人情”，看老少相依、爷孙共戏，共享亲情之乐；世人常念“海内存知己，天涯若比邻”，抵足论文，对月小酌，徜徉友情之乐。

世人有爱，世人观情，世人描绘真情实感、共谱爱恨悲歌，凡此种种，总能令我们感怀。所以这个“情”字，成为千百年来人类社会永恒的主题。

文学，是优美的、是本真的，亦是深情的……它以情感喟叹人生，以其所表现出来的人的真实情感，爱情与友谊、相聚与别离、生命与死亡，悲哀与欢乐……获得了独立的品格和永恒的价值。

宋人李之仪在《卜算子》中说：“我住长江头，君住长江尾。日日思君不见君，共饮长江水。”虽然看不见，但我们都品尝着一样的生命之泉，被一样丰沛的“深情”所滋养。“身在长江尾”的我们可以遥望长江头的无数先人，更可以在溯溪而上的过程中，感受“爱”的洗礼。

世间美好事物繁多，若用心去了解，情便处处可寻，时时可见。

7 山 鬼[1]

屈 原

若有人兮山之阿[2]，被薜荔兮带女萝[3]。
既含睇兮又宜笑[4]，子慕予兮善窈窕[5]。
乘赤豹兮从文狸[6]，辛夷车兮结桂旗[7]。
被石兰兮带杜衡[8]，折芳馨兮遗所思[9]。
余处幽篁兮终不见天[10]，路险难兮独后来[11]。
表独立兮山之上[12]，云容容兮而在下[13]。
杳冥冥兮羌昼晦[14]，东风飘兮神灵雨[15]。
留灵修兮憺忘归[16]，岁既晏兮孰华予[17]？

---

[1] 选自洪兴祖撰，白化文等点校《楚辞补注》，中华书局，2015年版，注释参见此书及王力主编《古代汉语》，中华书局，1999年版。

[2] 若有人：好像有个人，指山鬼。阿：曲隅也，即弯曲处，角落。

[3] 被：通“披”。薜荔：蔓生香草，这里指薜荔做成的衣裳。女萝：又名菟丝。薜荔、女萝，皆无根，缘物而生。

[4] 含睇（dì）：斜着眼含情微视。宜笑：言口齿美好，适宜于笑。

[5] 子：山鬼思慕的对象。予：山鬼自称。善：指好的品行。窈窕：美好的样子。

[6] 赤豹：毛赤色而纹黑的豹。从：跟随。文狸：毛色有花纹的野猫。

[7] 辛夷：香草。辛夷车，指用辛夷做成的车。结：编织。桂旗：用桂枝做的旌旗。

[8] 石兰、杜衡：皆香草名。

[9] 芳馨：泛指香花香草。遗（wèi）所思：赠送给所思慕的人。

[10] 余：山鬼自称。幽篁：幽深的竹林。

[11] 后来：迟到，来晚了。

[12] 表：特也，突出地。此句意谓山鬼后到，特立于山之上，而自异也。

[13] 容容：云出现的样子。

[14] 杳：深远的样子。冥冥：昏暗的样子。羌，《楚辞》中常见语词，无实意。昼晦：白天昏黑。

[15] 飘：风吹的样子。神灵雨：神灵下雨。此句意谓东风飘然而起，则神灵应之而雨。

[16] 灵修：王逸注：“灵，神也。修，远也。能神明远见者君德也。故以喻君。”（《楚辞章句》）此处指山鬼思念的人。憺（dàn）：安乐的样子。

[17] 晏：晚。华：使……荣华。此句意谓年岁已经迟暮，谁能使我年轻呢？

采三秀兮于山间[1]，石磊磊兮葛蔓蔓[2]。
怨公子兮怅忘归[3]，君思我兮不得闲[4]。

山中人兮芳杜若[5]，饮石泉兮荫松柏[6]，
君思我兮然疑作[7]。
雷填填兮雨冥[8]，猨啾啾兮狖夜鸣[9]。
风飒飒兮木萧萧[10]，思公子兮徒离忧[11]。

知人论世

屈原，名平，字原。战国时楚国人，出身于楚国同姓贵族。先祖屈瑕，为楚武王熊通之子，受封于“屈”地，故以“屈”为氏。屈原在楚怀王时曾担任左徒，又任“三闾大夫”之职。初得怀王信任，在政治上颇得建树。但终因楚王听信谗言而遭疏远、放逐。公元前278年秦将白起攻拔楚都城郢，大火焚尽楚先王墓，顷襄王逃窜。屈原眼见家国沦亡，黍离之悲、离别之痛涌上心头，绝望之下，遂怀石自沉汨罗江，其时传说为农历五月五日。

在中国文学史上，屈原是第一位伟大的诗人。《汉书·艺文志》著录屈原作品二十五篇，据王逸《楚辞章句》表明“屈原之所作”者为《离骚》、《九歌》（十一篇）、《天问》、《九章》（九篇）、《远游》、《卜居》、《渔父》。

---

[1] 三秀：灵芝草的别名。灵芝一年三次开花，故称“三秀”。

[2] 磊磊：乱石堆积的样子。葛：一种蔓生植物。蔓蔓：蔓延的样子。这两句是说山鬼采折花草的不易，同时表明山鬼对所思念的人的真诚。

[3] 怅：惆怅，失望。

[4] 君思我兮不得闲：你思念我，可却不得空闲来（与我相会）。这是山鬼未会到所思念的人时自己为对方设想的解怨之辞。

[5] 山中人：山鬼自称。芳杜若：杜若，香草名。像杜若一样芬芳。

[6] 石泉：山中泉水。荫：动词。荫松柏，以松柏为荫，即住在松柏之下的意思。

[7] 然：与“疑”相对，指不疑。此句意谓：你是否想念我呢？我既相信，又产生怀疑。

[8] 填填：雷声，如同“隆隆”声。

[9] 猨：即“猿”字。啾啾（jiū）：猿的哀叫声。狖（yòu）：长尾猿。

[10] 飒飒（sà）：风声。萧萧：风吹树木，动摇作声。

[11] 徒：徒然，白白地。离：同“罹”。离忧，自找忧愁。

《山鬼》为《九歌》中的第九首，是《九歌》中涉及神（鬼）人之恋中特别突出的一篇。《山鬼》所写，并非巫对祭祀对象的追求和怀思，而是祭祀对象“山鬼”对凡人“灵修”的深情眷念。这是一曲深沉哀怨的悲歌。对美丽窈窕的山鬼来说，爱情是唯一能使她生发光彩的东西，是全部生命的价值与寄托。而一旦失掉，便会永久地堕入无边的黑暗与恐惧。打动读者的，是《山鬼》一诗对爱情的描写，更是其将爱情这个人类史上永恒的命题，上升到了在情爱之下个体追寻其生命意义的高度。因而历久弥新，读之回味无穷。

触类旁通

九歌[1]

《九歌》共十一篇，本是楚国江南民间祭祀所用的乐歌，后经屈原加工再创作而成。包括《东皇太一》《云中君》《湘君》《湘夫人》《大司命》《少司命》《东君》《河伯》《山鬼》《国殇》《礼魂》。

屈原以《九歌》为题，当是袭用古曲之名。据《山海经》记载，《九辩》《九歌》皆天帝乐名，启登天偷下来用于人间。屈原在《离骚》《天问》中也都曾提到过它。

《九歌》之作，历来认为与楚地巫风盛行相关。所祀之神，分为天神、地祇、人鬼三类。天神为最尊贵之天神（《东皇太一》）、日神（《东君》）、云神（《云中君》）、司命之神（《大司命》《少司命》），多表现对天神的敬仰和赞颂，写得庄严肃穆。地祇为湘水之神（《湘君》《湘夫人》）、河神（《河伯》）、山神（《山鬼》），全为恋歌，借对神的恋爱、生活的描写，表现人类对纯洁爱情的赞颂，大都清新凄艳、幽渺情深。写人鬼的只有《国殇》一篇，是为国阵亡之神，此篇是对卫国战争中牺牲战士的热情礼赞，因而写得激昂悲壮、刚健质朴。最后一篇《礼魂》，是祭祀结束后的送神曲。

汉代王逸将《九歌》的意义置换到政治修辞的层面，并影响到后世对《九歌》思想的诠释。其《楚辞章句·九歌序》说：屈原放逐，“怀忧苦毒，愁思沸郁。出见俗

[1] 本文写作时参考张培恒主编《中国文学史新著》（复旦大学出版社，2011 年版），宇文所安主编《剑桥中国文学史》（生活·读书·新知三联书店，2013 年版）等。

人祭祀之乐，歌舞之乐，其词鄙陋。因为作《九歌》之曲，上陈事神之敬，下见己之冤结，托之以风谏。”这或许又是汉代文人“士不遇”的情感投射。士人在大一统的伟大帝国面前，已区别于战国时期个人的自主与独立。其成败荣辱，系于人主之爱恶。一切人生理想及个体生命价值的实现，皆须仰待君王赏识。生命之苍凉与失落，在具体的境遇中便越发失落下去，终究是难以释怀。而这个情感投射的对象，便是屈原。

当我们真正抛却这一文学传统建构的错觉，走进《九歌》本身，却发现屈原并没有直接抒发自己的悲恨苦痛。（也或许屈原在写《山鬼》时，融入了自己在政治生活中的感受和痛苦。因为尽管屈原的悲剧和山鬼的悲剧在性质上大不相同，但在心理感受上却显然有相通之处。）从这些诗篇看来，不但分明是祭祀的乐歌，而实际上在汉代宫廷，最早也将其看成是对楚国天地神灵的宗教歌唱。并且其中有多篇涉及神（鬼）人之恋，表现诗中抒情主人公“余”（“予”）对祭祀对象的相思恋眷，《山鬼》则更是一篇祭祀对象对人的痴情爱欲与苦苦等待。

《少司命》中“生别离”的巨大痛苦与“新相知”的极大欢乐一起向她袭来，这短暂的爱情所给予她的爱恨悲欢亦将永远伴随。而《湘君》《湘夫人》中“予”（“余”）极力远望，对湘君、湘夫人既深情眷恋又满怀期待，然爱人始终不见踪影，“予”愁苦不堪，于是连最自然的自然生命，也感受到“予”的愁绪，于是秋风起，漫过洞庭，波浪涌动，树叶纷纷飘坠……眼前一片萧瑟，而身处其间的“予”，便越觉悲凉。

而早在2300多年前，我国就诞生了这样一位伟大的诗人，并创作出如此细腻、出色的爱情诗，这实在是值得骄傲的事。

切问近思

1.《离骚》和《山鬼》中都出现了一位名曰“灵均”的主人公，请结合两篇作品，分析屈原笔下的“灵均”形象。

2.山鬼在追求“灵均”的过程中有怎样的心理变化？说明了什么？

3.请将《山鬼》改写成一篇浪漫的爱情小说。

8 共读西厢[1]

曹雪芹

如今且说贾元春，因在宫中自编大观园题咏之后，忽想起那大观园中景致，自己幸过之后，贾政必定敬谨封锁，不敢使人进去骚扰，岂不寥落。况家中现有几个能诗会赋的姊妹，何不命他们进去居住，也不使佳人落魄，花柳无颜。却又想到宝玉自幼在姊妹丛中长大，不比别的兄弟，若不命他进去，只怕他冷清了，一时不大畅快，未免贾母王夫人愁虑，须得也命他进园居住方妙。想毕，遂命太监夏守忠到荣国府来下一道谕，命宝钗等只管在园中居住，不可禁约封锢，命宝玉仍随进去读书。

贾政、王夫人接了这谕，待夏守忠去后，便来回明贾母，遣人进去各处收拾打扫，安设帘幔床帐。别人听了还自犹可，惟宝玉听了这谕，喜的无可不可。正和贾母盘算，要这个，弄那个，忽见丫鬟来说："老爷叫宝玉。"宝玉听了，好似打了个焦雷，登时扫去兴头，脸上转了颜色，便拉着贾母扭的好似扭股儿糖，杀死不敢去。贾母只得安慰他道："好宝贝，你只管去，有我呢，他不敢委曲了你。况且你又作了那篇好文章。想是娘娘叫你进去住，他吩咐你几句，不过不教你在里头淘气。他说什么，你只好生答应着就是了。"一面安慰，一面唤了两个老嬷嬷来，吩咐"好生带了宝玉去，别叫他老子唬着他。"老嬷嬷答应了。

宝玉只得前去，一步挪不了三寸，蹭到这边来。可巧贾政在王夫人房中商议事情，金钏儿、彩云、彩霞、绣鸾、绣凤等众丫鬟都在廊檐底下站着呢，一见宝玉来，都抿着嘴笑。金钏一把拉住宝玉，悄悄的笑道："我这嘴上是才擦的香浸胭脂，你这会子可吃不吃了？"彩云一把推开金钏，笑道："人家正心里不自在，你还奚落他。趁这会子喜欢，快进去罢。"宝玉只得挨进门去。原来贾政和王夫人都在里间呢。赵姨娘打起帘子，宝玉躬身进去。只见贾政和王夫人对面坐在炕上说话，地下一溜椅子，迎春、探春、惜春、贾环四个人都坐在那里。一见他进来，惟有探春和惜春、贾环站了起来。

贾政一举目，见宝玉站在跟前，神彩飘逸，秀色夺人；看看贾环，人物委琐，举止荒疏；忽又想起贾珠来，再看看王夫人只有这一个亲生的儿子，素爱如珍，自己的胡须将已

---

[1] 选自曹雪芹著《红楼梦》第二十三回《西厢记妙词通戏语　牡丹亭艳曲警芳心》，人民文学出版社，2005年版。题目为编者所加。

苍白：因这几件上，把素日嫌恶处分宝玉之心不觉减了八九。半晌说道："娘娘吩咐，说你日日外头嬉游，渐次疏懒，如今叫禁管，同你姊妹在园里读书写字。你可好生用心习学，再如不守分安常，你可仔细！"宝玉连连的答应了几个"是"。王夫人便拉他在身旁坐下。他姊弟三人依旧坐下。

王夫人摸挲着宝玉的脖项说道："前儿的丸药都吃完了？"宝玉答道："还有一丸。"王夫人道："明儿再取十丸来，天天临睡的时候，叫袭人伏侍你吃了再睡。"宝玉道："只从太太吩咐了，袭人天天晚上想着，打发我吃。"贾政问道："袭人是何人？"王夫人道："是个丫头。"贾政道："丫头不管叫个什么罢了，是谁这样刁钻，起这样的名字？"王夫人见贾政不自在了，便替宝玉掩饰道："是老太太起的。"贾政道："老太太如何知道这话，一定是宝玉。"宝玉见瞒不过，只得起身回道："因素日读诗，曾记古人有一句诗云：'花气袭人知昼暖'。因这个丫头姓花，便随口起了这个名字。"王夫人忙又道："宝玉，你回去改了罢。老爷也不用为这小事动气。"贾政道："究竟也无碍，又何用改。只是可见宝玉不务正，专在这些秾词艳赋上作工夫。"说毕，断喝一声："作业的畜生，还不出去！"王夫人也忙道："去罢，只怕老太太等你吃饭呢。"宝玉答应了，慢慢的退出去，向金钏儿笑着伸伸舌头，带着两个嬷嬷一溜烟去了。

刚至穿堂门前，只见袭人倚门立在那里，一见宝玉平安回来，堆下笑来问道："叫你作什么？"宝玉告诉他："没有什么，不过怕我进园去淘气，吩咐吩咐。"一面说，一面回至贾母跟前，回明原委。只见林黛玉正在那里，宝玉便问他："你住那一处好？"林黛玉正心里盘算这事，忽见宝玉问他，便笑道："我心里想着潇湘馆好，爱那几竿竹子隐着一道曲栏，比别处更觉幽静。"宝玉听了拍手笑道："正和我的主意一样，我也要叫你住这里呢。我就住怡红院，咱们两个又近，又都清幽。"

二人正计较，就有贾政遣人来回贾母说："二月二十二日子好，哥儿姐儿们好搬进去的。这几日内遣人进去分派收拾。"薛宝钗住了蘅芜苑，林黛玉住了潇湘馆，贾迎春住了缀锦楼，探春住了秋爽斋，惜春住了蓼风轩，李氏住了稻香村，宝玉住了怡红院。每一处添两个老嬷嬷，四个丫头，除各人奶娘亲随丫鬟不算外，另有专管收拾打扫的。至二十二日，一齐进去，登时园内花招绣带，柳拂香风，不似前番那等寂寞了。

闲言少叙。且说宝玉自进花园以来，心满意足，再无别项可生贪求之心。每日只和姊妹丫头们一处，或读书，或写字，或弹琴下棋，作画吟诗，以至描鸾刺凤，斗草[1]簪花，

---

[1] 斗草：又称"斗百草"，一种起源很古的民俗游戏，春夏花草繁茂之期，闺中多喜此戏，参加者各采花草竹木，举其名称作对，以吉祥而少见者为胜。

低吟悄唱，拆字猜枚，无所不至，倒也十分快乐。他曾有几首即事诗[1]，虽不算好，却倒是真情真景，略记几首云：

春夜即事

霞绡云幄[2]任铺陈，隔巷蟆更听未真[3]。
枕上轻寒窗外雨，眼前春色梦中人。
盈盈烛泪因谁泣，点点花愁为我嗔。
自是小鬟娇懒惯，拥衾不耐笑言频。

夏夜即事

倦绣佳人幽梦长，金笼鹦鹉唤茶汤。
窗明麝月开宫镜，室霭檀云品御香[4]。
琥珀杯倾荷露滑，玻璃槛纳柳风凉[5]。
水亭处处齐纨动[6]，帘卷朱楼罢晚妆。

秋夜即事

绛芸轩里绝喧哗，桂魄流光浸茜纱[7]。
苔锁石纹容睡鹤，井飘桐露湿栖鸦[8]。
抱衾婢至舒金凤，倚槛人归落翠花[9]。
静夜不眠因酒渴，沉烟重拨索烹茶。

冬夜即事

梅魂竹梦已三更，锦罽鹴衾睡未成[10]。
松影一庭惟见鹤，梨花[11]满地不闻莺。

---

[1] 即事诗：以眼前事物为题材的诗。

[2] 霞绡云幄：彩色丝衾，轻纱帷帐。绡：轻软的丝织品。幄：帐幕。

[3] “隔巷”句：意谓更鼓之声从隔巷传来，听不真切。蟆更：即虾蟆更。

[4] “窗明”二句：打开镜匣，好像明月映窗；御香弥漫，好像檀云绕室。麝月：月亮。檀云：香云。

[5] 琥珀：黄褐色透明松脂化石，可作器皿饰物。荷露：指酒，以花露为名。滑：酒味醇美。

[6] 齐纨动：意谓夏日女子所穿绢绸衫裙随风飘动。又团扇多以细绢制成，也可解作纨扇摇动。齐纨：古代齐国出产的细绢。

[7] “桂魄”句：月光如水，浸透了窗纱。桂魄：月亮，传说中月中有桂。

[8] “苔锁”二句：纹痕上布满青苔的岩石可容仙鹤憩息，井边飘落沾满秋露的桐叶，沾湿了栖止在树上的乌鸦。

[9] “抱衾”二句：上句用《西厢记》第四本第一折红娘抱衾而至的故事。舒：展。金凤：绣有金凤图案的被褥。下句写贵族女子兴尽人归，卸下头饰。翠花：饰有翡翠珠玉的簪花。

[10] 锦罽（jì）：织有纹彩的毛毯。鹴（shuāng）衾：疑指秀有鹔鹴图案花纹的杯子。鹴：即鹔鹴，雁的一种。也是传说中五方神鸟之一。

[11] 梨花：喻雪。

女儿翠袖诗怀冷，公子金貂酒力轻[1]。

却喜侍儿知试茗，扫将新雪及时烹。

因这几首诗，当时有一等势利人，见是荣国府十二三岁的公子作的，抄录出来各处称颂；再有一等轻浮子弟，爱上那风骚妖艳之句，也写在扇头壁上，不时吟哦赏赞。因此竟有人来寻诗觅字，请画求题的。宝玉亦发得了意，镇日家作这些外务。

谁想静中生烦恼，忽一日不自在起来，这也不好，那也不好，出来进去只是闷闷的。园中那些人多半是女孩儿，正在混沌世界，天真烂漫之时，坐卧不避，嘻笑无心，那里知宝玉此时的心事。那宝玉心内不自在，便懒在园内，只在外头鬼混，却又痴痴的。茗烟见他这样，因想与他开心，左思右想，皆是宝玉顽烦了的，不能开心，惟有这件，宝玉不曾看见过。想毕，便走去到书坊内，把那古今小说并那飞燕、合德、武则天、杨贵妃的外传与那传奇角（脚）本买了许多来，引宝玉看。宝玉何曾见过这些书，一看见了便如得了珍宝。茗烟又嘱咐他不可拿进园去，“若叫人知道了，我就吃不了兜着走呢”。宝玉那里舍的（得）不拿进去，踟蹰再三，单把那文理细密的拣了几套进去，放在床顶上，无人时自己密看。那粗俗过露的，都藏在外面书房里。

那一日正当三月中浣[2]，早饭后，宝玉携了一套《会真记》[3]，走到沁芳闸桥边桃花底下一块石上坐着，展开《会真记》，从头细玩。正看到“落红成阵”，只见一阵风过，把树头上桃花吹下一大半来，落的（得）满身满书满地皆是。宝玉要抖将下来，恐怕脚步践踏了，只得兜了那花瓣，来至池边，抖在池内。那花瓣浮在水面，飘飘荡荡，竟流出沁芳闸去了。回来只见地下还有许多。

宝玉正踟蹰间，只听背后有人说道：“你在这里作什么？”宝玉一回头，却是林黛玉来了，肩上担着花锄，锄上挂着花囊，手内拿着花帚。宝玉笑道：“好，好，来把这个花扫起来，撂在那水里。我才撂了好些在那里呢。”林黛玉道：“撂在水里不好。你看这里的水干净，只一流出去，有人家的地方脏的臭的混倒，仍旧把花糟塌了。那畸角上我有一个花冢，如今把他扫了，装在这绢袋里，拿土埋上，日久不过随土化了，岂不干净。”

宝玉听了喜不自禁，笑道：“待我放下书，帮你来收拾。”黛玉道：“什么书？”宝玉见问，慌的藏之不迭，便说道：“不过是《中庸》《大学》。”黛玉笑道：“你又在我

---

[1] “公子”句：公子穿着貂裘还嫌酒力不足以御寒。金貂：黄色貂皮。貂皮轻暖，十分珍贵。

[2] 中浣：指每月的中旬。浣：洗涤。唐代规定官吏们一个月中每十日休假一天，从来沐浴、洗涤。一个月分为上浣、中浣、下浣。后借作上旬、中旬、下旬的别称。

[3] 《会真记》：即唐代元稹作的传奇小说《莺莺传》。因文中有“会真”诗三十韵，故又称《会真记》。金、元人把其中的故事演为诸宫调和杂剧，名为《西厢记》。这里是指元代王实甫的杂剧《西厢记》。

跟前弄鬼。趁早儿给我瞧，好多着呢。”宝玉道：“好妹妹，若论你，我是不怕的。你看了，好歹别告诉别人去。真真这是好书！你要看了，连饭也不想吃呢。”一面说，一面递了过去。林黛玉把花具且都放下，接书来瞧，从头看去，越看越爱看，不到一顿饭工夫，将十六出俱已看完，自觉词藻警人，馀香满口。虽看完了书，却只管出神，心内还默默记诵。

宝玉笑道：“妹妹，你说好不好？”林黛玉笑道：“果然有趣。”宝玉笑道：“我就是个‘多愁多病身’，你就是那‘倾国倾城貌’。”林黛玉听了，不觉带腮连耳通红，登时直竖起两道似蹙非蹙的眉，瞪了两只似睁非睁的眼，微腮带怒，薄面含嗔，指宝玉道：“你这该死的胡说！好好的把这淫词艳曲弄了来，还学了这些混话来欺负我。我告诉舅舅舅母去。”说到“欺负”两个字上，早又把眼睛圈儿红了，转身就走。宝玉着了急，向前拦住说道：“好妹妹，千万饶我这一遭，原是我说错了。若有心欺负你，明儿我掉在池子里，教个癞头鼋吞了去，变个大王八，等你明儿做了‘一品夫人’病老归西的时候，我往你坟上替你驮一辈子的碑去。”说的林黛玉嗤的一声笑了，揉着眼睛，一面笑道：“一般也唬的这个调儿，还只管胡说。‘呸，原来是苗而不秀，是个银样镴枪头。’[1]”宝玉听了，笑道：“你这个呢？我也告诉去。”林黛玉笑道：“你说你会过目成诵，难道我就不能一目十行么？”

宝玉一面收书，一面笑道：“正经快把花埋了罢，别提那个了。”二人便收拾落花，正才掩埋妥协，只见袭人走来，说道：“那里没找到，摸在这里来。那边大老爷身上不好，姑娘们都过去请安，老太太叫打发你去呢。快回去换衣裳去罢。”宝玉听了，忙拿了书，别了黛玉，同袭人回房换衣不提。

这里林黛玉见宝玉去了，又听见众姊妹也不在房，自己闷闷的。正欲回房，刚走到梨香院墙角上，只听墙内笛韵悠扬，歌声婉转。林黛玉便知是那十二个女孩子演习戏文呢。只是林黛玉素习不大喜看戏文，便不留心，只管往前走。偶然两句吹到耳内，明明白白，一字不落，唱道是：“原来姹紫嫣红开遍，似这般都付与断井颓垣。”林黛玉听了，倒也十分感慨缠绵，便止住步侧耳细听，又听唱道是：“良辰美景奈何天，赏心乐事谁家院。”听了这两句，不觉点头自叹，心下自思道：“原来戏上也有好文章。可惜世人只知看戏，未必能领略这其中的趣味。”想毕，又后悔不该胡想，耽误了听曲子。又侧耳时，只听唱道：“则为你如花美眷，似水流年……”林黛玉听了这两句，不觉心动神摇。又听道：“你

---

[1]“苗而不秀”两句：即中看不中用的意思，语出《西厢记》第四本第二折。苗而不秀：语见《论语・子罕》：“子曰：‘苗而不秀者有矣夫！’”意谓庄稼苗长了，却不秀穗。喻才质秀美而早夭，没有什么成就。后亦用以比喻虚有其表，其实无能。银样镴枪头，与此义近。镴是一种铅锡合金，色似银，亮而软。

在幽闺自怜”等句[1]，亦发如醉如痴，站立不住，便一蹲身坐在一块山子石上，细嚼“如花美眷，似水流年”八个字的滋味。忽又想起前日见古人诗中有“水流花谢两无情”[2]之句，再又有词中有“流水落花春去也，天上人间”[3]之句，又兼方才所见《西厢记》“花落水流红，闲愁万种”之句，都一时想起来，凑聚在一处。仔细忖度，不觉心痛神痴，眼中落泪。正没个开交，忽觉背上击了一下，及回头看时，原来是……且听下回分解。正是：妆晨绣夜心无矣，对月临风恨有之。

知人论世

曹雪芹，名霑，号雪芹，又号芹溪、芹圃。满洲正白旗包衣人。“包衣”是满语音译，意为奴仆。祖父曹寅，少年时为康熙皇帝的伴读，是康熙的亲信及其在江南的耳目，曾担任过江宁织造、两淮巡盐御史等职，资财甚富，生活豪奢。曹寅有很高的文学修养，藏书极富，会作诗词，还兼作戏曲。曹寅死后，他的儿子曹顒、曹頫相继担任江宁织造。但雍正时，曹頫于任上被戴上枷锁，家产被抄没，曹家自此败落，举家迁往北京。曹雪芹出生在南京，少年时曾于锦衣玉食中度过了一段富贵荣华的生活，也因此接受了良好的教育以及百年巨族传承文化的熏陶，这段生活令他始终不能忘怀。可繁华过尽，家族迅速变故和败落，他不得不在贫困中度日。“树倒猢狲散”，盛席华筵就此散场，使曹雪芹深切感受到世态炎凉和人情冷暖。《红楼梦》所写，是贾府由盛而衰的历程，这与他自己的经历和见闻联系甚密。我们虽不能因此认定《红楼梦》所写皆为实事，但显然曹雪芹是以自己的经历和见闻作为其艺术创作的蓝本和基础的。

本文节选自小说第二十三回《西厢记妙词通戏语　牡丹亭艳曲警芳心》。元妃省亲后，不愿所建之省亲别墅空着，显得寥落。于是，命几个能诗会赋的姊妹连带着宝玉，进园子居住。他们共结海棠诗社、开办诗会，随着黛玉葬花、宝钗扑蝶、刘姥姥游园、栊翠庵品茶、元宵夜宴、探春理家、怡红院夜宴等情事的展开，大观园盛极一时，亦极尽风雅。

---

[1]“原来姹紫嫣红开遍……”等句，见《牡丹亭·惊梦》。

[2]“水流花谢两无情”，见唐代崔涂《旅怀》诗。

[3]“流水”二句，见南唐李煜《浪淘沙》词。

作为人间极富贵、极富诗情之美的“乐园”，这里还孕育并促成了宝黛二人懵懂的爱情，“共读西厢”便是大观园开幕仪式后浓墨重彩的一笔。

触类旁通

情书或悟书[1]

《红楼梦》跟中国所有的言梦之作，都不相同。因为梦既可牵引人到一处神秘离奇的幻境，也能让人通过梦而得到了悟，前者如黄帝梦入华胥国，后者如庄周之梦蝶或吕洞宾黄粱一梦。然而，《红楼梦》真真假假，迷与悟的界限不甚分明。它究竟是要引导读者进入桃花源，去寻访那有情有爱的世界；还是要借大观园之兴衰，点明繁华如梦？而糟糕的是，它写梦，写得太美丽、太迷人，虽说“喜笑悲哀都是假，贪求思慕总因痴”，而要“引觉情痴”，但是它所刻画的情痴、所描写的喜笑悲哀和贪求思慕，才是真正动人的地方。读《红楼梦》者，大都爱宝玉之痴情，而对甄宝玉没什么感觉，有时还很嫌恶他，更甭提什么觉悟了。

方玉润《星烈日记》认为情才是全书主旨，悟只不过挪用了中国文学传统的老套，故作门面语罢了：“《红楼梦》特拈出一情字作主，遂别开出一情色世界。至宝玉遁入空门一段，事属荒唐，未免与全书笔墨不称，何必作此荒诞不经之说也哉？”书中真正吸引他们的，是那痴绝奇绝之情，故非非子曰：“《红楼梦》，悟书耶？非也，而实情书。其悟也，乃情之穷极而无所复之，至于死而犹不可已，无可奈何而姑托于悟。”

然而，《红楼梦》中，美人黄土、燕去楼空之感，触处可见，真的是毫无所悟吗？讷山人《增补红楼梦序》说：“其书则反复开导，曲尽形容，为子弟辈作戒，诚忠厚悱恻，有关世道人心者也。顾其旨深而词微，具中下之资者，鲜能望见涯岸，不免堕入云雾中，久而久之，真曰情书而已”，就是对主情说正面的批评。

大体上，主情说认为全书主干，在于绛珠仙草受神瑛侍者灌溉之恩，以泪尝情，因此一写到林黛玉魂归离恨天之后，全书也差不多没啥看头了。主悟说则强调全书主干在于石头经历一番梦幻的过程。两派着眼不同，遂于林黛玉之评价也互不相同，所

[1] 本文节选自龚鹏程著《中国文学史·儿女》，东方出版社，2015 年版。

谓“钗黛优劣论”，就是在这两条解析脉络中发展出来的。拥林派和拥薛派，几百年争辩不休，其实即代表了情与悟之间，存在着一种紧张关系。

这两条路子不断争锋，其中主悟者逐渐演说成超脱尘俗之说和世道人心之说二系，后者是儒家思想的解释，前者也有近乎佛家道家之处，认为：“邯郸梦与红楼梦，同是一片婆心。”

情爱说对于作者的问题比较不那么看重，因此它也就不一定坚持书中所描述者是作者自传：它所看重的只是书中对于情的刻绘。

从主情的观点来看，《红楼》人物的特质，在于情与痴，而不在福慧才德；作者的原意，在于写出维系乾坤的一个情字，而不是“大贤大忠、理朝廷、治风俗的善政”。书中人物种种癖于情的举动，均不能从礼义、礼法和理的角度来衡量。

这样看，《红楼》便又是具有批判道学、反对礼教等意义了。近人说该书如何如何反封建、反大家庭、反传统社会等，均由此衍出。

切问近思

1. 曹雪芹出生在一个什么样的家庭？他的身世和生活同《红楼梦》的创作有什么样的关系？
2. 试分析贾宝玉、林黛玉、薛宝钗三人的思想性格。
3. 贾宝玉和林黛玉之间的爱情悲剧有什么样的社会意义？为什么说他们爱情的悲剧命运是不可避免的？

9　我看苏青[1]

张爱玲

苏青与我，不是像一般人所想的那样密切的朋友，我们其实很少见面。也不是像有些人可以想像（象）到的，互相敌视着。同行相妒，似乎是不可避免的，何况都是女人——所有的女人都是同行。可是我想这里有点特殊情形。即使从纯粹自私的观点看来，我也愿意有苏青这么一个人存在，愿意她多写，愿意有许多人知道她的好处，因为，低估了苏青的文章的价值，就是低估了现在的文化水准……

……

我想我喜欢她过于她喜欢我，是因为我知道她比较深的缘故。那并不是因为她比较容易懂。普通认为她的个性是非常明朗的，她的话既多，又都是直说，可是她并不是一个清浅到一览无余的人。人可以不懂她好在哪里而仍旧喜欢同她做朋友，正如她的书可以有许多不大懂它的好处的读者。许多人，对于文艺本来不感到兴趣的，也要买一本《结婚十年》看看……

我认为《结婚十年》比《浣锦集》要差一点。苏青最好的时候能够做到一种“天涯若比邻”的广大亲切，唤醒了往古来今无所不在的妻性母性的回忆，个个人都熟悉，而容易忽略的，实在是伟大的。她就是“女人”，“女人”就是她……

……

对于苏青的穿着打扮，从前我常常有许多意见，现在我能够懂得她的观点了。对于她，一件考究衣服就是一件考究衣服；于她自己，是得用；于众人，是表示她的身份地位；对于她立意要吸引的人，是吸引。苏青的作风里极少“玩味人间”的成分。

去年秋天她做了件黑呢大衣，试样子的时候，要炎樱帮着看看。我们三个人一同到那时装店去，炎樱说：“线条简单的于她最相宜。”把大衣上的翻领首先去掉，装饰性的褶裥也去掉，方形的大口袋也去掉，肩头过度的垫高也灭掉。最后，前面的一排大纽扣也要去掉，改装暗纽。苏青渐渐不以为然了，用商量的口吻，说道：“我想……纽扣总要的罢？

[1] 选自张爱玲著《张爱玲典藏全集》散文卷二，哈尔滨出版社，2003年版。文章有删改。

人家都有的！没有，好像有点滑稽。”

我在旁边笑了起来，两手插在雨衣袋里，看着她。镜子上端的一盏灯，强烈的青绿的光正照在她脸上，下面衬着宽博的黑衣，背景也是影憧憧的，更显明地看见她的脸，有一点惨白。她难得有这样静静立着，端相（详）她自己，虽然微笑着，因为从来没这么安静，一静下来就像有一种悲哀,那紧凑明倩的眉眼里有一种横了心的锋棱,使我想到“乱世佳人”。

苏青是乱世里的盛世的人。她本心是忠厚的，她愿意有所依附；只要有个千年不散的筵席，叫她像《红楼梦》里的孙媳妇那么辛苦地在旁边照座着，招呼人家吃菜，她也可以忙得兴兴头头。她的家族观念很重，对母亲，对弟妹，对伯父，她无不尽心帮助，出于她的责任范围之外。在这不可靠的世界里，想要抓住一点熟悉可靠的东西，那还是自己人。她疼小孩子也是因为“与其让人家占我的便宜，宁可让自己的小孩占我的便宜”。她的恋爱，也是要求可信赖的人，而不是寻求刺激。她应当是高等调情的理想对象，伶俐倜傥，有经验的，什么都说得出，看得开，可是她太认真了，她不能轻松。也许她自以为是轻松的，可是她马上又会怪人家不负责。这是女人的矛盾么？我想，倒是因为她有着简单健康的底子的缘故。

……

有一次我同炎樱说到苏青，炎樱说：“我想她最大的吸引力是：男人总觉得他们不欠她什么，同她在一起很安心。”然而苏青认为她就吃亏在这里。男人看得起她，把她当男人看待，凡事由她自己负责。她不愿意了，他们就说她自相矛盾，新式女人的自由她也要，旧式女人的权利她也要。这原是一般新女性的悲剧，可是苏青我们不能说她是自取其咎。她的豪爽是天生的。她不过是一个直截的女人，谋生之外也谋爱，可是很失望，因为她看来看去没有一个人是看得上眼的，也有很笨的，照样地也坏。她又有她天真的一方，轻易把人幻想得非常崇高，然后很快地又发现他卑劣之点，一次又一次，憧憬破灭了。

于是她说：“没有爱。”微笑的眼睛里有一种藐视的风情。但是她的讽刺并不彻底，因为她对于人生有着太基本的爱好，她不能发展到刻骨的讽刺。

……

有一阵子，外间传说苏青与她离了婚的丈夫言归于好了。我一向不是爱管闲事的人，听了却是很担忧。后来知道完全是谣言，可是想起来也很近情理，她起初的结婚是一大半家里做主的，两人都是极年轻，一同读书长大，她丈夫几乎是天生在那里，无可选择的，兄弟一样的自己人。如果处处觉得，“还是自己人！”那么对他也感到亲切了，何况他们本来没有太严重的合不来的地方。然而她的离婚不是赌气，是仔细想过来的。跑出来，在人间走了一趟，自己觉得无聊，又回去了，这样地否定了世界，否定了自己，苏青是受不了的。她会变得暗哑了，整个地消沉下去。所以我想，如果苏青另外有爱人，不论是为了片刻的热情还是经济上的帮助，总比回到她丈夫那里去的好。

……

苏青同我谈起她的理想生活。丈夫要有男子气概，不是小白脸，人是有架子的，即使官派一点也不妨，又还有点落拓不羁。他们住在自己的房子里，常常请客，来往的朋友都是谈得来的，女朋友当然也很多，不过都是年纪比她略大两岁，容貌比她略微差一点的，免得麻烦。丈夫的职业性质是常常要有短期的旅行的，那么家庭生活也不至于太刻板无变化。丈夫不在的时候她可以匀出时间来应酬女朋友（因为到底还是不放心）。偶尔生一场病，朋友都来慰问，带了吃的来，还有花，电话铃声不断。

……

本来我想写一篇文章关于几个古美人，总是写不好。里面提到杨贵妃。杨贵妃一直到她死，三十八岁的时候，唐明皇的爱她，没有一点倦意。我想她决（绝）不是单靠着口才便给[1]和一点狡智，也不是因为她是中国历史上惟（唯）一的一个具有肉体美的女人。还是因为她的为人的亲热，热闹。有了钱，就有热闹，这是很普遍的一个错误的观念。帝王家的富贵，天宝年间的灯节，火树银花，唐明皇与妃嫔坐在楼上像神仙，百姓人山人海在楼下参拜；皇亲国戚拨珠嵌宝的车子，路上向里窥探了一下，身上沾的香气经月不散；生活在那样迷离惝恍的戏台上的辉煌里，越是需要一个着实的亲人。所以唐明皇喜欢杨贵妃，因为她于他是一个妻而不是“臣妻”。他们亲近人生，使我们千载之下还能够亲近他们。

杨贵妃的热闹，我想是像一种陶瓷的汤壶，温润如玉的，在脚头，里面的水渐渐冷去的时候，令人感到温柔的惆怅。苏青却是个红泥小火炉，有它自己独立的火，看得见红焰焰的光，听得见哔哩剥落的爆炸，可是比较难伺候，添煤添柴，烟气呛人。我又想起胡金人的一幅画，画着个老女仆，伸手向火。惨淡的隆冬的色调，灰褐，紫褐。她弯腰坐着，庞大的人把小小的火炉四面八方包围起来，围裙底下，她身上各处都发出凄凄的冷气，就像要把火炉吹灭了。由此我想到苏青。整个的社会到苏青那里去取暖，拥上前来，扑出一阵阵的冷风——真是寒冷的天气呀，从来没这么冷过！

所以我同苏青谈话，到后来常常有点恋恋不舍的。为什么这样，以前我一直不明白。她可是要抱怨：“你是一句爽气话也没有的！甚至于我说出话来你都不一定立刻听得懂。”

---

[1] 便给：灵巧敏捷。

那一半是因为方言的关系，但我也实在是迟钝。我抱歉地笑着说：“我是这样的一个人，有什么办法呢？可是你知道，只要有多一点的时间，随便你说什么我都能够懂得的。”她说：“是的。我知道——你能够完全懂得的。不过，女朋友至多只能够懂得，要是男朋友才能够安慰。”她这一类的隽语，向来是听上去有点过分、可笑，仔细想起来却是结实的真实。

常常她有精彩的议论，我就说：“你为什么不把这个写下来呢？”她却睁大了眼睛，很诧异似地，把脸色正了一正，说：“这个怎么可以写呢？”然而她过后也许想着，张爱玲说可以写，大约不至于触犯了非礼勿视的人们，因为，隔不了多少天，这一节意见还是在她的文章里出现了。这我觉得很荣幸。

她看到这篇文章，指出几节来说：“这句话说得有道理。”我笑起来了：“是你自己说的呀——当然你觉得有道理了！”关于进取心，她说：“是的，总觉得要向上，向上，虽然很朦胧，究竟怎样是向上，自己也不大知道。——你想，将来到底是不是要有一个理想的国家呢？”我说：“我想是有的。可是最快最快也要许多年。即使我们看得见的话，也享受不到了，是下一代的世界了！”她叹息，说：“那有什么好呢？到那时候已经老了。在太平的世界里，我们变得寄人篱下了吗？”

她走了之后，我一个人在黄昏的阳台上，骤然看到远处的一个高楼，边缘上附着一大块胭脂红，还当是玻璃窗上落日的反光，再一看，却是元宵的月亮，红红地升起来了。我想着：“这是乱世。”晚烟里，上海的边疆微微起伏，虽没有山也像是层峦叠嶂。我想到许多人的命运，连我在内的；有一种郁郁苍苍的身世之感。“身世之感”普通总是自伤、自怜的意思罢，但我想是可以有更广大的解释的。将来的平安，来到的时候已经不是我们的了，我们只能各人就近求得自己的平安。然而我把这些话来对苏青说，我可以想象到她的玩世的、世故的眼睛微笑望着我，一面听，一面想：“简直不知道你在说些什么！大概是艺术吧？”一看见她那样的眼色，我就说不下去，笑了。

知人论世

张爱玲（1920—1995年），祖籍河北丰润，生长于上海。她出身清朝达官显宦的名门，其外曾祖父李鸿章、祖父张佩纶都是中国近代史上赫赫有名的人物，但当她出生时其显赫的家族早已风光不再。父母由不和而分居，形同陌路，所以令幼年的张爱玲感受最为痛切的，并非因家族败落而穷困的生活，而是未曾感受过的爱与关怀。这样的家庭生活让年幼的张爱玲倍感压抑、性格内倾，而文学则成了她在孤独中唯一的慰藉。由于过早窥见日益金钱化的都市文明以及旧式家庭内部所暴露的人性之自私，其文学的主要切入点，便是用华美绚丽的文辞来表现沪、港两地男女间千疮百孔的经历。代表作《金锁记》《倾城之恋》《半生缘》《红玫瑰与白玫瑰》《小团圆》等。其中大部分中短篇小说统收入《传奇》集中。

张爱玲鲜与人交，一生朋友很少。所以在她的作品中，只见炎樱、苏青二人。张爱玲与炎樱，是共赴青春的闺中密友；而她与苏青，是惺惺相惜。这对被后人誉为“海上姊妹花”的才女，于旧上海滚滚红尘中，靠写作为生，红遍上海滩。张爱玲从不愿与同时代的女作家比较，甚至觉得“实在不能引以为荣”，却直言“只有和苏青相提并论我是甘心情愿的。”

触类旁通

今生今世

提起胡兰成，你或许不知道此人，或许是因为张爱玲知道了此人。而一旦提起此人，我想大多数人该是愤愤不平、嗤之以鼻的。今日，不论其生平，只讲《今生今世》。

本书书名极好，是由张爱玲取的。或许在她看来，除了今生今世，还有来生来世，也或许，只愿今生今世……

此书是胡兰成逃亡日本后，以散文体写的自传。现实与浪漫交错，爱情与背叛并行。虽是一生颠沛流离，虽是此生名节有亏，但文字到底别样。胡兰成以翻转生命的姿态，清嘉、脱俗的笔调，总结和反省他的今生今世。他说他“写的是中国民间，江山有思。”所以此书以其温馨的童年趣事发端。一句“桃花难画，因要画得它静”，便迅速拉近了“此文”与笔者的距离。细细读来，字里行间，满目秀丽山河；一路展开的，尽是悠悠人世的美丽风景。

中国社会科学出版社于2003年出版了此书，后来版本渐多。在这一版的封面，有这样两句话，像极了中国的对联，也概括了此君此一生的才情与无情。它说：“从林语堂、梁实秋、钱钟书直到余秋雨，才子散文，胡兰成堪称翘楚。从张爱玲、周训德、范秀美直到佘爱珍，胡兰成情债累累。”所以，余光中先生赞其“文笔轻灵圆润，用字遣词别具韵味。”江弱水先生却说：“他自认为是一位‘永结无情契’的高人，旁人看来，到底只是个朝秦暮楚的荡子。”

到底，才子用笔开阖吞吐，游刃有余；到底，才子多情，最是无情。

胡兰成说：“汉朝人的诗：‘浮云遮白日，游子不顾返。’我不但对于故乡是荡子，对于岁月亦是荡子。”安稳而寂寥的喟叹，喟叹生别离，喟叹漂泊行走的我们。终有一日，我们会找到命定的归宿。于是，匆匆前行戛然而止。而这一日，亦用尽了我们的今生今世。于是，站在岁月尽头，天涯回首，只剩那句“人生如逆旅，我亦是行人。”

突然忆起曾经给学生上课时，我说我最喜欢的，并非《世说新语》中一则则令人捧腹的小故事，而是简文帝那句“会心处不必在远，翳然林水，便自有濠、濮间想也，觉鸟兽禽鱼自来亲人。”身处在如今多元绚烂却又浮躁病态的都市中的我们，或许每个人的内心深处都渴望着一处宁静的山水自然，可以形神相亲，可以物我两忘，可以天人合一。

在路上的时候，真觉岁月漫漫，有了远意。那么近，又那么远。慢下来吧，驻足自然山水间；静下来吧，画一树夭夭春桃花，也于人生岁月做一个荡子。

我想，这就是好的文学。她是优美的、本真的，亦是生活的，生活本身就是诗与歌唱。所以我们，只管诗意地歌唱……

切问近思

1. 在张爱玲的眼里，才女苏青是怎么的一个人？文章中是通过哪些细节描写加以表现的？
2. 张爱玲与炎樱、苏青是闺中密友，她们之间还发生了哪些有趣的小故事。请搜集资料，与同学们分享。
3. 谈谈在你成长中最重要的一位朋友，并说说你理解的“友情”。

拓展阅读

王六郎[1]

蒲松龄

许姓，家淄之北郭。业渔。每夜，携酒河上，饮且渔。饮则酹地[2]，祝云："河中溺鬼得饮。"以为常。他人渔，迄无所获；而许独满筐。一夕，方独酌，有少年来，徘徊其侧。让之饮，慨与同酌。既而终夜不获一鱼，意颇失。少年起曰："请于下流[3]为君驱之。"遂飘然去。少间，复返，曰："鱼大至矣。"果闻唼呷[4]有声。举网而得数头，皆盈尺。喜极，申谢。欲归，赠以鱼，不受，曰："屡叨佳酝，区区何足云报。如不弃，要当以为常耳。"许曰："方共一夕，何言屡也？如肯永顾，诚所甚愿；但愧无以为情。"询其姓字，曰："姓王，无字；相见可呼王六郎。"遂别。明日，许货鱼，益沽酒[5]。晚至河干，少年已先在，遂与欢饮。饮数杯，辄为许驱鱼。

如是半载。忽告许曰："拜识清扬[6]，情逾骨肉。然相别有日矣。"语甚凄楚。惊问之。欲言而止者再，乃曰："情好如吾两人，言之或勿讶耶？今将别，无妨明告：我实鬼也。素嗜酒。沉醉溺死，数年于此矣。前君之获鱼，独胜于他人者，皆仆之暗驱，以报酹奠耳。明日业满，当有代者，将往投生。相聚只今夕，故不能无感。"许初闻甚骇；然亲狎既久，不复恐怖。因亦欷歔，酌而言曰："六郎饮此，勿戚也。相见遽违，良足悲恻；然业满劫脱，正宜相贺，悲乃不伦[7]。"遂与畅饮。因问："代者何人？"曰："兄于河畔视之，亭午[8]，有女子渡河而溺者，是也。"听村鸡既唱，洒涕而别。明日，敬伺河边，以觇其异。果有妇人抱婴儿来，及河而堕。儿抛岸上，扬手掷足而啼。妇沉浮者屡矣，忽淋淋攀岸以出，藉地少息，抱儿径去。当妇溺时，意良不忍，思欲奔救；转念是所以代六郎者，故止不救。及妇自出，疑其言不验。抵暮，渔旧处。少年复至，曰："今又聚首，且不言别矣。"问其故。曰："女子已相代矣；仆怜其抱中儿，代弟一人，遂残二命，故舍之。更代不知何期。或吾两人之缘未尽耶？"

[1] 选自蒲松龄著、张友鹤辑校《聊斋志异会校会注会评本》，中华书局，1962 年版，注释参见此书及朱其铠等校注《全本新注聊斋志异》（人民文学出版社，1989 年版）。

[2] 酹地：浇酒于地以祭鬼神。

[3] 下流：河的下游。

[4] 唼呷（zà xiā）：鱼吞吐食物的声音。

[5] 益沽酒：多买些酒。益：增加。沽：买。

[6] 清扬：言额角广扬也。对人容颜的称颂。

[7] 不伦：谓当喜而悲，不合情理。

[8] 亭午：正午，中午。

许感叹曰："此仁人之心，可以通上帝矣。"由此相聚如初。数日，又来告别。许疑其复有代者。曰："非也。前一念恻隐，果达帝天。今授为招远县邬镇土地，来朝赴任。倘不忘故交，当一往探，勿惮修阻[1]。"许贺曰："君正直为神，甚慰人心。但人神路隔，即不惮修阻，将复如何？"少年曰："但往，勿虑。"再三叮咛而去。

许归，即欲治装东下。妻笑曰："此去数百里，即有其地，恐土偶[2]不可以共语。"许不听，竟抵招远。问之居人，果有邬镇。寻至其处，息肩逆旅[3]，问祠所在。主人惊曰："得无客姓为许？"许曰："然。何见知？"又曰："得勿客邑为淄？"曰："然。何见知？"主人不答，遽出。俄而丈夫抱子，媳女窥门，杂沓而来，环如墙堵。许益惊。众乃告曰："数夜前，梦神言：淄川许友当即来，可助以资斧[4]。祗候[5]已久。"许亦异之，乃往祭于祠而祝曰："别君后，寤寐[6]不去心，远践曩[7]约。又蒙梦示居人，感篆中怀[8]。愧无腆物[9]，仅有卮酒[10]；如不弃，当如河上之饮。"祝毕，焚钱纸。俄见风起座后，旋转移时，始散。夜梦少年来，衣冠楚楚，大异平时。谢曰："远劳顾问[11]，喜泪交并。但任微职，不便会面，咫尺河山[12]，甚怆于怀。居人薄有所赠，聊酬夙好。归如有期，尚当走送。"居数日，许欲归。众留殷勤，朝请暮邀，日更数主。许坚辞欲行。众乃折柬抱襆[13]，争来致赆[14]，不终朝[15]，馈遗盈橐。苍头稚子毕集，祖送[16]出村。欻有羊角风[17]起，随行十馀里。许再拜曰："六郎珍重！勿劳远涉。君心仁爱，自能造福一方，无庸故人嘱也。"风盘旋久之，乃去。村人亦嗟讶而返。许归，家稍裕，遂不复渔。后见招远人问之，其灵应如响[18]云。或言：

---

[1] 勿惮修阻：不要怕路远难往。惮，怕。修阻，路远难行。

[2] 土偶：泥塑神像。

[3] 息肩逆旅：住在旅馆里。息肩，放下肩上担子，指止息。逆旅，迎止宾客之处，即旅店。逆，迎。

[4] 资斧：路费。

[5] 祗候：恭候。

[6] 寤寐不去心：犹言日夜思念。寤，醒来时；寐，睡着时。

[7] 曩（náng）：过去，以往。

[8] 感篆中怀：感激之情，铭记于心。篆，刻。中，心。

[9] 腆物：丰厚的礼物。腆，丰厚。

[10] 卮（zhī）酒：酒一卮。卮，酒器，容量四升。

[11] 顾问：亲临看望。

[12] 咫尺河山：近在咫尺，如隔河山。

[13] 折柬抱襆：拿着礼帖，抱着礼品。柬，通"简"。折简，即折半之简，意为便笺，书写礼帖。襆，包袱，此指礼品包裹。

[14] 致赆（jìn）：送行赠礼。赆，以财物赠行者。

[15] 不终朝（zhāo）：不出一个早晨。朝，早晨。

[16] 祖送：饯行送别。祖，祭名，出行以前祭祀路神。

[17] 羊角风：旋风。此指六郎驾旋风隐形相送。

[18] 灵应如响：意思是十分灵验，有求必应。响，应声、回响。

即章丘石坑庄。未知孰是。

异史氏曰：“置身青云，无忘贫贱，此其所以神也。今日车中贵介[1]，宁复识戴笠人[2]哉？余乡有林下者[3]，家綦贫[4]。有童稚交[5]，任肥秩[6]。计投之必相周顾。竭力办装，奔涉千里，殊失所望；泻囊货骑[7]，始得归。其族弟甚谐，作月令嘲之云：‘是月也，哥哥至，貂帽解，伞盖不张，马化为驴，靴始收声。’念此可为一笑。”

祖父死了的时候[8]

萧　红

祖父总是有点变样子，他喜欢流起眼泪来，同时过去很重要的事情他也忘掉。比方过去那一些他常讲的故事，现在讲起来，讲了一半下一半他就说：“我记不得了。”

某夜，他又病了一次，经过这一次病，他竟说：“给你三姑写信，叫她来一趟，我不是四五年没看过她吗？”他叫我写信给我已经死去五年的姑母。

那次离家是很痛苦的。学校来了开学通知信，祖父又一天一天地变样起来。

祖父睡着的时候，我就躺在他的旁边哭，好象（像）祖父已经离开我死去似的，一面哭着一面抬头看他凹陷的嘴唇。我若死掉祖父，就死掉我一生最重要的一个人，好象（像）他死了就把人间一切“爱”和“温暖”带得空空虚虚。我的心被丝线扎住或铁丝绞住了。

我联想到母亲死的时候。母亲死以后，父亲怎样打我，又娶一个新母亲来。这个母亲很客气，不打我，就是骂，也是指着桌子或椅子来骂我。客气是越客气了，但是冷淡了，疏远了，生人一样。

“到院子去玩玩吧！”祖父说了这话之后，在我的头上撞了一下，“喂！你看这是什么？”一个黄金色的桔（橘）子落到我的手中。

---

[1] 贵介：地位高贵的大人物。

[2] 戴笠人：指贫贱时结交的故人。戴笠，指处于贫贱的地位。

[3] 林下者：指乡居不仕之人。

[4] 綦（qí）贫：十分贫穷。綦，甚。

[5] 童稚交：幼年时结交的朋友。

[6] 肥秩：肥缺，收入多的官职。秩，旧指官吏的俸禄，也指官位品级。

[7] 泻囊货骑（jì）：花空钱袋，卖掉坐骑。囊，指钱袋。

[8] 选自萧红著《萧红全集》，哈尔滨出版社，1991 年版。

夜间不敢到茅厕去，我说："妈妈同我到茅厕去趟吧。"

"我不去！"

"那我害怕呀"

"怕什么？"

"怕什么？怕鬼怕神？"父亲也说话了，把眼睛从眼镜上面看着我。

冬天，祖父已经睡下，赤着脚，开着纽扣跟我到外面茅厕去。

学校开学，我迟到了四天。三月里，我又回家一次，正在外面叫门，里面小弟弟嚷着："姐姐回来了！姐姐回来了！"大门开时，我就远远注意着祖父住着的那间房子。果然祖父的面孔和胡子闪现在玻璃窗里。我跳着笑着跑进屋去。但不是高兴，只是心酸，祖父的脸色更惨淡更白了。等屋子里一个人没有时，他流着泪，他慌慌忙忙的（地）一边用袖口擦着眼泪，一边抖动着嘴唇说："爷爷不行了，不知早晚……前些日子好险没跌……跌死。"

"怎么跌的？"

"就是在后屋，我想去解手，招呼人，也听不见，按电铃也没有人来，就得爬啦。还没到后门口，腿颤，心跳，眼前发花了一阵就倒下去。没跌断了腰……人老了，有什么用处！爷爷是八十一岁呢。"

"爷爷是八十一岁。"

"没用了，活了八十一岁还是在地上爬呢！我想你看不着爷爷了，谁知没有跌死，我又慢慢爬到炕上。"

我走的那天也是和我回来那天一样，白色的脸的轮廓闪现在玻璃窗里。

在院心我回头看着祖父的面孔，走到大门口，在大门口我仍可看见，出了大门，就被门扇遮断。

从这一次祖父就与我永远隔绝了。虽然那次和祖父告别，并没说出一个永别的字。我回来看祖父，这回门前吹着喇叭，幡杆挑得比房头更高，马车离家很远的时候，我已看到高高的白色幡杆了，吹鼓手们的喇叭怆凉的在悲号。马车停在喇叭声中，大门前的白幡、白对联、院心的灵棚、闹嚷嚷许多人，吹鼓手们响起乌乌的哀号。

这回祖父不坐在玻璃窗里，是睡在堂屋的板床上，没有灵魂的（地）躺在那里。我要看一看他白色的胡子，可是怎样看呢！拿开他脸上蒙着的纸吧，胡子、眼睛和嘴，都不会动了，他真的一点感觉也没有了？我从祖父的袖管里去摸他的手，手也没有感觉了。祖父这回真死去了啊！

祖父装进棺材去的那天早晨，正是后园里玫瑰花开放满树的时候。我扯着祖父的一张被角，抬向灵前去。吹鼓手在灵前吹着大喇叭。

我怕起来，我号叫起来。

"咣咣！"黑色的，半尺厚的灵柩盖子压上去。

吃饭的时候，我饮了酒，用祖父的酒杯饮的。饭后我跑到后园玫瑰树下去卧倒，园中飞着蜂子和蝴蝶，绿草的清凉的气味，这都和十年前一样。可是十年前死了妈妈。妈妈死后我仍是在园中扑蝴蝶；这回祖父死去，我却饮了酒。

过去的十年我是和父亲打斗着生活。在这期间我觉得人是残酷的东西。父亲对我是没有好面孔的，对于仆人也是没有好面孔的，他对于祖父也是没有好面孔的。因为仆人是穷人，祖父是老人，我是个小孩子，所以我们这些完全没有保障的人就落到他的手里。后来我看到新娶来的母亲也落到他的手里，他喜欢她的时候，便同她说笑，他恼怒时便骂她，母亲渐渐也怕起父亲来。

母亲也不是穷人，也不是老人，也不是孩子，怎么也怕起父亲来呢？我到邻家去看看，邻家的女人也是怕男人。我到舅家去，舅母也是怕舅父。

我懂得的尽是些偏僻的人生，我想世间死了祖父，就没有再同情我的人了，世间死了祖父，剩下的尽是些凶残的人了。

我饮了酒，回想，幻想……

以后我必须不要家，到广大的人群中去，但我在玫瑰树下颤怵了，人群中没有我的祖父。

所以我哭着，整个祖父死的时候我哭着。

母　亲[1]

贾平凹

浅儿是我的女儿，四个月了，才刚刚会笑，没有音儿的，在嘴唇上迅速一闪的微笑。

这笑，第一个就被发现了；是我的妻子，浅儿那美丽而善良的母亲。那是树发芽，春正浅的日子，我们到姨家去，在车站上候车，孩子就在她的手掌上旋转，一口一亲，一亲一呼，万般作态地逗着，全然不理会旁边的人了。突然，就对我叫道：“快，快来哟！”我跑过去，孩子躺在怀里，均匀地呼吸着，阳光下，看见了那脸上茸茸的毛儿，豆芽菜般儿地嫩。她说刚才是笑了；就再去逗，却终未是再逗得出来。她便很是替我遗憾了，说那笑得好，金色的，甜丝丝的，使人心惊慌地酥酥颤……“孩子是认得我了，是专给她母亲的笑哩！”周围的人都听得有趣，吃吃地笑。她好像获得了奖赏，越发兴致了，说那笑是极像玫瑰花儿在绽哩。

她真是有些傻了，全然不是以前的样儿了。那个时候，她是该活泼的妙龄，那高高隆起的胸脯里，是该蓄饱了青春的呼吸，但她却十分地腼腆，没有事了，是不大出门的，一整天可以静静地坐在家里做事。现在，她不甘寂寞了，喜欢种花，喜欢读诗，喜欢到充满阳光的田野去；一有人的地方，必然就有她抱了孩子在那里了。她个儿不高，长得娇嫩，谁也想不到是养孩子的时候。“谁的宝贝？”人问。“我的呀！”她说，脸不青不红，问的人倒是不好意思了。她就大笑，显得很是骄傲，似乎这个世界上，她是最富有的，有奇功可居的人。

而且，我发现她慢慢有一种虚荣心了，极喜欢恭维。谁要说句：这妞长的疼哟！脸子白呀！鼻子俏啊！她就对谁十二分的好；一路跑回来，要一次又一次给我复述这些赞美词。末了，激情还是发泄

[1] 选自贾平凹著《贾平凹文集·闲澹卷》，中国文联出版公司，1995年版。

不了，就抱了孩子在院子里跳着跑，快活得像一头麝，为它的香气发狂了哩！

我是个呆人，只是偶尔弄点文学，她却是剧团里的名演员了，那头发里、袖领里，时常飘出一种淡淡的指甲花味儿的甜香。记得结婚前去一个朋友家，那人生了孩子，才过了周岁，她在那房里只呆了五分钟，不喝她家的水，连炕沿儿也不肯坐，出来对我说："一股尿骚味儿！"如今说起这事，她就笑了，骂自己一声"幼稚"。我便看见她常常用手去拧孩子尿布；拉下屎了，还要凑近去看那颜色，说是孩子受冷了，受热了。有时正抱着，孩子突然尿下了，我叫了起来，她忙分开孩子的腿，问："浅儿裤子湿了？""没有。"我说，"全尿在你裤子了！"她就说："不要惊动，让尿吧，一惊动就会不尿了哩！"她那裤子上常常看见有尿的白印儿。但是，孩子的裤上，是不允许有一点湿的，因此，我总免不了被惩罚似地夜夜在火炉上烘那湿裤子的。

一天夜里，风雨很大，哗哗哗，打得门外的那棵棕树整夜整夜地响，我在炕上睡不着，坐起来构思一篇文章，终也思绪不收。她却没有醒，伸着胳膊，让孩子枕了，那整个身子就微微蜷着，孩子就正好在她的怀抱了。呲儿，呲儿，睡的（得）安闲，似乎那风声雨声，在棕树叶上变成了悦耳的旋律，那睫毛扑落下来，是一副完全浸融的神态。突然，孩子动起来，只那么哭出一声，她猛地睁开了眼，立即就醒了，伸手将孩子抱起来。我奇怪了，在她那身体的什么地方，有一根孩子的神经吗？孩子醒来了，半夜里是常常不再去睡的，她就搂着哄，说好多好多话："乖乖，不要哭，听妈妈话啊！""瞧爸爸，爸爸又在想文章了，你问他，又在编什么离奇的故事了？"我笑她"对牛弹琴"，她说："你听你听，孩子完全是听的（得）懂的。"我终没有听出什么来，浅儿只是傻乎乎地"啊儿""啊儿"地叫着。

慢慢地，我嫉妒起我的小浅儿了。这孩子没有出生前，我是她的魂儿，一下班回来，她就让我陪着她说话，给我撒娇，一颗糖儿也要我吃一半她才肯吃的。现在的重点，彻底是转移了，孩子成了她的心儿，肝儿。可以说，我之所以对孩子好，是为了讨得她的喜欢，而她待我好，也只是我好待了这孩子。我从京城托人给她买了高级毛线，是让她打些时髦的上衣和头巾的，她却全给孩子打了衣，裤，帽，袜。孩子穿不过来，她一有空就翻出来看看，像我翻素材札记一样入味儿。

她开始有了个坏毛病，黎明时分，就睡不着了，独独爬起来，一眼一眼瞧着睡着的孩子看，看着就悄悄地笑，然后对我说：孩子的眉毛是她的，但比她的淡，淡的好；孩子的鼻子是我的，但比我的直，直的好。她总是孩子，孩子的；孩子成了她生活的主旋律，只要碰它一下，立即就全七音齐发了哩。这个时候，我常常就在心中叫道：那我呢？那我呢？真不知道我在她的心上，还有多少位置呢？

有一次，我到外地去出差去了，我给家里写信，偏不提孩子事，她回信了，说："你为什么不问问孩子呢？你走了，你一定觉得是清净了，可我，还是每夜每夜哄着浅儿睡，她还和我拉话哩（当然你是听不懂的）。你要爱浅儿，咱们在产床上就定了的，只要这一个，你要不爱，那会伤我心的。你瞧，孩子多么漂亮，那眼睛多亮啊！……或许，你是在心上爱她，爱得比我还深，但是，你要表现哩，傻瓜！"

于是乎，我心情慢慢轻松了，才知道是我错了，原来这世界上的爱，是无限的！以后的日子里，我果然发现，浅儿的出现，不是分散了她对我的爱情，而是更深沉了，更巩固了；该我十分感谢这孩子了！

从此，孩子成了我们幸福的源泉和理想的寄托，我们甚至讨论起孩子的将来了。我说以后一定要培养成个作家，写出爸爸写不出的流水般的优美韵文，她说以后一定要培养成个演员，唱出妈妈唱不出的黄莺般的动听歌子。谁也说服不了谁，只好结论道：孩子是孩子的，谁也不能强迫，让她以后自己选择吧！

孩子简直是我们家的小太阳了，一切都围绕着转起来。但我，心里却时时泛起了一种隐隐的苦恼，因为我没有了时间，也收拢不下思想去弄我的文学了，几个月来，各家报刊的约稿信在书案上压下了一沓儿，却只是无法写出一个字来。她看我可怜，便腾出空儿让我去写，但终写不出满意的，想，有了孩子的人了，半辈子已经过去，竟还一事无成！愈是苦恼，愈是写不出来，便越发地苦恼了。她就抱了浅儿过来，说："苦恼什么呢？咱是不行了，可咱有孩子啊！你惦惦咱的后代，她会有出息的，咱们就好好培养她吧！瞧，孩子对你笑了！"

我的浅儿，果然在向我笑了哩，虽然还是那么无音儿，在嘴唇上迅速一闪的微笑，但她毕竟是认得我这做爸爸的了吗？

我笑了，我多么感激我的浅儿，多么感激我浅儿的美丽而善良的母亲啊！

草于 1980 年 3 月 31 日夜

中外诗二首

从前慢[1]

木　心

记得早先少年时
大家诚诚恳恳
说一句是一句

清早上火车站
长街黑暗无行人
卖豆浆的小店冒着热气

从前的日色变得慢
车，马，邮件都慢

[1] 选自木心著《云雀叫了一整天》，广西师范大学出版社，2009 年版。

一生只够爱一个人

从前的锁也好看
钥匙精美有样子
你锁了，人家就懂了

当你老了[1]

（爱尔兰）叶　芝

当你老了，头白了，睡思昏沉，
炉火旁打盹，请取下这部诗歌，
慢慢读，回想你过去眼神的柔和，
回想它们昔日浓重的阴影；

多少人爱你青春欢畅的时辰，
爱慕你的美丽，假意或真心，
只有一个人爱你那朝圣者的灵魂，
爱你衰老了的脸上痛苦的皱纹；

垂下头来，在红光闪耀的炉子旁，
凄然地轻轻诉说那爱情的消逝，
在头顶的山上它缓缓踱着步子，
在一群星星中间隐藏着脸庞。

孩童之道[2]

（印度）泰戈尔

只要孩子愿意，他此刻便可飞上天去。

[1] 选自叶芝著《叶芝抒情诗精选》，袁可嘉译，太白文艺出版社，1997年版。

[2] 选自泰戈尔著《泰戈尔诗选》，冰心译，人民文学出版社，2000年版。

他所以不离开我们，并不是没有缘故。

他爱把他的头倚在妈妈的胸间，他即使是一刻不见她，也是不行的。

孩子知道各式各样的聪明话，虽然世间的人很少懂得这些话的意义。

他所以永不想说，并不是没有缘故。

他所要做的一件事，就是要学习从妈妈的嘴唇里说出来的话。那就是他所以看来这样天真的缘故。

孩子有成堆的黄金与珠子，但他到这个世界上来，却像一个乞丐。

他所以这样假装了来，并不是没有缘故。

这个可爱的小小的裸着身体的乞丐，所以假装着完全无助的样子，便是想要乞求妈妈的爱的财富。

孩子在纤小的新月的世界里，是一切束缚都没有的。

他所以放弃了他的自由，并不是没有缘故。

他知道有无穷的快乐藏在妈妈的心的小小一隅里，被妈妈亲爱的手臂所拥抱，其甜美远胜过自由。

孩子永不知道如何哭泣。他所住的是完全的乐土。

他所以要流泪，并不是没有缘故。

虽然他用了可爱的脸儿上的微笑，引逗得他妈妈的热切的心向着他，然而他的因为细故而发的小小的哭声，却编成了怜与爱的双重约束的带子。

学以致用

一、活动主题

举办“情之所钟，正在我辈”表演赛。

二、活动规则

1. 以学习小组为单位翻阅中外文学作品，搜集资料，拟定题目，撰写剧本。
2. 每个学习小组分配角色，课下组织小组成员认真排练，课上参加表演赛。

三、活动评价

评分标准

1. 表演内容（50 分）：要求主题突出、内容丰富、有创意、积极向上。
2. 表演技巧（20 分）：语言表达、面部表情、肢体语言、时间把握各占 5 分。
3. 团队配合（20 分）：小组形象、配合程度各占 10 分。
4. 综合印象（10 分）：由评委根据各小组的临场表现作综合评价。

第4单元

山水自然

日月星辰、山川河流、和风细雨、森林大海……都是大自然赠予我们的礼物，从古至今多少文人墨客都用自己的笔去书写大自然的美好，或如苏轼笔下的赤壁，或如梭罗笔下的瓦尔登湖，或如徐志摩笔下的康桥，或如普希金笔下的大海……大自然是我们永恒的精神家园，是我们心灵的镜子。

可惜随着工业文明的发展，大自然离我们越来越远。文学评论家谢有顺曾说："自20世纪下半叶以来，中国作家已经很少有人能把自然风景写好了。在当代文学中，我很久没有听到一声鸟叫，很久没有目睹一朵花的开放，也很久没有看到田野和庄稼的颜色了。"文学中大自然描写的缺失意味着丰饶心灵的缺席，所以，在钢筋与水泥建造的坚硬"水晶宫"中，我们要做的是重返自然，与自然常亲近，在大自然里诗意地栖居。

大自然有无穷的力量，当我们用心感知四季的交替，用手触摸田野的质地的时候，大自然的力量就会撞开我们关闭已久的心扉，成为我们心中永恒的宝藏。

10 王维诗二首[1]

王 维

辛夷坞

木末芙蓉花，山中发红萼[2]。
涧户[3]寂无人，纷纷开且落。

柳浪

分行接绮树[4]，倒影入清漪。
不学御沟[5]上，春风伤别离。

王维（701—761 年），字摩诘，山西太原人，又号摩诘居士，世称“王右丞”。王维从小就才华横溢，十五岁时就到京城去参加科举考试。到京城之后，因为他写得一手好诗，善于书画，而且还富有音乐天赋，所以他立马就受到了京城上流社会的欢迎。对此，《旧唐书·王维传》如此记载：“维以诗名盛于开元、天宝间，昆仲宦游两都，凡诸王驸马豪右贵势之门，无不拂席迎之，宁王、薛王待之如师友。”王维在这样的圈子里一方面充分展示自己的文艺才华，另一方面他又开始实现政治上的抱负，希望能够做出一番大事业来。所以，他在 21 岁的时候，

[1] 选自王维著《王维全集》，上海古籍出版社，1997 年版。

[2] 萼：花萼，花的组成部分，由若干片状物组成，包在花瓣外面，花开时托着花瓣。

[3] 涧户：涧口，山溪口。

[4] 绮树：美树，指柳。

[5] 御沟：流经皇宫的河道。

就担任了太乐丞一职。不久，王维在官场上受人所害，被贬为济州司参军。

公元 729 年，王维开始了他的隐居生活，后来他干脆辞掉官职，到嵩山隐居。在时间的流逝中，王维逐渐达到了“眼界无染，心空不迷”的精神境界。公元 736 年，王维受到张九龄的赏识，再次回到了官场，但是朝廷却日益奢靡腐化，老百姓怨声载道，意识到朝廷的无可救药，此时的王维变得淡漠世事，再也不关心官场的生活，他每日吃斋念佛、弹琴赋诗。他将自己的本心寄托在自然、艺术和禅宗中，此时的王维赢得了“诗佛”的美称。对于王维的诗，苏轼在《东坡志林》中评价到：“味摩诘之诗，诗中有画；观摩诘之画，画中有诗”。

山水田园诗

在《诗经》《楚辞》所经历的漫长年代，还没有出现一首专门以描写自然山水为主要内容的诗篇。两汉数百年，乐府五言诗，特别是铺采摛文的辞赋，已有了较多的自然风光描写。只是汉末建安时期，曹操写了一首《观沧海》，这才算是曲终奏雅，为汉以前诗坛献上了唯一的一首完整的山水乐章。魏晋之前，汉族诗歌的内容都是与人本身有关的生存、欲望、政治、战争等，自然风光还是未被人识的一块天然璞玉。

真正将自然山水作为一种独立的审美对象，诗人以自然山水为题材写诗，则始于魏晋六朝。陶渊明等诗人形成东晋田园诗派，谢灵运、谢朓等诗人形成南朝山水诗派，王维、孟浩然等诗人形成盛唐山水田园诗派。诗人们以山水田园为审美对象，把细腻的笔触投向静谧的山林、悠闲的田野，创造出一种田园牧歌式的生活，借以表达对现实的不满，对宁静平和生活的向往。

如果说陶渊明开寄意田园山水之先河，与陶同时代而稍后的谢灵运则开模山范水、雕缕字句的先河。谢灵运的山水诗句秀辞巧，他如善于调度语言的匠师，往往一字而传山水情态，在提炼诗意、感悟语言方面有过人的才气，这一点连李白也佩服之至。

王维写过政治诗、边塞诗，但能反映他独特成就的还是他那别有胜景的山水田园诗。他是一位悟性极高的人，超人的才气不仅在诗、书、画多方面卓有成就，而且在参禅悟道方面，也有大彻大悟的智慧。画家的眼光，音乐家的听觉，诗人的感觉，佛家的心态，赋予他一种不同凡响的艺术力量。他几乎把每一项景物都注入特有的灵魂和感觉，又把自我消融在景物里，形成了物即是我、我即是物的庄禅境界。王维的山水诗，以境写心，了无痕迹，象外有象，景外有景，意外有意，韵外有致，有一种悠远的意境。

1. 如何理解王维诗作中的“诗中有画，画中有诗”？
2. 阅读《辋川集》中其他的诗篇，并选择其中最喜欢的一首，谈谈你对它的感想。
3. 王维诗中的山水自然和西方浪漫派诗歌中的山水自然有什么异同。

11　春江花月夜[1]

张若虚

春江潮水连海平，海上明月共潮生。
滟滟[2]随波千万里，何处春江无月明！
江流宛转绕芳甸[3]，月照花林皆似霰[4]。
空里流霜[5]不觉飞，汀[6]上白沙看不见。
江天一色无纤尘，皎皎空中孤月轮。
江畔何人初见月？江月何年初照人？
人生代代无穷已[7]，江月年年只相似。
不知江月待何人，但见长江送流水。
白云一片去悠悠[8]，青枫浦上不胜愁。
谁家今夜扁舟子[9]？何处相思明月楼[10]？
可怜楼上月徘徊，应照离人妆镜台。
玉户[11]帘中卷不去，捣衣砧[12]上拂还来。
此时相望不相闻[13]，愿逐月华流照君。

---

[1] 本文选自上海辞书出版社编《春江花月夜》，1996 年版。

[2] 滟（yàn）滟：波光荡漾的样子。

[3] 芳甸（diàn）：开满花草的郊野。甸，郊外之地。

[4] 霰（xiàn）：天空中降落的白色不透明的小冰粒。此处形容月光下春花晶莹洁白。

[5] 流霜：飞霜。古人以为霜和雪一样，是从空中落下来的，所以叫流霜。此处比喻月光皎洁，月色朦胧、流荡。

[6] 汀（tīng）：水边平地，小洲。

[7] 穷已：穷尽。

[8] 悠悠：渺茫、深远。

[9] 扁舟子：飘荡江湖的游子。扁舟，小舟。

[10] 明月楼：月夜下的闺楼。这里指闺中思妇。

[11] 玉户：形容楼阁华丽，以玉石镶嵌。

[12] 捣衣砧（zhēn）：捣衣石、捶布石。

[13] 相闻：互通音信。

鸿雁长飞光不度，鱼龙潜跃水成文[1]。
昨夜闲潭[2]梦落花，可怜春半不还家。
江水流春去欲尽，江潭落月复西斜。
斜月沉沉藏海雾，碣石潇湘无限路[3]。
不知乘月几人归，落月摇情满江树。

张若虚（约660—720年），唐代著名诗人，扬州人，曾任兖州兵曹，其事迹略见于《旧唐书·贺知章传》。公元705至707年，张若虚与贺知章、贺朝、万齐融、邢巨、包融俱以文辞俊秀驰名于京都，他与贺知章、张旭、包融并称“吴中四士”。张若虚的诗仅存二首，一首为《春江花月夜》，一首为《代答闺梦还》。这两首诗歌均收录在《全唐诗》中。其中《春江花月夜》尤为著名，它沿用乐府旧题，抒写富有哲理意味的人生感慨和真挚动人的离情别绪，语言清新优美，韵律宛转悠扬，洗去了宫体诗的浓脂艳粉，给人以澄澈空明、清丽自然的感觉。有人评论《春江花月夜》“孤篇压全唐”，是“诗中的诗，顶峰上的顶峰”，其具有非同凡响的崇高地位和深远影响。

乐府诗

“乐府”本是官署的名称，负责制谱度曲，训练乐工，采辑诗歌民谣，以供朝廷

[1] 文：同“纹”。

[2] 闲潭：幽静的水潭。

[3] 碣（jié）石潇湘：碣石，山名，在渤海边上。潇湘，湘江与潇水，在今湖南。这里两个地名一南一北，暗指路途遥远，相聚无望。无限路：即言离人相距之远。

祭祀宴享时演唱，且可以观察风土人情，考见政治得失。我国的采诗制度有着悠久的历史，《夏书·胤征》中已有采诗的记录。流传至今的《诗经》，当初就要算是一部官方颁布并为社会认可的标准选本。春秋以后，礼崩乐坏，征战不休，采诗制度无法贯彻。到了秦朝，统一时间短，百废待兴，虽然已有乐府官署之名，但仍然没有采诗之实。

汉承秦制，经济凋敝，乐府机关也只能习常肄旧，无所增更，勉强维持而已。经过六七十年的休养生息，到汉武帝时，国力变得大为雄厚，乃扩大乐府的规模，采诗夜诵。到东汉，采诗成为政治生活中的一件大事。光武帝曾“广求民瘼，观纳风谣”，和帝则派遣使者“微服单行，各至州县，观采风谣”。此种风尚，在南北朝皆相沿袭。萧梁时，社会上已经把“乐府”从官署的名称转变而为诗体。刘勰《文心雕龙》于《明诗》之外，另有《乐府》专章。昭明《文选》、徐陵《玉台新咏》也都开辟了《乐府》专栏。其中既有文人诗歌，又有民间诗歌，即凡是合过乐能够歌唱的诗歌，统统称为“乐府”。

北朝于战乱间隙所奉行的采诗制度，与两汉一脉相承。保存在郭茂倩《乐府诗集·梁鼓角横吹曲》中的北朝乐府民歌，有的是用汉语创作，有的则为译文，虽然只有六七十首，却内容深刻，题材广泛，反映了广阔的社会生活，富有与南方大相异趣的粗犷豪放的气概，呈现出另外一种风情民俗的画卷。由于北方各族统治者长期混战，反映战争的题材较多，有描写战争和徭役带给人民苦难的，有歌颂剽悍的尚武精神的。特别是《木兰诗》，满怀激情地赞美花木兰女扮男装、代父从军的传奇故事，与《孔雀东南飞》一起，被誉为乐府民歌中的“双璧”。汉魏六朝乐府是中国文学史上一枝奇葩，具有强大的生命力，直接影响了我国诗坛的面貌。它不仅开拓出了五言诗的新领域，而且对七言诗、歌行体以至律绝，都起了桥梁的作用。

汉乐府民歌内容丰富，反映了当时广阔的社会生活，艺术上刚健清新，其五言、七言和杂言的诗歌形式，是文人五七言诗歌的先声，是中国诗歌史上宝贵的财富。

切问近思

1.《春江花月夜》一诗表达了诗人怎样的人生感慨？

2. 以自己的语言叙述《春江花月夜》营造了怎样的意境？

3. 列举几个成名较晚的诗人和艺术家，并谈谈你的看法。

12　心灵的镜子[1]

（日）东山魁夷

夏季早晨的风是清爽的。脚下的草被夜露打湿了。城镇刚刚苏醒过来，眼底出现了一户户人家。对面是静寂的海，明朗而辽阔。

高高隆起的小丘，背后绵延着碧绿的山峦，西端沉落到了海里。那儿可以望到巨大的迷濛（蒙）的岛影。

母亲和儿子站在山丘上。这个穿着蓝底白条纹和服的孩子，就是少年时代的我。每逢暑假，母亲常常领着多病而带有神经质的我，一大早就登上这座山丘。

被母亲叫起来，揉着惺忪的睡眼，勉强着来到这里。从山丘上望去，风光使我幼小的心灵充满了快乐，让我神清气爽。

幼小时候的记忆，随着年龄的增长，在心中涂上了一层色彩，到头来会弄得面目全非，而且还会随着场所和时间的变更而改变。但是两年前我到神户时就不由自主想起了这个地方，便去看了看。如今，这里已经整顿成小公园的样子，从前那夏天的朝露濡湿足履的草丛没有了。但站在这里向四方眺望，看到的依然是藏在心中五十多年前的风景。

为什么这风景一直给我留下这般新鲜的印象呢？少年时代的我，虽然当时没有意识到这点，但不正是从这种风景里感受到母亲慈悲的心怀和生命的泉源吗？这风景对于我是不可磨灭的。

我没有把自然当成人的对立面，这种感受，这种想法，在我幼小的心灵中早已萌生了，这是事实。初中三年级的时候，我的一幅风景画在校内展览会上展出过。画的是山中的小水池，周围环绕着碧绿的树木，画题叫《静》，这是我在须磨山中荒无人烟的密林内制作的油画。同时，还画了一幅水彩，刀削般的灰色的断崖下面，一群人抬着棺柩向火葬场走去，他们看起来显得非常渺小。这是在学校的后山上亲眼看到的情景。这幅画谁也没给看过。

这两幅作品虽说幼稚，但都是我心象中的风景。尽管这两种风景迥然不同，却是自己内心的感受和外部世界相呼应而结成的影像。少年的我是一颗遭受侵蚀的青果，带着无法

---

［1］本文选自东山魁夷著《东山魁夷散文选》，陈德文译，百花文艺出版社，1989年版。

违拗的情绪，凝视着身心交瘁的病体；一方面又向包蕴着净福[1]的静谧的风景祈求救助。

这年，上学期过了一半就休学了。淡路岛[2]志筑町村头有一所孤零零的小房子，我在那里一直住到暑假。在那个十分冷清的地方，让小孩子一个人待下去，一般的父母都会放心不下，何况我的父母对待孩子比别人更加娇惯。

可是，那里住着长年在我家帮工的佣人的娘家，她家一位独居的老母亲对我照顾得很周到。打初中一年级时候起，每年暑假我都要到她家住些日子。再说，我的父母很了解我的性格，一个人独处心情会更舒畅些。

这座房子靠近海，到了夜间，可以清楚听到奔涌的波涛，带着沉郁而甘美的情调，把我送进安谧的梦乡。我看不厌黎明和黄昏大海那雄奇的光芒和色彩，看不厌风和浪无休止地相互嬉戏的情景。自然和我，成天都在亲切地交谈着。

有时候，风激烈地叩打着挡雨窗，波涛冲击着海滩，高扬起银白的飞沫。这海边的风景永远留在我的记忆里，它亲昵地包裹着我，给我以安适。暑假结束了，我被太阳晒黑了，带着一副健康的神态，回到了双亲的身旁。

濑户内海的这片土地上的山、海和夏日的风景，是平凡的，却是清澄的，显示着生命这一根本要素的存在，反映了人们心性的温馨和友善。当时，正向黑暗的谷底沉落的我，不知道如何对待自己，无疑，这风景对于我来说，不光是一种救助，而且直到后来，始终隐藏在我内心的深处，成为指引我的精神发展的一个要素。

少年时代快要过去了，我几度踌躇，才下定决心当画家，离开神户，考进了东京美术学校。一年级的夏天，我同两三个朋友沿木曾川[3]徒步野游。我们穿过一些村庄，登上了御岳[4]，过了十几天的旅行生活。我平生第一次看到了山国的景象。神户是个明净的海港城市，我在濑户内海优美的环境中住惯了，山国严峻的自然风貌和居住在这地方的人们使我受到了强烈的震动。下面是当时日记中的一段：

经过麻生这个地方，天黑了。在寻找露营场所的时候，下起大雨来。从地图上看，木曾川就在近旁，因为走的是山路，离这条河还相当远。雨越下越大，闪电仿佛要撕裂杉树林。雷震荡着空气，在头顶上隆隆地滚动。我们浑身透湿，顺着瀑布流泻的山路返回麻生。

进入一户农家，说明了情由，请求借宿一夜，哪怕睡在门内的泥地上也好。家里只

［1］净福：指佛门清静之福。

［2］淡路岛：日本濑户内海中最大的岛屿。

［3］曾川：日本本州中部的河流。

［4］御岳：日本本州中部的复合火山。

有一个矮小的老婆子，她热情地接待了我们。坚固的木造天花板，黑油油的柱子。老婆子把大家让到屋内，忙着张罗茶水。儿子说今晚要到附近的一个地方去，为迎接什么节日练习吹笛子。这当儿，不知不觉雨早停了。

老婆子说，这地方没有什么名胜，刚建成一座公园。她说着就带我们出去了。这是个美丽的月夜。这个公园很简单，在附近的水力发电站旁，只种植了少许的樱树。可老婆子倒是一副颇为自豪的样子。

诚然，这明月下的山峡的景观，比起任何城市的公园来都令人叫好。夜气澄澈，风儿带着寒意。回来倒在床上，微微传来迎接节日的锣鼓声——

此后，我们又经历了不少事情。沿着木曾路登上了御岳。到达八段坡，风雨转强，宿于石室内，翌日晨，登剑峰，大雾翻卷，一片空漠的灰色的世界。

这次所获得的感受，为我开辟了后来走向山国、连接北方世界的道路。深雪封锁的漫天的冬天。贫瘠的土地，严酷的气候风土，坚忍生活着的人和树木。那里产生的庄重的精神，素朴的人情。

刚刚踏入艺术世界的我，确确实实切身感受到了这条道路的艰险。此外，父亲经商的失败，使得当时的我预感到将来学业上的多艰。我要寻求一种强大的精神支柱，它应有别于母性的阴柔的情怀。山国的风景正象征着我心中的愿望和祈求。直到现在，这种风景一直是指导我的精神历程的重大要素。

风景是什么？我们所认识的风景是通过每人的观察并感知于心灵的东西。因此，从严格的意义上讲，可以说每个人心中的风景都不一样。但是，既然人们的心是相通的，那么我的风景也可能成为我们的风景。我是画家，为了在心灵里深深感受着风景，我永远只能开掘我自身的风景观。然而，画家会有特殊的风景观吗？我是画家，但我首先是人。

少年时代和青年时代人生的远游，作为一个画家的起点，深深铭刻于心间。这两个重大的要素成为我人生道路的精神基盘。我把它看成是风景的象征。这种精神基盘包含着和风景的紧密联系。我想，这不光是我一个人的体验。

我坚信，人的内心没有感情的激动就不可能把风景看成是美的。风景，可以说是人的心灵的祈望。我愿描绘清澄的风景，被污染、被践踏的风景不能拯救人的心灵。风景是心灵的镜子。一座庭院最鲜明地代表着居住在这里的人家的心灵。住在山林或田园的人们，他们的心灵也被反映出来了。河流和海洋也是一样。可以说，一个国家的风景就象征着这个国家国民的心灵。

日本的山川、海洋、原野显得多么荒寂。那些竞相把核爆炸的灰尘撒向大气中的国家，又是在干着何等无谋的蠢事！人们现在处于病态之中，那座白色悬崖前送葬的队列，不是少年时代的我自己的幻想，也许正是现在人类的真实的写照。

我们应当使大地母亲永葆洁净，因为她是生命的源泉，必须有一颗能和自然协调生活的心。在人工的乐园里，存不住生命的光华。不管你愿意不愿意，现在都应当深切地认识到这样一个问题：我们的风景紧密关联着我们人类的生存啊！

知人论世

东山魁夷（1908—1999 年），本名东山新吉，日本当代风景画家和散文家。生于神奈川县横滨市，父亲是个船具商。在学校期间，其作品《山国的秋天》和《夏》曾被选入帝国画展。1933 年去欧洲研究西洋美术。1934 年作为日德交换的第一批留学生在柏林大学学习美术。1935 年因父病而辍学回国。战后他的作品《残照》曾在 1947 年的第三次日本画展上被定为特选。此后，他转画风景画。

从中学时代起，东山魁夷就对文学产生了极大的兴趣，他广泛阅读诗歌、小说，并与志趣相同的同学创办了小报《鬼蓟》。东山魁夷是具有世界声誉的画家，他在写生作画的同时还写下了大量的论画散文，如《和风景对话》《听泉》《探求日本的美》等，这些散文大都是写景抒怀之作。作者对大自然的一景一物都寄予无限的情趣，嗟叹咏歌，意趣盎然。他的散文和他的风景画一样，具有飘逸淡雅的风格和恬静优美的意境。

触类旁通

东山魁夷的画

东山魁夷一生创作了无数幅画，比如1975年为奈良唐招提寺画的壁画《山云》和《涛声》，再比如《扬州薰风》《桂林月宵》《黄山晓云》等，这些著名的画作为他赢得了极高的荣誉。1976 年以来他还多次访问中国，画了许多有关中国的速写和回忆画，并撰写了《大地悠悠》一书。川端康成谈到东山魁夷时说："他一面把旅行当作人生，当作艺术，把流转无常看成人类的命运，另一方面又将孤独与忧愁深埋心底，对万物抱着肯定的意志，并努力加以贯彻，经常从自然中获取新鲜的感受，始终生活在谦虚诚实的情感之中。" 东山魁夷在他的绘画中深刻地体现出了日本"物之哀"的传统审美观。"物之哀"即是画家对人生和大自然的依恋与感伤。无论是他的壁画，还是普通的尺幅小品，都表现出了日本民族所尊崇的一种澄澈、平和、忧伤又具有深深眷恋之情的美。对此，川端康成评价说："东山的风景画是日本大自然美的灵魂。"

在谈到对自己作品认识的时候，东山魁夷说："我画的是作为人类心灵象征的风景，风景本义就阐明人的心灵。"他还进一步说："我记得恩师结城素明先生曾经这样对我说：'出去旅行写生吧，把自己的心研磨得像镜子一样，好好观察一下自然'。"此篇散文《心灵的镜子》就是他绘画观的另一种体现。

1. 为什么东山魁夷说"风景是心灵的镜子"？

2. 试论述东山魁夷"风景是心灵的镜子"和王维的"诗中有画、画中有诗"的联系和区别。

3. 文中写到作者在读初中三年级时画的一幅水彩画中有"一群人抬着棺柩向火葬场走去"的画面，这一画面有怎样的象征意义？

拓展阅读

后赤壁赋[1]

苏　轼

是岁十月之望，步自雪堂，将归于临皋[2]。二客从予，过黄泥之坂。霜露既降，木叶尽脱。人影在地，仰见明月，顾而乐之，行歌相答[3]。已而[4]叹曰："有客无酒，有酒无肴，月白风清，如此良夜何？"客曰："今者薄暮[5]，举网得鱼，巨口细鳞，状如松江之鲈[6]。顾安所得酒乎[7]？"归而谋诸妇[8]。妇曰："我有斗酒，藏之久矣，以待子不时之需。"于是携酒与鱼，复游于赤壁之下。江流有声，断岸千尺[9]，山高月小，水落石出。曾日月之几何，而江山不可复识矣[10]！

予乃摄衣[11]而上，履巉岩[12]，披蒙茸[13]，踞[14]虎豹，登虬龙[15]，攀栖鹘[16]之危巢，俯冯夷之幽宫[17]。盖二客不能从焉。划然长啸[18]，草木震动，山鸣谷应，风起水涌。予亦悄然而悲，肃

[1] 本文选自四川大学中文系古典文学教研室选注《宋文选》，人民文学出版社，1980 年版。

[2] 临皋（gāo）：亭名，在黄冈南长江边上。苏轼初到黄州时住在定惠院，不久就迁至临皋亭。

[3] 行歌相答：边行边吟诗，互相唱和；且走且唱，互相酬答。

[4] 已而：过了一会儿。

[5] 今者薄暮：方才傍晚的时候。薄暮，太阳将落，天快黑的时候。

[6] 淞江之鲈（lú）：鲈鱼是松江（现在属上海）的名产，体扁，嘴大，鳞细，味鲜美。

[7] 顾安所得酒乎：但是从哪儿能弄到酒呢？顾，但是，可是。安所，何所，哪里。

[8] 谋诸妇：谋之于妻，找妻子想办法。诸，相当于"之于"。

[9] 断岸千尺：江岸上山壁峭立，高达千尺。断，阻断，这里形容山壁峭立的样子。

[10] 曾日月之几何，而江山不可复识矣：才过了几天啊，先前的景象就不能辨认了。这话是联系前次赤壁之游说的。前次游赤壁在"七月既望"，距离这次仅仅三个月，时间很短，所以说"曾日月之几何"。前次所见的是"水光接天""万顷茫然"，这次所见的是"断岸千尺""水落石出"，所以说"江山不可复识"。

[11] 摄衣：提起衣襟。摄，牵曳。

[12] 履巉（chán）岩：登上险峻的山崖。履，践，踏。巉岩，险峻的山石。

[13] 披蒙茸：分开乱草。蒙茸，杂乱的丛草。

[14] 踞：蹲或坐。虎豹，指形似虎豹的山石。

[15] 虬龙：指树枝弯曲形似虬龙的树木。虬，龙的一种。

[16] 栖鹘（hú）：睡在树上的鹘。栖，鸟宿。鹘，意为隼，鹰的一种。

[17] 俯冯（féng）夷之幽宫：低头看水神冯夷的深宫。冯夷，水神。"攀栖鹘之危巢，俯冯夷之幽宫"，这里是说，上登山的极高处，下临江的极深处。

[18] 划然长啸：高声长啸。划有"裂"的意思，这里形容长啸的声音。

然[1]而恐，凛乎其不可留[2]也。反[3]而登舟，放[4]乎中流，听其所止而休焉[5]。

时夜将半，四顾寂寥。适有孤鹤，横江东来。翅如车轮，玄裳缟衣[6]，戛然长鸣，掠予舟而西也。须臾客去，予亦就睡。梦一道士，羽衣蹁跹，过临皋之下，揖予而言曰："赤壁之游乐乎？"问其姓名，俛[7]而不答。"呜呼！噫嘻[8]！我知之矣。畴昔之夜[9]，飞鸣而过我者，非子也耶[10]？"道士顾[11]笑，予亦惊寤[12]。开户视之，不见其处。

我所知道的康桥（节选）[13]

徐志摩

一

我这一生的周折，大都寻得出感情的线索。不论别的，单说求学。我到英国是为要从卢梭[14]。卢梭来中国时，我已经在美国。他那不确的死耗传到的时候，我真的出眼泪不够，还做悼诗来了。他没有死，我自然高兴。我摆脱了哥伦比亚大博士衔的引诱，买船漂过大西洋，想跟这位二十世纪的福

[1] 肃然：因恐惧而收敛的样子。

[2] 留：停留。

[3] 反：同“返”。返回。

[4] 放：纵，遣。这里有任船飘荡的意思。

[5] 听其所止而休焉：任凭那船停止在什么地方就在什么地方休息。

[6] 玄：黑；缟：白。仙鹤身上的羽毛是白的，尾巴是黑的，所以这样说。

[7] 俛：同“俯”，低头。

[8] 呜呼噫嘻：这四个字都是叹词。

[9] 畴昔之夜：昨天晚上。此语出于《礼记·檀弓》上篇“予畴昔之夜”。畴，语首助词，没有实际的意义。昔，昨。

[10] 非子也耶：不是你吗？“也”在这里不表示意义，只起辅助语气的作用。

[11] 顾：回头看。

[12] 寤：觉，醒。

[13] 本文选自徐志摩散文集《我所知道的康桥》，何言宏编，江苏文艺出版社，2006 年版。

[14] 卢梭：通译罗素（1872—1970 年），英国哲学家、逻辑学家，1921 年曾来中国讲学。

禄泰尔[1]认真念一点书去。谁知一到英国才知道事情变样了：一为他在战时主张和平，二为他离婚，卢梭叫康桥给除名了，他原来是 Trinity College 的 fellow，这一来他的 fellowship 也给取消了。他回英国后就在伦敦住下，夫妻两人卖文章过日子。因此我也不曾遂我从学的始愿。我在伦敦政治经济学院里混了半年，正感着闷想换路走的时候，我认识了狄更生[2]先生。狄更生——Goldsworthy Lowes Dickinson——是一个有名的作者，他的《一个中国人通信》（*Letters form John chinaman*）与《一个现代聚餐谈话》（*A Modern Symposium*）两本小册子早得了我的景仰。我第一次会着他是在伦敦国际联盟协会席上，那天林宗孟[3]先生演说，他做主席；第二次是宗孟寓里吃茶，有他。以后我常到他家里去。他看出我的烦闷，劝我到康桥[4]去，他自己是王家学院（King's College）的 fellow。我就写信去问两个学院，回信都说学额早满了，随后还是狄更生先生替我去在他的学院里说好了，给我一个特别生的资格，随意选科听讲。从此黑方巾、黑披袍的风光也被我占着了。初起我在离康桥六英里的乡下叫沙士顿地方租了几间小屋住下，同居的有我从前的夫人张幼仪女士与郭虞裳君。每天一早我坐街车（有时自行车）上学到晚回家。这样的生活过了一个春，但我在康桥还只是个陌生人谁都不认识，康桥的生活，可以说完全不曾尝着，我知道的只是一个图书馆，几个课室，和三两个吃便宜饭的茶食铺子。狄更生常在伦敦或是大陆上，所以也不常见他。那年的秋季我一个人回到康桥，整整有一学年，那时我才有机会接近真正的康桥生活，同时，我也慢慢的（地）“发见”了康桥。我不曾知道过更大的愉快。

二

“单独”是一个耐寻味的现象。我有时想它是任何发见的第一个条件。你要发见你的朋友的“真”，你得有与他单独的机会。你要发见你自己的真，你得给你自己一个单独的机会。你要发见一个地方（地方一样有灵性），你也得有单独玩的机会。我们这一辈子，认真说，能认识几个人？能认识几个地方？我们都是太匆忙，太没有单独的机会。说实话，我连我的本乡都没有什么了解。康桥我要算是有相当交情的，再次许只有新认识的翡冷翠[5]了。啊，那些清晨，那些黄昏，我一个人发痴似的在康桥！绝对的单独。

但一个人要写他最心爱的对象，不论是人是地，是多么使他为难的一个工作？你怕，你怕描坏了它，你怕说过分了恼了它，你怕说太谨慎了辜负了它。我现在想写康桥，也正是这样的心理，我不曾写，我就知道这回是写不好——况且又是临时逼出来的事情。但我却不能不写，上期预告已经出去了。我想勉强分两节写：一是我所知道的康桥的天然景色；一是我所知道的康桥的学生生活。我今晚只能极简的（地）写些，等以后有兴会时再补。

---

[1] 福禄泰尔：通译伏尔泰（1694—1778 年），法国启蒙思想家、哲学家、作家。

[2] 狄更生：英国作家、学者。徐志摩在英国期间曾得到他的帮助。

[3] 林宗孟：即林长民，晚清立宪派人士，辛亥革命后曾任司法总长。

[4] 康桥：通译剑桥，在英国东南部，这里指剑桥大学。

[5] 翡冷翠：通译佛罗伦萨，意大利中部城市。

三

康桥的灵性全在一条河上，康河，我敢说是全世界最秀丽的一条水。河的名字是葛兰大（Granta），也有叫康河（River Gam）的，许有上下流的区别，我不甚清楚。河身多的是曲折，上游是有名的拜伦潭——“Byron's Pool”——当年拜伦常在那里玩的；有一个老村子叫格兰骞斯德，有一个果子园，你可以躺在累累的桃李荫下吃茶，花果会掉入你的茶杯，小雀子会到你桌上来啄食，那真是别有一番天地。这是上游；下游是从骞斯德顿下去，河面展开，那是春夏间竞舟的场所。上下河分界处有一个坝筑，水流急得很，在星光下听水声，听近村晚钟声，听河畔倦牛刍草声，是我康桥经验中最神秘的一种：大自然的优美、宁静，调谐在这星光与波光的默契中不期然的（地）淹入了你的性灵。

但康河的精华是在它的中权，著名的“Backs”，这两岸是几个最蜚声的学院的建筑。从上面下来是 Penbroke，St.Katharine's，King's，Clare，Trinity，St.John's。最令人留连（恋）的一节是克莱亚与王家学院的毗连处，克莱亚的秀丽紧邻着王家教堂（King's Chapel）的宏伟。别的地方尽有更美更庄严的建筑，例如巴黎赛因河的罗浮宫一带，威尼斯的利阿尔多大桥的两岸，翡冷翠维基乌大桥的周遭；但康桥的“ Backs”自有它的特长，这不容易用一二个状词来概括，它那脱尽尘埃气的一种清澈秀逸的意境可说是超出了画图而化生了音乐的神味。再没有比这一群建筑更调谐更匀称的了！论画，可比的许只有柯罗（Corot）的田野；论音乐，可比的许只有萧班[1]（Chopin）的夜曲。就这也不能给你依稀的印象，它给你的美感简直是神灵性的一种。

假如你站在王家学院桥边的那棵大桔树荫下眺望，右侧面，隔着一大方浅草坪，是我们的校友居（fellow building），那年代并不早，但它的妩媚也是不可掩的，它那苍白的石壁上春夏间满缀着艳色的蔷薇在和风中摇颤，更移左是那教堂，森林似的尖阁不可浼的（地）永远直指着天空；更左是克莱亚，啊！那不可信的玲珑的方庭，谁说这不是圣克莱亚（St.Clare）的化身，那一块石上不闪耀着她当年圣洁的精神？在克莱亚后背隐约可辨的是康桥最潢贵最骄纵的三一学院（Trinity），它那临河的图书楼上坐镇着拜伦神采惊人的雕像。

但这时你的注意早已叫克莱亚的三环洞桥魔术似的摄住。你见过西湖白堤上的西泠断桥不是？（可怜它们早已叫代表近代丑恶精神的汽车公司给铲平了，现在它们跟着苍凉的雷峰永远离别了人间。）你忘不了那桥上斑驳的苍苔，木栅的古色，与那桥拱下泄露的湖光与山色不是？克莱亚并没有那样体面的衬托，它也不比庐山楼贤寺旁的观音桥，上瞰五老的奇峰，下临深潭与飞瀑；它只是怯伶伶的一座三环洞的小桥，它那桥洞间也只掩映着细纹的波鳞与婆娑的树影，它那桥上栉比的小穿兰与兰节顶上双双的白石球，也只是村姑子头上不夸张的香草与野花一类的装饰；但你凝神的（地）看着，更凝神的（地）看着，你再反省你的心境，看还有一丝屑的俗念沾滞不？只要你审美的本能不曾汩灭时，这是你的机会实现纯粹美感的神奇！

但你还得选你赏鉴的时辰。英国的天时与气候是走极端的。冬天是荒谬的坏，逢着连绵的雾盲天你一定不迟疑的甘愿进地狱本身去试试；春天（英国是几乎没有夏天的）是更荒谬的可爱，尤其是它那四五月间最渐缓最艳丽的黄昏，那才真是寸寸黄金。在康河边上过一个黄昏是一服灵魂的补剂。啊！

---

[1] 萧班：通译肖邦（1810—1849 年），波兰作曲家、钢琴家。

我那时蜜甜的单独，那时蜜甜的闲暇。一晚又一晚的，只见我出神似的倚在桥栏上向西天凝望：——

看一回凝静的桥影，

数一数螺钿的波纹：

我倚暖了石栏的青苔，

青苔凉透了我的心坎……

还有几句更笨重的怎能仿佛那游丝似轻妙的情景：

难忘七月的黄昏，远树凝寂，

像墨泼的山形，衬出轻柔暝色

密稠稠，七分鹅黄，三分橘绿，

那妙意只可去秋梦边缘捕捉……

四

这河身的两岸都是四季常青最葱翠的草坪。从校友居楼上望去，对岸草场上，不论早晚，永远有十数匹黄牛与白马，胫蹄没在恣蔓的草丛中，从容的（地）在咬嚼，星星的黄花在风中动荡，应和着它们尾鬃的扫拂。桥的两端有斜倚的垂柳与椈荫护住。水是彻底的清澄，深不足四尺，匀匀的长着长条的水草。这岸边的草坪又是我的爱宠，在清朝，在傍晚，我常去这天然的织锦上坐地，有时读书，有时看水；有时仰卧着看天空的行去，有时反扑着搂抱大地的温软。

但河上的风流还不止两岸的秀丽，你买船去玩。船不止一种：有普通的双桨划船，有轻快的薄皮舟（Canoe），有最别致的长形撑篙船（Punt）。最末的一种是别处不常有的：约莫有二丈长，三尺宽，你站直在船梢（艄）上用长竿撑着走的。这撑是一种技术。我手脚太蠢，始终不曾学会。你初起手尝试时，容易把船身横住在河中，东颠西撞的狼狈。英国人是不轻易开口笑人的，但是小心他们不出声的（地）皱眉！也不知有多少次河中本来优闲的秩序叫我这莽撞的外行给捣乱了。我真的始终不曾学会；每回我不服输跑去租船再试的时候，有一个白胡子的船家往往带讥讽的（地）对我说："先生，这撑船费劲，天热累人，还是拿个薄皮舟溜溜吧！"我那（哪）里肯听话，长篙子一点就把船撑了开去，结果还是把河身一段段的腰斩了去。

你站在桥上去看人家撑，那多不费劲，多美！尤其在礼拜天有几个专家的女郎，穿一身缟素衣服，裙裾在风前悠悠的（地）飘着，戴一顶宽边的薄纱帽，帽影在水草间颤动，你看她们出桥洞时的姿态，捻起一根竟像没分量的长竿，只轻轻的（地），不经心的（地）往波心里一点，身子微微的（地）一蹲，这船身便波的（地）转出了桥影，翠条鱼似的向前滑了去。她们那敏捷，那轻盈，真是值得歌咏的。

在初夏阳光渐暖时你去买一只小船，划去桥边荫下躺着念你的书或是做你的梦，槐花香在水面上飘浮，鱼群的唼喋声在你的耳边挑逗。或是在初秋的黄昏，近着新月的寒光，望上流僻静处远去。爱热闹的少年们揣着他们的女友，在船沿上支着双双的东洋红纸灯，带着话匣子，船心里用软垫铺着，也开向无人迹处去享他们的野福——谁不爱听那水底翻的音乐在静定的河上描写梦意与春光！

住惯城市的人不易知道季候的变迁。看见叶子掉知道是秋，看见叶子绿知道是春；天冷了装炉子，天热了拆炉子；脱下棉袍，换上夹袍，脱下夹袍，穿上单袍；不过如此罢了。天上星斗的消息，地下泥土里的消息，空中风吹的消息，都不关我们的事。忙着哪，这样那样事情多着，谁耐烦管星星的移转，花草的消长，风云的变幻？同时我们抱怨我们的生活、苦痛、烦闷、拘束、枯燥，谁肯承认做人是快乐？谁不多少间咒诅人生？

但不满意的生活大都是由于自取的。我是一个生命的信仰者，我信生活决（绝）不是我们大多数人仅仅从自身经验推得的那样暗惨。我们的病根是在“忘本”。人是自然的产儿，就比枝头的花与鸟是自然的产儿，但我们不幸是文明人，入世深似一天，离自然远似一天。离开了泥土的花草，离开了水的鱼，能快活吗？能生存吗？从大自然，我们取得我们的生命；从大自然，我们应分取得我们继续的资养。哪一株婆娑的大木没有盘错的根柢深入在无尽藏的地里？我们是永远不能独立的。有幸福是永远不离母亲抚育的孩子，有健康是永远接近自然的人们。不必一定与鹿豕游，不必一定回“洞府”去；为医治我们当前生活的枯窘，只要“不完全遗忘自然”，一张轻淡的药方我们的病象就有缓和的希望。在青草里打几个滚，到海水里洗几次浴，到高处去看几次朝霞与晚照——你肩背上的负担就会轻松了去的。

这是极肤浅的道理；当然。但我要没有过过康桥的日子，我就不会有这样的自信。我这一辈子就只那一春，说也可怜，算是不曾虚度。就只那一春，我的生活是自然的，是真愉快的！（虽则碰巧那也是我最感受人生痛苦的时期。）我那时有的是闲暇，有的是自由，有的是绝对单独的机会。说也奇怪，竟像是第一次，我辨认了星月的光明，草的青，花的香，流水的殷勤。我能忘记那初春的睥睨吗？曾经有多少个清晨我独自冒着冷去薄霜铺地的林子里闲步——为听鸟语，为盼朝阳，为寻泥土里渐次苏醒的花草，为体会最微细最神妙的春信。啊，那是新来的画眉在那边凋不尽的青枝上试它的新声！啊，这是第一朵小雪球花挣出了半冻的地面！啊，这不是新来的潮润沾上了寂寞的柳条？

静极了，这朝来水溶溶的大道，只远处牛奶车的铃声，点缀这周遭的沉默。顺着这大道走去，走到尽头，再转入林子里的小径，往烟雾浓密处走去，头顶是交枝的榆荫，透露着漠楞楞的曙色；再往前走去，走尽这林子，当前是平坦的原野，望见村舍，初青的麦田，更远三两个馒形的小山掩住了一条通道。天边是雾茫茫的，尖尖的黑影是近村的教寺。听，那晓钟和缓的清音。这一带是此帮中部的平原，地形像是海里的轻波，默沉沉的起伏；山岭是望不见的，有的是常青的草原与沃腴的田壤。登那土阜上望去，康桥只是一带茂林，拥戴着几处娉婷的尖阁。妩媚的康河也望不见踪迹，你只能循着那锦带似的林木想像（象）那一流清浅。村舍与树林是这地盘上的棋子，有村舍处有佳荫，有佳荫处有村舍。这早起是看炊烟的时辰；朝雾渐渐的（地）升起，揭开了这灰苍苍的天幕（最好是微霰后的光景），远近的炊烟，成丝的、成缕的、成卷的、轻快的、迟重的、浓灰的、淡青的、惨白的，在静定的朝气里渐渐的（地）上腾，渐渐的（地）不见，仿佛是朝来人们的祈祷，参差的（地）翳入了天厅。朝阳是难得见的，这初春的天气。但它来时是起早人莫大的愉快。顷刻间这周遭弥漫了清晨富丽的温柔。顷刻间你的心怀也分润了白天诞生的光荣。“春”！这胜利的晴空仿佛在你的耳边私语。“春”！你那快活的灵魂也仿佛在那里回响。

伺候着河上的风光，这春来一天有一天的消息。关心石上的苔痕，关心败草里的花鲜，关心这水流的缓急，关心水草的滋长，关心天上的云霞，关心新来的鸟语。怯伶伶的小雪球是探春信的小使。铃兰与香草是欢喜的初声。窈窕的莲馨，玲珑的石水仙，爱热闹的克罗克斯，耐辛苦的蒲公英与雏菊——

这时候春光已是烂缦（漫）在人间，更不须殷勤问讯。

瑰丽的春放。这是你野游的时期。可爱的路政，这里不比中国，那一处不是坦荡荡的大道？徒步是一个愉快，但骑自转车是一个更大的愉快，在康桥骑车是普遍的技术；妇人、稚子、老翁，一致享受这双轮舞的快乐。（在康桥听说自转车是不怕人偷的，就为人人都自己有车，没人要偷。）任你选一个方向，任你上一条通道，顺着这带草味的和风，放轮远去，保管你这半天的逍遥是你性灵的补剂。这道上有的是清荫与美草，随地都可以供你休憩。你如爱花，这里的是锦绣似的草原。你如爱鸟，这里多的是巧啭的鸣禽。你如爱儿童，这乡间到处是可亲的稚子。你如爱人情，这里多的是不嫌远客的乡人，你到期处可以“挂单”借宿，有酪浆与嫩薯供你饱餐，有夺目的果鲜恣你尝新。你如爱酒，这乡间每“望”都为你储有上好的新酿，黑啤如太浓，苹果酒、蕃酒都是供你解渴润肺的。……带一卷书，走十里路，选一块清静地，看天，听鸟，读书，倦了时，和身在草绵绵处寻梦去——你能想像（象）更适情更适性的消遣吗？

陆放翁有一联诗句：“传呼快马迎新月，却上轻舆趁晚凉”；这是做地方官的风流。我在康桥时虽没马骑，没轿子坐，却也有我的风流：我常常在夕阳西晒时骑了车迎着天边扁大的日头直追。日头是追不到的，我没有夸父的荒诞，但晚景的温存却被我这样偷尝了不少。有三两幅画图似的经验至今还是栩栩的（地）留着。只说看夕阳，我们平常只知道登山或是临海，但实际只须（需）耳阔的天际，平地上的晚霞有时也是一样的神奇。有一次我赶到一个地方，手把着一家村庄的篱笆，隔着一大田的麦浪，看西天的变幻。有一次是正冲着一条宽广的大道，过来一大群羊，放草归来的，偌大的太阳在它们后背放射着万缕的金辉，天上却是乌青青的，只剩这不可逼视的威光中的一条大路、一群生物，我心头顿时感着神异性的压迫，我真的跪下了，对着这冉冉渐翳的金光。再有一次是更不可忘的奇景，那是临着一大片望不到头的草原，满开着艳红的罂粟，在青草里亭亭像是万盏的金灯，阳光从褐色云斜着过来，幻成一种异样紫色，透明似的不可逼视，霎那间在我迷眩了的视觉中，这草田变成了……不说也罢，说来你们也是不信的！

一别二年多了，康桥，谁知我这思乡的隐忧？也不想别的，我只要那晚钟撼动的黄昏，没遮拦的田野，独自斜倚在软草里，看第一个大星在天边出现！

听听那冷雨[1]

余光中

惊蛰一过，春寒加剧。先是料料峭峭，继而雨季开始，时而淋淋漓漓，时而淅淅沥沥，天潮潮地湿湿，

[1] 选自林辛编《听听那冷雨——余光中散文精品选》，山东文艺出版社，1994年版。

即连在梦里，也似乎把伞撑着。而就凭一把伞，躲过一阵潇潇的冷雨，也躲不过整个雨季。连思想也都是潮润润的。每天回家，曲折穿过金门街到厦门街迷宫式的长巷短巷，雨里风里，走入霏霏令人更想入非非。想这样子的台北凄凄切切完全是黑白片的味道，想整个中国整部中国的历史无非是一张黑白片子，片头到片尾，一直是这样下着雨的。这种感觉，不知道是不是从安东尼奥尼那里来的。不过那一块土地是久违了，二十五年，四分之一的世纪，即使是雨，也隔着千山万山，千伞万伞。二十五年，一切都断了，只有气候，只有气象报告还牵连在一起。大寒流从那块土地上弥天卷来，这种酷冷吾与古大陆分担。不能扑进她怀里，被她的裾边扫一扫吧也算是安慰孺慕之情。

这样想时，严寒里竟有一点温暖的感觉了。这样想时，他希望这些狭长的巷子永远延伸下去，他的思路也可以延伸下去，不是金门街到厦门街，而是金门到厦门。他是厦门人，至少是广义的厦门人，二十年来，不住在厦门，住在厦门街，算是嘲弄吧，也算是安慰，不过说到广义，他同样也是广义的江南人，常州人，南京人，川娃儿，五陵少年。杏花春雨江南，那是他的少年时代了。再过半个月就是清明。安东尼奥尼的镜头摇过去，摇过去又摇过来。残山剩水犹如是。皇天后土犹如是。纭纭黔首纷纷黎民从北到南犹如是。那里面是中国吗？那里面当然还是中国永远是中国。只是杏花春雨已不再，牧童遥指已不再，剑门细雨渭城轻尘也都已不再。然而他日思夜梦的那片土地，究竟在哪里呢？

在报纸的头条标题里吗？还是香港的谣言里？还是傅聪的黑键白键马思聪的跳弓拨弦？还是安东尼奥尼的镜底勒马洲的望中？还是呢，故宫博物院的壁头和玻璃橱内，京戏的锣鼓声中太白和东坡的韵里？

杏花。春雨。江南。六个方块字，或许那片土就在那里面。而无论赤县也好神州也好中国也好，变来变去，只要仓颉的灵感不灭美丽的中文不老，那形象，那磁石一般的向心力当必然长在。因为一个方块字是一个天地。太初有字，于是汉族的心灵他祖先的回忆和希望便有了寄托。譬如凭空写一个“雨”字，点点滴滴，滂滂沱沱，淅沥淅沥淅沥，一切云情雨意，就宛然其中了。视觉上的这种美感，岂是什么 rain 也好 pluie 也好所能满足？翻开一部《辞源》或《辞海》，金木水火土，各成世界，而一入“雨”部，古神州的天颜千变万化，便悉在望中，美丽的霜雪云霞，骇人的雷电霹雹，展露的无非是神的好脾气与坏脾气，气象台百读不厌门外汉百思不解的百科全书。

听听，那冷雨。看看，那冷雨。嗅嗅闻闻，那冷雨，舔舔吧那冷雨。雨下在他的伞上这城市百万人的伞上雨衣上屋上天线上，雨下在基隆港在防波堤在海峡的船上，清明这季雨。雨是女性，应该最富于感性。雨气空而迷幻，细细嗅嗅，清清爽爽新新，有一点点薄荷的香味，浓的时候，竟发出草和树沐浴后特有的淡淡土腥气，也许那竟是蚯蚓蜗牛的腥气吧，毕竟是惊蛰了啊。也许地上的地下的生命也许古中国层层叠叠的记忆皆蠢蠢而蠕，也许是植物的潜意识和梦吧，那腥气。

第三次去美国，在高高的丹佛他山居了两年。美国的西部，多山多沙漠，千里干旱，天，蓝似安格罗萨克逊人的眼睛，地，红如印第安人的肌肤，云，却是罕见的白鸟。落基山簇簇耀目的雪峰上，很少飘云牵雾。一来高，二来干，三来森林线以上，杉柏也止步，中国诗词里“荡胸生层云”，或是“商略黄昏雨”的意趣，是落基山上难睹的景象。落基山岭之胜，在石，在雪。那些奇岩怪石，相叠互倚，砌一场惊心动魄的雕塑展览，给太阳和千里的风看。那雪，白得虚虚幻幻，冷得清清醒醒，那股皑皑不绝一仰难尽的气势，压得人呼吸困难，心寒眸酸。不过要领略“白云回望合，青霭入看无”的境界，仍须回来中国，台湾湿度很高，最饶云气氤氲雨意迷离的情调。两度夜宿溪头，树香沁鼻，宵寒袭肘，枕着润碧湿翠苍苍交叠的山影和万籁都歇的岑寂，仙人一样睡去。山中一夜饱雨，次晨醒来，在旭日未升的原始幽静中，冲着隔夜的寒气，踏着满地的断柯折枝和仍在流泻的细股雨水，一径探入森林的秘密，曲曲弯弯，步上山去。溪头的山，树密雾浓，蓊郁的水气（汽）从谷底冉冉升起，时稠时稀，蒸腾多姿，幻化无定，只能从雾破云开的空处，窥见乍现即隐的一峰半壑，要纵览全貌，几乎是不可能的。至少入山两次，只能在白茫茫里和溪头诸峰玩捉迷藏的游戏，回到台北，世人问起，除了笑而不答心自闲，故作神秘之外，实际的印象，也无非山在虚无之间罢了。云缭烟绕，山隐水迢的中国风景，由来予人宋画的韵味。那天下也许是赵家的天下，那山水却是米家的山水。而究竟，是米氏父子下笔像中国的山水，还是中国的山水上纸像宋画。恐怕是谁也说不清楚了吧？

雨不但可嗅，可观，更可以听。听听那冷雨。听雨，只要不是石破天惊的台风暴雨，在听觉上总有一种美感。大陆上的秋天，无论是疏雨滴梧桐，或是骤雨打荷叶，听去总有一点凄凉，凄清，凄楚，于今在岛上回味，则在凄楚之外，更笼上一层凄迷了。饶你多少豪情侠气，怕也经不起三番五次的风吹雨打。一打少年听雨，红烛昏沉。二打中年听雨，客舟中，江阔云低。三打白头听雨在僧庐下，这便是亡宋之痛，一颗敏感心灵的一生：楼上，江上，庙里，用冷冷的雨珠子串成。十年前，他曾在一场摧心折骨的鬼雨中迷失了自己。雨，该是一滴湿漓漓的灵魂，窗外在喊谁。

雨打在树上和瓦上，韵律都清脆可听。尤其是铿铿敲在屋瓦上，那古老的音乐，属于中国，王禹在黄冈，破如椽的大竹为屋瓦。据说住在竹楼上面，急雨声如瀑布，密雪声比碎玉，而无论鼓琴，咏诗，下棋，投壶，共鸣的效果都特别好。这样岂不像住在竹筒里面，任何细脆的声响，怕都会加倍夸大，反而令人耳朵过敏吧。

雨天的屋瓦，浮漾湿湿的流光，灰而温柔，迎光则微明，背光则幽暗，对于视觉，是一种低沉的安慰。至于雨敲在鳞鳞千瓣的瓦上，由远而近，轻轻重重轻轻，夹着一股股的细流沿瓦槽与屋檐潺潺泻下，各种敲击音与滑音密织成网，谁的千指百指在按摩耳轮。“下雨了”，温柔的灰美人来了，她冰冰的纤手在屋顶拂弄着无数的黑键啊灰键，把晌午一下子奏成了黄昏。

在古老的大陆上，千屋万户是如此。二十多年前，初来这岛上，日式的瓦屋亦是如此。先是天暗了下来，城市像罩在一块巨幅的毛玻璃里，阴影在户内延长复加深。然后凉凉的水意弥漫在空间，风自每一个角落里旋起，感觉得到，每一个屋顶上呼吸沉重都覆着灰云。雨来了，最轻的敲打乐敲打这城市，苍茫的屋顶，远远近近，一张张敲过去，古老的琴，那细细密密的节奏，单调里自有一种柔婉与亲切，滴滴点点滴滴，似幻似真，若孩时在摇篮里，一曲耳熟的童谣摇摇欲睡，母亲吟哦鼻音与喉音。或是在江南的泽国水乡，一大筐绿油油的桑叶被啮于千百头蚕，细细琐琐屑屑，口器与口器咀咀嚼嚼。雨来了，雨来的时候瓦这么说，一片瓦说千亿片瓦说，说轻轻地奏吧沉沉地弹，徐徐地叩吧挞挞地打，间间歇歇敲一个雨季，即兴演奏从惊蛰到清明，在零落的坟上冷冷奏挽歌，一片瓦吟千亿片瓦吟。

在日式的古屋里听雨，听四月，霏霏不绝的黄梅雨，朝夕不断，旬月绵延，湿黏黏的苔藓从石阶下一直侵到他舌底，心底。到七月，听台风台雨在古屋顶上一夜盲奏，千海底的热浪沸沸被狂风挟来，掀翻整个太平洋只为向他的矮屋檐重重压下，整个海在他的蜗壳上哗哗泻过。不然便是雷雨夜，白烟一般的纱帐里听羯鼓一通又一通，滔天的暴雨滂滂沛沛扑来，强劲的电琵琶忐忐忑忑忐忑忑，弹动屋瓦的惊悸腾腾欲掀起。不然便是斜斜的西北雨斜斜，刷在窗玻璃上，鞭在墙上打在阔大的芭蕉叶上，一阵寒濑泻过，秋意便弥漫日式的庭院了。

在日式的古屋里听雨，春雨绵绵听到秋雨潇潇，从少年听到中年，听听那冷雨。雨是一种单调而耐听的音乐是室内乐是室外乐，户内听听，户外听听，冷冷，那音乐。雨是一种回忆的音乐，听听那冷雨，回忆江南的雨下得满地是江湖下在桥上和船上，也下在四川在秧田和蛙塘，下肥了嘉陵江下湿布谷咕咕的啼声。雨是潮潮润润的音乐下在渴望的唇上，舔舔吧那冷雨。

因为雨是最最原始的敲打乐从记忆彼端敲起。瓦是最最低沉的乐器灰蒙蒙的温柔覆盖着听雨的人，瓦是音乐的雨伞撑起。但不久公寓的时代来临，台北你怎么一下子长高了，瓦的音乐竟成了绝响。千片万片的瓦翩翩。美丽的灰蝴蝶纷纷飞起，飞入历史的记忆。现在雨下下来下在水泥的屋顶和墙上，没有音韵的雨季。树也砍光了，那月桂，那枫树，柳树和擎天的巨椰，雨来的时候不再有丛叶嘈嘈切切，闪动湿湿的绿光迎接。鸟声减了啾啾，蛙声沉了阁阁。秋天的虫吟也减了唧唧。七十年代的台北不需要这些，一个乐队接一个乐队便遣散尽了。要听鸡叫，只有去诗经的韵里寻找。现在只剩下一张黑白片，黑白的默片。

正如马车的时代去后，三轮车的时代也去了。曾经在雨夜，三轮车的油布篷挂起，送她回家的途中，篷里的世界小得多可爱，而且躲在警察的辖区以外。雨衣的口袋越大越好，盛得下他的一只手里握一只纤纤的手。台湾的雨季这么长，该有人发明一种宽宽的双人雨衣，一人分穿一只袖子，此外的部分就不必分得太苛。而无论工业如何发达，一时似乎还废不了雨伞。只要雨不倾盆，风不横吹，撑一把伞在雨中仍不失古典的韵味。任雨点敲在黑布伞或是透明的塑胶伞上，将骨柄一旋，雨珠向四方喷溅，伞缘便旋成了一圈飞檐。跟女友共一把雨伞，该是一种美丽的合作吧。最好是初恋，有点兴奋，更有点不好意思，若即若离之间，雨不妨下大一点。真正初恋，恐怕是兴奋得不需要伞的，手牵手在雨中狂奔而去，把年轻的长发和肌肤交给漫天的淋淋漓漓，然后向对方的唇上颊上尝凉凉甜甜的雨水。不过那要非常年轻且激情，同时，也只能发生在法国的新潮片里吧。

大多数的雨伞想不会为约会张开。上班下班，上学放学，菜市来回的途中，现实的伞，灰色的星期三。握着雨伞，他听那冷雨打在伞上。索性更冷一些就好了，他想。索性把湿湿的灰雨冻成干干爽爽的白雨，六角形的结晶体在无风的空中回回旋旋地降下来，等须眉和肩头白尽时，伸手一拂就落了。二十五年，没有受故乡白雨的祝福，或许发上下一点白霜是一种变相的自我补偿吧。一位英雄，经得起多少次雨季？他的额头是水成岩削成还是火成岩？他的心底究竟有多厚的苔藓？厦门街的雨巷走了二十年与记忆等长，一座无瓦的公寓在巷底等他，一盏灯在楼上的雨窗子里，等他回去，向晚餐后的沉思冥想去整理青苔深深的记忆。前尘隔海。古屋不再。听听那冷雨。

一个孤独漫步者的遐想（节选）[1]

（法）卢　梭

于是我计划把我这颗心平素的状态描绘出来。这颗心正处在任何一个普通人都不会遭遇到的最奇异的境地里，我觉得完成此举最简单、最保险的办法莫过于将那些孤独一人的漫步以及漫步时充盈心间的种种遐想作一个忠实的记录。那会儿我的脑袋整个儿放开了，思想也无遮无拦地一泻千里。一天之中，只有在这孤独沉思的时刻，我才是完全意义上的我，才完全属于我自己，没有牵挂，不受妨碍，真正可以说是天性使然了。

不久我就感到这项计划开始得实在太晚。我的想象力已经不那么活跃了，不再像昔日那样被它感兴趣的主题激发得妙趣横生，沉迷于狂热之中了。而今后即便是想象力的产物，亦是创造得少了，有的只是对以往渐趋淡忘的种种的重视。一种温和的倦怠感制约了我的所有才能，在我身上智慧的灵光已渐渐熄灭，我的灵魂再也难以冲破它的那层旧壳，根本不指望还有权利向往某种佳境，我只能靠回忆活着。因此为了在迟暮前好好想自己，必须上溯几年，就是在那个时候我失去了人世间的一切希望，这尘世里再也别无他物可以拿来填补我心，渐渐地，我就习惯了用我心自身去喂养我心，从自身寻找它的精神食粮。

这个源泉，我发现得真是太迟了，幸而它是如此丰富，不久就足以弥补一切损失。我习惯了心安为家，终于几乎忘却了所有的苦难，不再觉得痛了。就这样我才亲身体会到幸福的真正源泉就在我们自身，别人的所作所为又怎能真让懂得追求幸福的人身处惨境呢。这四五年以来，我就经常品尝到这种内心的快乐，这种爱意绵绵、温情脉脉的心灵在沉思默想中所能寻见的快乐。有时我在这样的独自散步中领略到一种欣喜若狂、心醉神迷的滋味，这还真是迫害我的那些人赠予我的享受，如果没有他们，我永远也无法在自己身上发现这座宝矿。而身处如此丰富的财源之间，我又如何才能作一个忠实的记录呢？为了忆起这些甜美的遐想，我没能把它们描绘下来，反而再一次重坠梦中。这种境况是回忆带来的，如果不是全身心地去感知，就立即变得不解其味了。

这种重坠梦境的效果，我在计划续写《忏悔录》后的散步中有所体会，尤其是我下面就要谈及的一次散步。在那次散步中，一起猝不及防的事故打断了我的思绪，一时间又把它引往另一个方向去了。

1776 年 10 月 20 日，星期四，午饭后我沿着林荫道一直走到绿径街，上了梅尼蒙丹山冈，再从那儿走小路穿过葡萄园和绿草坪，到了夏罗纳镇。一路欣赏着两村之间的秀丽景色，然后我拐了个弯，好从另一条路再穿过同一片草地回去。我很乐于流连其中，怡人的风光总能激起我类似的欢欣与兴味。时不时地我会停下来，目不转睛地观赏生长在这片青翠葱茏间的植物。我发现了两种在巴黎城区附近

[1] 本文节选自卢梭著《一个漫步者的遐想》，袁筱一译，上海人民出版社，2007 年版。卢梭（1712—1778 年），法国伟大的启蒙思想家、哲学家、教育家、文学家。

极少看到的植物，在那个镇上却非常茂盛。一种是复叶科的毛连菜，还有一种是伞形科的柴胡。我久久沉醉在这一大发现的喜悦与快乐之中，直至我又发现了一种更为罕见的，尤其是在地势偏高的地区更为少见的植物，那就是水生卷耳。尽管当天发生了那起事故，我后来还是在随身带着的那本书里找到了它，放进了我的标本集。

我又仔细观赏另外好几种植物，它们还开着花，我熟知它们的科目，对它们的模样及归类倒是很感兴趣，不过最后我还是渐渐离开了这过分细微的观察，好全心体味整片景色给我带来的同样很愉快，甚而是更加动人的感受。就在几天前已经结束了葡萄收摘，城里的漫游者也不再光顾，农民一直要到冬作才会重新回到田间。乡间依然是一片翠绿怡人的景象，只是有些地方开始凋零了，几乎是光秃秃的，呈现出一副冬日将近的寂寞状态。这一切给人一种既柔和又悲凉的感觉，实在与我这年龄、我这命运太相似了，由不得我不动情。我这无辜而不幸的生命眼见走向迟暮了，可我依旧还有颗感情丰富的心啊，甚至还开着几朵小花，只是已因忧伤而凋落，因烦恼而衰败了。孤单单被遗弃了的我，感到了初霜的寒冷，而我那日益枯竭的想象，亦无法再按自己的心愿来设计什么人可以充填我的孤寂。我就这样叹着气对自己说：我在这世上都做过些什么呢？ 我是为着生活而被造就的，却在尚未经历生活时已经要死了。至少这不是我的错，而我将给我的造物主带去的奉礼，即便不是那些无从完成的善举，亦是些落了空的善意，是一无用处却很圣洁的感情，是历经了人们冷眼后的耐性。想到这里，我的心也就柔缓下来了，我将我的灵魂所罹受的一切变动作了一番回顾：从年少时代到成熟的岁月，从我被隔离出社交圈到这段即将了结余生的长长的隐居的日子。我满怀欣悦地回忆起我心曾有的一切爱意，回忆起如此温存却又如此盲目的眷恋，回忆起这几年来我心赖以为生的种种思想，那已是宽慰多于忧伤了。我想要尽力回忆起这一切，好以与当时沉浸其间差不多同样程度的那份快乐来描述它们。一个下午，我就在这种祥和的沉思中度过，而正当我欢欢喜喜结束了这一天要转回家中时，一桩事情却将我从遐想深处拽了出来，这就是我接下来要讲述的。

约莫六点钟吧，我从梅尼蒙丹山上下来，差不多正对着“风流园丁”餐馆的时候，走在我前面的人群一下子就散开了，接着我看见一只粗壮的丹麦狗在一辆马车前撒开四蹄冲着我直扑而来，发现我时它根本没有时间停下，或是绕开。我那时想唯一不被狗撞翻在地的办法也许就是高高一跃，而且必须算准让狗恰好在我身体腾空时打下面窜过。这念头来得比闪电还快，我既无时间去推理亦无法付诸实施，事故便发生了，这成了事故之前我的最后一个想法。一直到我苏醒过来，我还丝毫没觉得被撞了，也没意识到自己跌倒在地，更不知随后所发生的一切。

等我恢复知觉，天已经黑了。三四个年轻人扶着我，他们向我讲述了刚才的那一幕。那只根本无法减速的丹麦狗朝着我的双腿直冲过来，速度如此之快，它硕壮的身子把我撞翻在地，我是脑袋向前倒下的，支撑了我整个重量，磕在高低不平的石子路上，而且那儿刚好是下坡，脑袋比脚要低，因此跌得更重了。

要不是马车夫立时勒住了马，马车随即就要跟上来从我身上辗过去了。这就是我从后来扶起我、在我醒过来的仍然抱着我的那些人口中所得知的一切。我在苏醒的那一瞬确实处于一种极为奇异的状态。在这里我可非得把它描述一下了。

夜色渐浓。我瞥见了天空，几点星光，还有一抹翠绿。这最初的感受真是妙不可言。我也只是从这一刻才觉出自己的存在。在这一刻我开始体味到生命了，仿佛觉得在所看见的一切里都充盈着自身那微弱的存在。我就全身心地浸淫在那一刻的美妙感觉里，什么也想不起来，对我的个人状况一无所知，也完全没意识到刚才遭遇到的事情。我不晓得自己是谁，又是在哪里，既没感到疼痛，也没感到害怕不安。我看着自己的血流下来，就好像在看着小溪流水，压根儿没去想这毕竟是自己的血。我整个儿沉醉在一种心旷神怡的宁静感觉里，日后我每每忆起那一刻，却还觉得那是一种闻所未闻、从未经历过的欢乐。

瓦尔登湖（节选）[1]

（美）梭　罗

我生活的地方，我为何生活

我第一天住在森林里的日子，就是说，不仅白天在那里度过，而且也在那里过夜的那一天，凑巧得很，是一八四五年七月四日，独立日，我的房子没有盖好，过冬还不行，只能勉强避避风雨，没有灰泥墁，没有烟囱，墙壁用的是饱经风雨的粗木板，缝隙很大，所以到晚上很是凉爽。笔直的、砍伐得来的、白色的间柱，新近才刨得平坦的门户和窗框，使屋子具有清洁和通风的景象，特别是在早晨，木料里饱和着露水的时候，总使我幻想到午间大约会有一些甜蜜的树胶从这些木料中渗透出来。这房间在我的想象中，一整天里还将多少保持这个早晨的情调，这使我想起了上一年我曾游览过的一个山顶上的一所房屋。这是一所空气好的、不涂灰泥的房屋，适宜于旅行的神仙在途中居住，那里还适宜于仙女走动，拂裙而过。吹过我的屋脊的风，正如那扫荡山脊而过的风，唱出断断续续的调子来，也许是天上人间的音乐片段。晨风永远在吹，创世纪的诗篇至今还没有中断；可惜能够听得到它的耳朵太少了。灵山只在大地的外部，处处都是。

除掉了一条小船之外，从前我曾经拥有的唯一屋宇是一顶帐篷，夏天里，我偶或带了它出去郊游，这顶帐篷现在已卷了起来，放在我的阁楼里；只是那条小船，辗转经过了几个人的手，已经消隐在时间的溪流里。如今我却有了这更实际的避风雨的房屋，看来我活在这世间，已大有进步。这座屋宇虽然很单薄，却是围绕我的一种结晶了的东西，这一点立刻在建筑者心上发生了作用。它富于暗示的作用，好像绘画中的一幅素描。我不必跑出门去换空气，因为屋里的气氛一点也没有失去新鲜。坐在一扇门背后，几乎和不坐在门里面一样，便是下大雨的天气，亦如此。……我发现自己突然跟鸟雀做起邻居来了；但不是我捕到了一只鸟把它关起来，而是我把自己关进了它们邻近的一只笼子里。

---

[1] 本文节选自梭罗著《瓦尔登湖》，徐迟译，上海译文出版社，2006 年版。梭罗（1817—1862 年），美国作家、哲学家，超验主义代表人物。

……

我坐在一个小湖的湖岸上，距离康科德村子南面大约一英里半[1]，位置较康科德高出一些，就在市镇与林肯乡之间那片浩瀚的森林中央，也在我们的唯一著名地区，康科德战场之南两英里的地方；但因为我是低伏在森林下面的，而其余的一切地区，都给森林掩盖了，所以半英里之外的湖的对岸便成了我最遥远的地平线。在第一个星期内，无论什么时候我凝望着湖水，湖给我的印象都好像山里的一泓龙潭，高高地坐落在山的一边，它的底还比别的湖沼的水平面高出许多，以至日出的时候，我看到它脱去了夜晚的雾衣，它轻柔的微波，或它波平如镜的湖面，都渐渐地在这里那里呈现了，这时的雾，像幽灵一样偷偷地从每一个方向，退隐入森林中，又好像是一个夜间的秘密宗教集会散会了一样。露水后来要悬挂在林梢，悬挂在山侧，到第二天还一直不肯消失。

八月里，在轻柔的斜风细雨暂停的时候，这小小的湖做我的邻居，是最为珍贵的，那时水和空气都完全平静了，天空中却密布着乌云，下午才过了一半却已具备了一切黄昏的肃穆，而画眉在四周唱歌，歌声能够隔岸相闻。这样的湖，再没有比这时候更平静的了；湖上的明净的空气自然很稀薄，而且给乌云映得很黯淡了，湖水却充满了光明和倒影，成为一个下界的天空，更加值得珍视。从最近被砍伐过树木的附近一个峰顶上向南看，穿过小山间的巨大凹处，能够看得见隔湖的一幅愉快的图景，那凹处正好形成湖岸，那儿两座相对的小山坡互相倾斜而下，使人感觉到似有一条溪涧正从山林谷中流下，但是，事实上那里没有任何溪涧。我是这样地从近处的绿色山峰之间和山峰之上，远望一些蔚蓝的地平线上的远山或者更高的山峰的。真的，如果踮起了足尖来，我可以望见西北角上更远、更蓝的山脉，这种蓝颜色是天空的染料制造厂中最真实的出品；我还可以望见村镇的一角。但是如果要换一个方向看的话，虽然我站得如此高，却给郁茂的树木围住，什么也看不透，看不到了。在邻近的地方，有一些流水真好，水有浮力，地就浮在上面了。即使是最小的井也有这一点值得推荐，当你窥望井底的时候，你发现大地并不是连绵的大陆，而是隔绝的孤岛。这是很重要的，正如井水之能冷藏牛油一样。当我的目光从这一个山顶越过湖向萨德伯里草原望过去的时候，在发大水的季节里，我觉得草原升高了，大约是蒸腾的山谷中显示出海市蜃楼的效果，它好像沉在水盆底下的一个天然铸成的铜币，湖之外的大地都好像一层薄薄的表皮，成了孤岛，给小小的一片横亘的水波浮载着，而我才被提醒，我居住的地方只不过是干燥的土地。

……

每一个早晨都是一个愉快的邀请，使得我的生活跟大自然本身同样地简单，也许我可以说，同样地纯洁无瑕。我向曙光顶礼膜拜，忠诚如同希腊人。我起身很早，在湖中洗澡；这是个宗教意味的运动，是我所做到的最好的一件事。据说在成汤王的浴盆上就刻着这样的字：“苟日新，日日新，又日新。”我懂得这个道理。黎明带回来了英雄时代。在最早的黎明中，我坐着，门窗大开，一只看不到也想不到的蚊虫在我的书房中飞，它那微弱的吟声都能感动我，就像我听到了宣扬美名的金属喇叭声一样。这是荷马的一首安魂曲，空中的《伊利亚特》和《奥德赛》，歌唱着它的愤怒与漂泊。此中大有宇宙本体之感；宣告着世界的无穷精力与生生不息，直到它被禁。黎明啊，一天之中最值得纪念的时节，

[1] 1 英里 =1.609 千米。

是觉醒的时辰。那时候，我们的昏沉欲睡的感觉是最少的了；至少可有一小时之久，整日整夜昏昏沉沉的官能大都要清醒起来。但是，如果我们并不是给我们自己的禀赋所唤醒，而是给什么仆人机械地用肘子推醒的；如果并不是由我们内心的新生力量和内心的要求来唤醒我们，既没有那空中的芬香，也没有回荡的天籁的音乐，而是工厂的汽笛唤醒了我 ；如果我们醒时，并没有比睡前有了更崇高的生命，那么这样的白天，即便能称之为白天，也不会有什么希望可言；要知道，黑暗可以产生这样的好果子，黑暗是可以证明它自己的功能并不下于白昼的。一个人如果不能相信每一天都有一个比他亵渎过的更早、更神圣的曙光时辰，他一定是已经对于生命感到失望的了，正在摸索着一条降入黑暗中去的道路。感官的生活在休息了一夜之后，人的灵魂，或者就说是人的官能吧，每天都重新精力弥漫一次，而他的禀赋又可以去试探他能完成何等崇高的生活了。可以纪念的一切事，我敢说，都在黎明时间的氛围中发生。《吠陀经》说：“一切知，俱于黎明中醒。”诗歌与艺术，人类行为中最美丽最值得纪念的事都出发于这一个时刻。所有的诗人和英雄都像曼侬，那曙光之神的儿子，在日出时他播送竖琴音乐。以富于弹性的和精力充沛的思想追随着太阳步伐的人，白昼对于他便是一个永恒的黎明。这和时钟的鸣声不相干，也不用管人们是什么态度，在从事什么劳动。早晨是我醒来时内心有黎明感觉的一个时候。改良德性就是为了把昏沉的睡眠抛弃。人们如果不是在浑浑噩噩地睡觉，那为什么他们回顾每一天的时候要说得这么可怜呢？他们都是精明人嘛。如果他们没有给昏睡所征服，他们是可以干成一些事情的。几百万人清醒得足以从事体力劳动；但是在一百万人中，只有一个人才清醒得足以有效地服役于智慧；在一亿人中，才能有一个人，生活得诗意而神圣。清醒就是生活。我还没有遇到过一个非常清醒的人。要是见到了他，我怎敢凝视他呢？

我们必须学会再苏醒，更须学会保持清醒而不再昏睡，但不能用机械的方法，而应寄托无穷的期望于黎明，就在最沉的沉睡中，黎明也不会抛弃我们的。我没有看到过更使人振奋的事实了，人类无疑是有能力来有意识地提高他自己的生命的。能画出某一张画，雕塑出某一个肖像，美化某几个对象，是很了不起的；但更加荣耀的事是能够塑造或画出那种氛围与媒介来，从中能使我们发现，而且能使我们正当地有所为。

……

我到林中去，因为我希望谨慎地生活，只面对生活的基本事实，看看我是否学得到生活要教育我的东西，免得到了临死的时候，才发现我根本就没有生活过。我不希望度过非生活的生活，生活是这样的可爱；我却也不愿意去修行过隐逸的生活，除非是万不得已。我要生活得深深地把生命的精髓都吸到，要生活得稳稳当当，生活得斯巴达式的，以便根除一切非生活的东西，划出一块刈割的面积来，细细地刈割或修剪，把生活压缩到一个角隅里去，把它缩小到最低的条件中，如果它被证明是卑微的，那么就把真正的卑微全部认识到，并把它的卑微之处公布于世界；或者，如果它是崇高的，就用切身的经历来体会它，在我下一次远游时，也可以作出一个真实的报道。因为，我看，大多数人还确定不了他们的生活是属于魔鬼的，还是属于上帝的呢，然而又多少有点轻率地下了判断，认为人生的主要目标是“归荣耀于神，并永远从神那里得到喜悦”。

……

让我们如同大自然一般自然地过一天吧，不要因为硬壳果或者掉在轨道上的蚊虫的一只翅膀而出了轨。让我们黎明即起，不用或用早餐，平静而又无不安之感；任人去任人来，让钟去敲，让孩子去哭，下定决心，好好地过一天。为什么我们要投降，甚至于随波逐流呢？让我们不要卷入在子午线浅滩上的所谓午宴之类的可怕的急流与旋涡，而感到惊惶失措。熬过了这种危险，你就平安无事了，以后你就只剩下下山的路了。神经不要松弛，利用那黎明似的魄力，向另一个方向航行，像尤利西斯那样拴在桅杆上过活。如果汽笛啸叫了，随它去吧，让它叫得直到沙哑吧。如果钟声敲响了，为什么我们要奔跑呢？我们还要研究它算什么音乐。让我们定下心来工作，并用我们的脚跋涉在那些污泥似的意见、偏见、传统、谬见与表面中间，这蒙蔽全地球的淤土啊，让我们越过巴黎和伦敦，越过纽约、波士顿、康科德，越过教会与国家，越过诗歌、哲学与宗教，直到我们到达一个坚硬的底层，在那里的岩盘上，我们称之为现实，然后说，这就是了，不错的了，然后你就可以在这个支点之上，在洪水、冰霜和火焰下面，开始在这地方建立一道城墙或一个国土，也许能安全地立起一个灯柱，或一个测量仪器，不是尼罗河水测量器了，而是测量现实的仪器，让未来的时代能知道，谎骗与虚有其表曾经像洪水似的长年累月积了又积，积得多么深哪。如果你直立而面对着事实，你就会看到太阳闪耀在它的两面，它好像一柄东方的短弯刀，你能感到它的甘美的锋镝正在剖开你的心和骨髓，你也欢乐地愿意结束你的人间事业了。不论生也好，死也好，我们仅仅追求现实。如果我们真的要死了，就让我们听到我们喉咙中的咯咯声，感到四肢上的寒冷好了；如果我们活着，就让我们干我们的事务吧。

学以致用

一、活动主题

分享自己在大自然中的经历与感受。

二、活动规则

1. 回顾个人旅途见闻，整理相关照片、文字等资料。

2. 以小组为单位，汇总、整理相关材料，统一制作幻灯片。

3. 课堂展示，深入讨论：大自然带给了我们什么？

三、活动评价

评分标准

1. 汇报内容（50 分）：主题突出、内容丰富、层次分明。

2. 语言表达（40 分）：讲解生动、表达流畅、思路清晰。

3. 形象风度（10 分）：衣着整洁，仪表大方，举止得体。

第 5 单元

家国天下

史书万卷，字里行间都是“家国”二字。无论是《礼记》里修身、齐家、治国、平天下的人文理想，还是《岳阳楼记》中“先天下之忧而忧，后天下之乐而乐”的大任担当，抑或是陆游“家祭无忘告乃翁”的忠诚执着，家国情怀从来都不只是摄人心魄的文学书写，更近乎你我内心之中的精神归属。

《孟子》有言：“天下之本在国，国之本在家，家之本在身。”家是国的基础，国是家的延伸，在中国人的精神谱系里，国家与家庭、社会与个人，都是密不可分的整体。那种与国家民族休戚与共的壮怀，那种以百姓之心为心、以天下为己任的使命感，就来自那个叫作“家”的人生开始的地方。

“知责任者，大丈夫之始也；行责任者，大丈夫之终也。”

责任和担当，乃是家国情怀的精髓所在。当我们专注于亲情眷念、自我圆满时，不应忘了民生之疾苦同样关乎自我之荣辱。更好地兼顾小家与国家，将对家的情意深凝在对他人的大爱、对国家的担当上，人生才能真正达成圆满。

13 《诗经》二首

王风·黍离

彼黍离离[1]，彼稷[2]之苗。行迈靡靡[3]，中心摇摇[4]。知我者，谓我心忧，不知我者，谓我何求。悠悠苍天！此何人哉？

彼黍离离，彼稷之穗。行迈靡靡，中心如醉。知我者，谓我心忧，不知我者，谓我何求。悠悠苍天！此何人哉？

彼黍离离，彼稷之实。行迈靡靡，中心如噎[5]。知我者，谓我心忧，不知我者，谓我何求。悠悠苍天！此何人哉？

秦风·无衣

岂曰无衣？与子同袍[6]。王[7]于兴师，修我戈矛，与子同仇！

岂曰无衣？与子同泽[8]。王于兴师，修我矛戟[9]，与子偕作！

岂曰无衣？与子同裳[10]。王于兴师，修我甲兵，与子偕行！

---

[1] 黍（shǔ）：北方的一种农作物，形似小米，有黏性。离离：行列貌。成排成行的样子。

[2] 稷（jì）：古代一种粮食作物。

[3] 行迈：行走。靡（mǐ）靡：行步迟缓貌。

[4] 中心：心中。摇摇：心神不定的样子。

[5] 噎（yē）：堵塞。此处以食物卡在食管比喻忧深气逆难以呼吸。

[6] 袍：长衣。行军者日以当衣，夜以当被。就是今之披风，或名斗篷。

[7] 王：指周王，秦国出兵以周天子之命为号召。

[8] 泽：同“襗”（zé），内衣，指今之汗衫。

[9] 戈：长柄的兵器，平头而旁有枝。戟：兵器名。古戟形似戈，具横直两锋。

[10] 裳：下衣，此指战裙。

《诗经》是中国最早的一部诗歌总集，收集了西周初年至春秋中叶（公元前11世纪至前6世纪）的诗歌，共311篇（其中6篇为笙诗，即只有标题，没有内容），反映了周初至周晚期约五百年间的社会面貌。

《诗经》的作者绝大部分已经无法考证，传为尹吉甫采集、孔子编订。《诗经》在先秦时期称为《诗》，或取其整数称《诗三百》。西汉时被尊为儒家经典，始称《诗经》，并沿用至今。

《诗经》在内容上分为《风》《雅》《颂》三个部分。《风》是周代各地的歌谣；《雅》是周人的正声雅乐，又分《小雅》和《大雅》；《颂》是周王庭和贵族宗庙祭祀的乐歌，又分为《周颂》《鲁颂》和《商颂》。

《诗经》内容丰富，反映了劳动与爱情、战争与徭役、压迫与反抗、风俗与婚姻、祭祖与宴会，甚至天象、地貌、动物、植物等方方面面，是周代社会生活的一面镜子。

孔子曾概括《诗经》宗旨为“无邪”，并教育弟子读《诗经》以作为立言、立行的标准。先秦诸子中，引用《诗经》者颇多，如孟子、荀子、墨子、庄子、韩非子等人在说理论证时，多引述《诗经》中的句子以增强说服力。至汉武帝时，《诗经》被儒家奉为经典，成为“六经”及“五经”之一。

诗歌的起源

诗歌是有节奏、有韵律并富有感情色彩的一种语言艺术形式，也是世界上最古老、最基本的文学形式。

诗歌起源于上古的社会生活，因劳动生产、两性相恋、原始宗教等而产生的一种有韵律、富有感情色彩的语言形式。《尚书·虞书》：“诗言志，歌永言，声依永，律和声。”《礼记·乐记》：“诗，言其志也；歌，咏其声也；舞，动其容也；三者本于心，然后乐器从之。”早期，诗、歌与乐、舞是合为一体的。诗即歌词，在实际表演中总是配合音乐、舞蹈而歌唱，后来诗、歌、乐、舞各自发展，独立成体，诗与歌统称诗歌。

诗是怎样产生的呢？原来在文学还没形成之前，我们的祖先为把生产斗争中的经验传授给别人或下一代，以便记忆、传播，就将其编成了顺口溜式的韵文。据闻一多先生考证，“诗”与“志”原是同一个字，“志”上从“士”，下从“心”，表示停止在心上，实际就是记忆。文字产生以后，有了文学的帮助，不必再死记了，这时把一切文字的记载叫“志”。志就是诗，在心为志，发言为诗。

歌的称谓又是怎样来的呢？歌是在人类劳动的同时产生的，它的产生远在文学形成之前，比诗早得多。考察歌的产生，最初只用感叹来表示情绪，如啊、兮、哦、唉等，这些字当时都读同一个音：“啊”。歌是形声字，由“可”得声。在古代“歌”与“啊”是一个字，人们就把在劳动中发出的“啊”叫作“歌”。因此歌的名字就这样沿用下来。

《毛诗序》记载：“在心为志，发言为诗。情动于中而形于言，言之不足故嗟叹之，嗟叹不足故咏歌之，咏歌之不足，不知手之舞之足之蹈之也。”《尚书》有言：“诗言志，歌永言。”这便形象地指出了诗与歌的内在联系。由于这种情况，后来人们就把诗与歌并列，称为“诗歌”，目前，诗歌已经成为诗的代名词了。

切问近思

1.《王风·黍离》对于后世的咏史怀古诗有什么样的影响？

2.《诗经》中，重章叠句的形式有何作用？

3.《诗经》作为我国第一部诗歌总集，对后世有何影响？

14 赞 美[1]

穆 旦

走不尽的山峦和起伏，河流和草原，
数不尽的密密的村庄，鸡鸣和狗吠，
接连在原是荒凉的亚洲的土地上，
在野草的茫茫中呼啸着干燥的风，
在低压的暗云下唱着单调的东流的水，
在忧郁的森林里有无数埋藏的年代。
它们静静地和我拥抱：
说不尽的故事是说不尽的灾难，沉默的
是爱情，是在天空飞翔的鹰群，
是干枯的眼睛期待着泉涌的热泪，
当不移的灰色的行列在遥远的天际爬行；
我有太多的话语，太悠久的感情，
我要以荒凉的沙漠，坎坷的小路，骡子车，
我要以槽子船，漫山的野花，阴雨的天气，
我要以一切拥抱你，你，
我到处看见的人民啊，
在耻辱里生活的人民，佝偻的人民，
我要以带血的手和你们一一拥抱，
因为一个民族已经起来。

一个农夫，他粗糙的身躯移动在田野中，
他是一个女人的孩子，许多孩子的父亲，

[1] 本诗原载《文聚》1942年2月第1卷第1期，收入诗集《旗》。

多少朝代在他的身边升起又降落了
而把希望和失望压在他身上，
而他永远无言地跟在犁后旋转，
翻起同样的泥土溶解过他祖先的，
是同样的受难的形象凝固在路旁。
在大路上多少次愉快的歌声流过去了，
多少次跟来的是临到他的忧患；
在大路上人们演说，叫嚣，欢快，
然而他没有，他只放下了古代的锄头，
再一次相信名词，溶进了大众的爱，
坚定地，他看着自己溶进死亡里，
而这样的路是无限的悠长的，
而他是不能够流泪的，
他没有流泪，因为一个民族已经起来。

在群山的包围里，在蔚蓝的天空下，
在春天和秋天经过他家园的时候，
在幽深的谷里隐着最含蓄的悲哀：
一个老妇期待着孩子，许多孩子期待着
饥饿，而又在饥饿里忍耐，
在路旁仍是那聚集着黑暗的茅屋，
一样的是不可知的恐惧，一样的是
大自然中那侵蚀着生活的泥土，
而他走去了从不回头诅咒。
为了他我要拥抱每一个人，
为了他我失去了拥抱的安慰，
因为他，我们是不能给以幸福的，
痛哭吧，让我们在他的身上痛哭吧，
因为一个民族已经起来。

一样的是这悠久的年代的风，
一样的是从这倾圮[1]的屋檐下散开的无尽的呻吟和寒冷，
它歌唱在一片枯槁的树顶上，
它吹过了荒芜的沼泽，芦苇和虫鸣，
一样的是这飞过的乌鸦的声音。
当我走过，站在路上踟蹰[2]，
我踟蹰着为了多年耻辱的历史
仍在这广大的山河中等待，
等待着，我们无言的痛苦是太多了，
然而一个民族已经起来，
然而一个民族已经起来。

——1941 年 12 月

穆旦，1918 年 4 月 5 日生于天津，原名查良铮，曾用笔名梁真。1934 年查良铮将“查”姓上下拆分，“木”与“穆”谐音，得“穆旦”之名。1935 年考入清华大学地质系，半年后改读外文系。抗日战争爆发后，随学校辗转于长沙、昆明等地，并在香港《大公报》副刊和昆明《文聚》上发表大量诗作，成为有名的青年诗人。

穆旦于 40 年代出版了《探险者》《穆旦诗集（1939—1945 年）》《旗》三部诗集，将西欧现代主义和中国诗歌传统结合起来，诗风富于象征寓意和心灵思辨，是“九叶诗派”的代表诗人。

《赞美》是穆旦创作于 1941 年 12 月的一首抒情诗。诗歌以“赞美”为题，以“一个民族已经起来”作为全诗的抒情基调，在中华民族抵御日本帝国主义侵略的最艰苦的年代，唱出了一曲高昂的民族精神的赞歌，流露出诗人对历史耻辱的悲悯，对民族灾难与命运的忧虑和对

[1] 倾圮（pǐ）：倾塌，倒塌。

[2] 踟蹰（chí chú）：慢慢地走，犹豫不前的样子。

人民力量的崇拜。

九叶诗派

九叶诗派是抗战后期和解放战争时期的一个具有现代主义倾向的诗歌流派。主要成员有辛笛、穆旦、陈敬容、杜运燮等九人。主要刊物有《诗创造》《中国新诗》。

九叶诗派在文学观念上首先主张的就是“人的文学”“人民的文学”和“生命的文学”的综合。他们既反对逃避现实的伪艺术论，也反对扼杀艺术的唯功利论，而企图在现实和艺术之间求得恰当的平衡。因此他们强调反映现实与挖掘内心的统一，诗作视野开阔，具有强烈的时代感、历史感和现实精神。在艺术上，他们自觉追求现实主义与现代派的结合，注重在诗歌里营造新颖奇特的意象和境界。他们承接了中国新诗现代主义的传统，为新诗的发展作出了贡献。

1. 这首诗名为“赞美”，赞美的对象是谁？

2. 穆旦曾经批评过这样两种抒情方式：一种是“枯涩呆板的标语口号”式，另一种是“贫血的堆砌的辞藻”的旧的抒情。他主张走第三条路——“新的抒情”，他认为这新的抒情应该是“有理性地鼓舞着人们去争取那个光明的一种东西”。他特别强调“有理性地”一词，《赞美》是如何体现这一点的？

3. 九叶诗人的诗学思想和创作实践对中国新诗现代化有何影响？

15 论气节[1]

朱自清

气节是我国固有的道德标准，现代还用着这个标准来衡量人们的行为，主要的是所谓读书人或士人的立身处世之道。但这似乎只在中年一代如此，青年一代倒像不大理会这种传统的标准，他们在用着正在建立的新的标准，也可以叫做（作）新的尺度。中年代一般的接受这传统，青年代却不理会它，这种脱节的现象是这种变的时代或动乱时代常有的。因此就引不起什么讨论。直到近年，冯雪峰先生才将这标准这传统作为问题提出，加以分析和批判：这是在他的《乡风与市风》那本杂文集里。

冯先生指出“士节”的两种典型：一是忠臣，一是清高之士。他说后者往往因为脱离了现实，成为“为节而节”的虚无主义者，结果往往会变了节。他却又说“士节”是对人生的一种坚定的态度，是个人意志独立的表现。因此也可以成就接近人民的叛逆者或革命家，但是这种人物的造就或完成，只有在后来的时代，例如我们的时代。冯先生的分析，笔者大体同意；对这个问题笔者近来也常常加以思索，现在写出自己的一些意见，也许可以补充冯先生所没有说到的。

气和节似乎原是两个各自独立的意念。《左传》上有“一鼓作气”的话，是说战斗的。后来所谓“士气”就是这个气，也就是“斗志”；这个“士”指的是武士。孟子提倡的“浩然之气”，似乎就是这个气的转变与扩充。他说“至大至刚”，说“养勇”，都是带有战斗性的。“浩然之气”是“集义所生”，“义”就是“有理”或“公道”。后来所谓“义气”，意思要狭隘些，可也算是“浩然之气”的分支。现在我们常说的“正义感”，虽然特别强调现实，似乎也还可以算是跟“浩然之气”联系着的。至于文天祥所歌咏的“正气”，更显然跟“浩然之气”一脉相承。不过在笔者看来两者却并不完全相同，文氏似乎在强调那消极的节。

节的意念也在先秦时代就有了，《左传》里有“圣达节，次守节，下失节”的话。古代注重礼乐，乐的精神是“和”，礼的精神是“节”。礼乐是贵族生活的手段，也可以说

[1] 本文原载1947年5月1日《知识与生活》第二期。

是目的。

他们要定等级，明分际，要有稳固的社会秩序，所以要“节”，但是他们要统治，要上统下，所以也要“和”。礼以“节”为主，可也得跟“和”配合着；乐以“和”为主，可也得跟“节”配合着。节跟和是相反相成的。明白了这个道理，我们可以说所谓“圣达节”等等的“节”，是从礼乐里引申出来成了行为的标准或做人的标准；而这个节其实也就是传统的“中道”。按说“和”也是中道，不同的是“和”重在合，“节”重在分；重在分所以重在不犯不乱，这就带上消极性了。

向来论气节的，大概总从东汉末年的党祸起头。那是所谓处士横议的时代。在野的士人纷纷的（地）批评和攻击宦官们的贪污政治，中心似乎在太学。这些在野的士人虽然没有严密的组织，却已经在联合起来，并且博得了人民的同情。宦官们害怕了，于是乎逮捕拘禁那些领导人。这就是所谓“党锢”或“钩党”，“钩”是“钩连”的意思。从这两个名称上可以见出这是一种群众的力量。那时逃亡的党人，家家愿意收容着，所谓“望门投止”，也可以见出人民的态度，这种党人，大家尊为气节之士。气是敢作（做）敢为，节是有所不为——有所不为也就是不合作。这敢作（做）敢为是以集体的力量为基础的，跟孟子的“浩然之气”与世俗所谓“义气”只注重领导者的个人不一样。后来宋朝几千太学生请愿罢免奸臣，以及明朝东林党的攻击宦官，都是集体运动，也都是气节的表现。

但是这种表现里似乎积极的“气”更重于消极的“节”。

在专制时代的种种社会条件之下，集体的行动是不容易表现的，于是士人的立身处世就偏向了“节”这个标准。在朝的要做忠臣。这种忠节或是表现在冒犯君主尊严的直谏上，有时因此牺牲性命；或是表现在不做新朝的官甚至以身殉国上。忠而至于死，那是忠而又烈了。在野的要做清高之士，这种人表示不愿和在朝的人合作，因而游离于现实之外；或者更逃避到山林之中，那就是隐逸之士了。这两种节，忠节与高节，都是个人的消极的表现。忠节至多造就一些失败的英雄，高节更只能造就一些明哲保身的自了汉，甚至于一些虚无主义者。原来气是动的，可以变化。我们常说志气，志是心之所向，可以在四方，可以在千里，志和气是配合着的。节却是静的，不变的；所以要“守节”，要不“失节”。有时候节甚至于是死的，死的节跟活的现实脱了榫，于是乎自命清高的人结果变了节，冯雪峰先生论到周作人，就是眼前的例子。从统治阶级的立场看，“忠言逆耳利于行”，忠臣到底是卫护着这个阶级的，而清高之士消纳了叛逆者，也是有利于这个阶级的。所以宋朝人说“饿死事小，失节事大”，原先说的是女人，后来也用来说士人，这正是统治阶级代言人的口气，但是也表示着到了那时代士的个人地位的增高和责任的加重。

“士”或称为“读书人”，是统治阶级最下层的单位，并非“帮闲”。他们的利害跟君相是共同的，在朝固然如此，在野也未尝不如此。固然在野的处士可以不受君臣名分的束缚，可以“不事王侯，高尚其事”，但是他们得吃饭，这饭恐怕还得靠农民耕给他们吃，而这些农民大概是属于他们做官的祖宗的遗产的。“躬耕”往往是一句门面话，就是偶然有个把真正躬耕的如陶渊明，精神上或意识形态上也还是在负着天下兴亡之责的士，陶的《述酒》等诗就是证据。可见处士虽然有时横议，那只是自家人吵嘴闹架，他们生活的基础一般的主要的还是在农民的劳动上，跟君主与在朝的大夫并无两样，而一般的主要的意识形态，彼此也是一致的。

然而士终于变质了，这可以说是到了民国时代才显著。从清朝末年开设学校，教员和学生渐渐加多，他们渐渐各自形成一个集团；其中有不少的人参加革新运动或革命运动，而大多数也倾向着这两种运动。这已是气重于节了。等到民国成立，理论上人民是主人，事实上是军阀争权。这时代的教员和学生意识着自己的主人身份，游离了统治的军阀；他们是在野，可是由于军阀政治的腐败，却渐渐获得了一种领导的地位。他们虽然还不能和民众打成一片，但是已经在渐渐的（地）接近民众。五四运动划出了一个新时代。自由主义建筑在自由职业和社会分工的基础上。教员是自由职业者，不是官，也不是候补的官。学生也可以选择多元的职业，不是只有做官一路。他们于是从统治阶级独立，不再是“士”或所谓“读书人”，而变成了“知识分子”，集体的就是“知识阶级”。残余的“士”或“读书人”自然也还有，不过只是些残余罢了。这种变质是中国现代化的过程的一段，而中国的知识阶级在这过程中也曾尽了并且还在想尽他们的任务，跟这时代世界上别处的知识阶级一样，也分享着他们一般的运命。若用气节的标准来衡量，这些知识分子或这个知识阶级开头是气重于节，到了现在却又似乎是节重于气了。

知识阶级开头凭着集团的力量勇猛直前，打倒种种传统，那时候是敢作（做）敢为一股气。可是这个集团并不大，在中国尤其如此，力量到底有限，而与民众打成一片又不容易，于是碰到集中的武力，甚至加上外来的压力，就抵挡不住。而一方面广大的民众抬头要饭吃，他们也没法满足这些饥饿的民众。他们于是失去了领导的地位，逗留在这夹缝中间，渐渐感觉着不自由，闹了个“四大金刚悬空八只脚”。他们于是只能保守着自己，这也算是节罢；也想缓缓的（地）落下地去，可是气不足，得等着瞧。可是这里的是偏于中年一代。青年代的知识分子却不如此，他们无视传统的“气节”，特别是那种消极的“节”，替代的是“正义感”，接着“正义感”的是“行动”，其实“正义感”是合并了“气”和“节”，“行动”还是“气”。这是他们的新的做人的尺度。等到这个尺度成为标准，知识阶级大概是还要变质的罢？

知人论世

朱自清，1898年11月22日出生于江苏省东海县，原名自华，号秋实，后改名自清，字佩弦。中国现代散文家、诗人、学者、民主战士。

朱自清1916年中学毕业并成功考入北京大学预科，1919年开始发表诗歌，1924年，诗和散文集《踪迹》出版。1925年，朱自清任清华大学中文系教授，开始从事文学研究，创作方面则转为以散文为主，1928年第一本散文集《背影》出版。1932年7月，任清华大学中国文学系主任。1934年，出版《欧游杂记》和《伦敦杂记》。1935年，出版散文集《你我》。

《论气节》是一篇演讲稿，缘起于冯雪峰先生的文章《谈士节兼论周作人》，作于1947年4月13日，虽是一篇时评，但作者贯通历史，梳理概念，对“气节”二字作出了新的注解。

触类旁通

朱自清散文[1]

提起民国时期的散文创作，不能不提到朱自清，他的散文以朴实、细腻、清新的风格著称，被称为“白话美术文的模范”。

朱自清散文的主题主要表现在五个方面：其一，言志表意；其二，览胜记游；其三，书怀抒情；其四，感悟觉世；其五，指摘时弊。

首先，言志表意散文。言志表意类散文在朱自清散文创作中占有比较重要的地位，这类散文反映了他的人生哲学和价值选择。

其次，览胜记游散文。《踪迹》《欧游杂记》和《伦敦杂记》等散文集中有许多为人所称道的览胜记游的散文名篇。朱自清览胜记游散文兼顾自然与人文地理的描述展示。如《桨声灯影里的秦淮河》《绿》《松堂游记》《扬州的夏日》《蒙自杂记》等即是将对自然风情的描写和人文景观的刻画紧密融合在一起。

[1] 本文参考学术论文《精微与广大世界的真诚展示——朱自清文艺性散文主题初探》，作者陈新，原载《东方论坛：青岛大学学报》，2011（6）：71-76。

其三，书怀抒情散文。朱自清怀念家人友朋的书怀抒情散文有《背影》《给亡妇》《儿女》《哀韦杰三君》《怀魏怀青君》《我所见的叶圣陶》等。即兴书怀抒情的散文有《匆匆》《春》《歌声》《荷塘月色》《择偶记》《飞》等。

其四，感悟觉世散文。朱自清还是一个不断思索着现实人生的现代作家和教育家，他总是将自我的人生感悟和体验与读者共分享。他笔下的人生感悟，扎实而不玄虚，真切而不做作，常常将觉悟到的宝贵的人生奥秘，通过语言文字搭建的话语平台，尽量地向读者展示出来。如他散文集《语文影及其他》中的很多篇章就是将人生的诸多体验和感悟，娓娓道出。《谈抽烟》《说话》《沉默》《撩天儿》《正义》《论自己》《论别人》《论诚意》《论东西》，等等。

其五，指摘时弊散文。朱自清是一个较为平和的人。他对时事政治往往尽量采取敬而远之的态度，但时势有时候也会逼着平和的人写出“浮躁凌厉”之文，在这些文章中朱自清表达了作为一个中国知识分子应有的良知。指斥时政的有《哀韦杰三君》《执政府大屠杀记》《知识分子今天的任务》等；批判落后社会现象的有《生命的价格——七毛钱》《航船中的文明》《白种人——上帝的骄子》《阿河》等。揭示社会潜在的问题和四伏的危机的有《论不满现状》《论且顾眼前》等。

“真挚朴实”是朱自清散文的一个重要特点。朱自清为人正直、淳朴，他的文章也散发出率真的气息。朱自清有许多记人记事的作品，大多写亲友的交往、家庭的琐事，这些平凡无奇的小事在朱自清朴实无华的笔下真实感人，催人泪下。比如，《背影》里的父亲穿着“黑布大马褂，深青布棉袍”，在为“我”买桔（橘）子回来过铁道的时候，“他两手攀着上面，两脚再向上缩；他那肥胖的身子向左微倾，显出努力的样子”。这普通的老人的背影，不知道感动了多少做儿女的人。《儿女》里寥寥数笔就将小儿女天真可爱的憨态展现出来，表现了一个父亲在感叹生活艰辛的同时的欣慰和乐观。《给亡妇》是纪念早逝的妻子的，作者用极其平实的语言回忆了妻子为家庭任劳任怨的一桩桩小事，怀念之情溢于纸面。类似的篇章还有很多，它们写的都是生活中的真人真事，正如文学史家赵景深所说：“朱自清的文章，……不大谈哲理，只是谈一点家常琐事，虽是像淡香疏影似的不过几笔，却常能把那真诚的灵魂捧出来给读者看。”诚然，作者很少直抒胸臆，而只是用生活中的细节来表现“只为家贫成聚散”的窘苦处境和当时灰暗社会的日暮途穷。

“细腻清秀，情致盎然”是朱自清散文的另一个特点，主要表现在他的描写文中。朱自清对景物观察细致，描写入微，而且善于运用多种修辞手法，将情感和景物交织糅合在一起，使读者身临其境，产生心灵的共鸣。秦淮河的素月、灯影、碧波以及小船上坐着的歌伎，让人追思六朝金粉画舫凌波的繁华，然而“历史的重载”又引起作者对沦落风尘的歌女的深切同情，“心里充满了幻灭的情思”；《荷塘月色》描绘的是一幅错落有致的水墨画，在朦胧清幽的月光下，荷花绽放，荷叶田田，流水脉脉，作者暂时抛开了俗世的烦恼，享受着独处的自由和宁静，但是内心深处郁结的激愤却终究是无法排解的；《匆匆》是一篇令人警醒的小品文：“洗手的时候，日子从水盆里过去；吃饭的时候，日子从饭碗里过去；默默时，便从凝然的双眼前过去……在逃去如飞的日子里，在千门万户的世界里的我能做些什么呢？”这样的话语让人悚然惊栗，激励人们珍惜光阴、热爱生命。此外，朱自清笔下醉人的梅雨潭的绿、烂漫的春色、如影如幻的白水漈都给读者留下了深刻的印象。

切问近思

1. 如何理解“气是敢做（作）敢为，节是有所不为”？

2. 有人说：朱自清先生是最有资格谈论气节的，他本人“一身重病，宁可饿死，不领美国的救济粮”的悲壮行为，是“气节”二字的最好脚注。你是如何理解“气节”二字的？

3. 纵观人类历史，凡有成就者，必有高风亮节。习近平总书记在《从政杂谈》一文中说：“我认为，高尚的气节是每一个领导者应有的品质。没有气节，就没有了脊梁骨。”作为当代大学生，应该具有怎样的气节呢？

拓展阅读

白马篇[1]

曹 植

白马饰金羁[2]，连翩[3]西北驰。借问谁家子，幽并[4]游侠儿。
少小去乡邑[5]，扬声沙漠垂[6]。宿昔[7]秉良弓，楛矢[8]何参差。
控弦[9]破左的，右发摧月支[10]。仰手接飞猱[11]，俯身散[12]马蹄。
狡捷[13]过猴猿，勇剽[14]若豹螭[15]。边城多警急，虏骑数迁移。
羽檄[16]从北来，厉马[17]登高堤。长驱[18]蹈匈奴，左顾陵[19]鲜卑[20]。

---

[1] 白马篇：又名“游侠篇”，是曹植创作的乐府新题，属《杂曲歌·齐瑟行》，以开头二字命名。

[2] 金羁（jī）：金饰的马笼头。

[3] 连翩（piān）：连续不断，原指鸟飞的样子，这里用来形容白马奔驰的俊逸形象。

[4] 幽并：幽州和并州。在今河北、山西、陕西一带。

[5] 去乡邑：离开家乡。

[6] 垂：同“陲”，边境。

[7] 宿昔：早晚。

[8] 楛（hù）矢：用楛木做成的箭。

[9] 控弦：开弓。

[10] 月支：一种箭靶。

[11] 飞猱（náo）：飞奔的猿猴。猱，猿的一种，行动轻捷，攀缘树木，上下如飞。

[12] 散：射碎。

[13] 狡捷：灵活敏捷。

[14] 勇剽（piāo）：勇敢剽悍。

[15] 螭（chī）：传说中形状如龙的黄色猛兽。

[16] 羽檄（xí）：军事文书，插鸟羽以示紧急，必须迅速传递。

[17] 厉马：扬鞭策马。

[18] 长驱：向前奔驰不止。

[19] 陵：压制。

[20] 鲜卑：中国东北方的少数民族，东汉末成为北方强族。

弃身锋刃端，性命安可怀[1]？父母且不顾，何言子与妻？
名编壮士籍[2]，不得中顾私[3]。捐躯[4]赴国难，视死忽如归。

正气歌[5]

文天祥

予[6]囚北庭[7]，坐一土室。室广八尺，深可四寻[8]。单扉低小，白间短窄，污下而幽暗。当此夏日，诸气萃然[9]：雨潦[10]四集，浮动床几，时则为水气；涂泥半朝[11]，蒸沤历澜[12]，时则为土气；乍晴暴热，风道四塞[13]，时则为日气；檐阴薪爨[14]，助长炎虐[15]，时则为火气；仓腐寄顿[16]，陈陈逼人，时则为米气；骈肩杂遝[17]，腥臊汗垢，时则为人气；或圊溷[18]、或毁尸、或腐鼠，

[1] 怀：爱惜。

[2] 籍：名册。

[3] 中顾私：心里想着个人的私事。中：内心。

[4] 捐躯：献身。

[5] 本文选自文天祥著《文天祥全集》，中国书店，1985年版。《正气歌》是南宋爱国诗人文天祥在狱中写的一首五言古诗。

[6] 予：我，一作余。

[7] 北庭：指元朝首都燕京（今北京）。

[8] 寻：古时八尺为一寻。

[9] 萃然：聚集的样子。

[10] 雨潦：下雨形成的地上积水。

[11] 涂泥半朝："朝"当作"潮"，意思是狱房墙上涂的泥有一半是潮湿的。

[12] 蒸沤历澜：热气蒸，积水沤，到处都杂乱不堪。澜：澜漫，杂乱。

[13] 风道四塞：四面的风道都堵塞了。

[14] 薪爨（cuàn）：烧柴做饭。

[15] 炎虐：炎热的暴虐。

[16] 仓腐寄顿：仓库里储存的米谷腐烂了。

[17] 骈肩杂遝（tà）：肩挨肩，拥挤杂乱的样子。

[18] 圊溷（qīng hún）：厕所。

恶气杂出，时则为秽气。叠是数气，当侵沴[1]，鲜不为厉[2]。而予以孱弱，俯仰其间，於兹二年矣，幸而无恙，是殆有养致然尔[3]。然亦安知所养何哉？孟子曰：“吾善养吾浩然之气[4]。”彼气有七，吾气有一，以一敌七，吾何患焉！况浩然者，乃天地之正气也，作正气歌一首。

天地有正气，杂然赋流形[5]。下则为河岳，上则为日星[6]。
於人曰浩然，沛乎[7]塞苍冥[8]。皇路[9]当清夷[10]，含和吐[11]明庭。
时穷节乃见[12]，一一垂丹青[13]。在齐太史简[14]，在晋董狐笔[15]。
在秦张良椎[16]，在汉苏武节[17]。为严将军[18]头，为嵇侍中[19]血。

---

[1] 侵沴（lì）：恶气侵人。沴：恶气。

[2] 鲜不为厉：很少有不生病的。厉：病。

[3] 是殆有养致然尔：这大概是因为会保养正气才达到这样的吧。殆：大概。有养：保有正气。出自《孟子·公孙丑》：“我善养吾浩然之气。”致然：使然，造成这样子。

[4] 浩然之气：纯正博大而又刚强之气。见《孟子·公孙丑》。

[5] “天地有正气”两句：天地之间充满正气，它赋予各种事物以不同形态。这类观点明显有唯心色彩，但作者主要用以强调人的节操。杂然：纷繁，多样。

[6] “下则为河岳”两句：是说地上的山岳河流，天上的日月星辰，都是由正气形成的。

[7] 沛乎：旺盛的样子。

[8] 苍冥：天地之间。

[9] 皇路：国运，国家的局势。

[10] 清夷：清平，太平。

[11] 吐：表露。

[12] 见：同“现”，表现，显露。

[13] 垂丹青：见于画册，传之后世。垂：留存，流传。丹青：图画，古代帝王常把有功之臣的肖像和事迹叫画工画出来。

[14] 太史：史官。简：古代用以写字的竹片。《左传·襄公二十五年》载：春秋时，齐国大夫崔杼把国君杀了，齐国的太史在史册中写道“崔杼弑其君”。崔杼怒，把太史杀了。太史的两个弟弟继续写，都被杀，第三个弟弟仍这样写，崔杼没有办法，只好让他写在史册中。

[15] 在晋董狐笔：出自《左传·宣公二年》载，春秋时，晋灵公被赵穿杀死，晋大夫赵盾没有处置赵穿，太史董狐在史册上写道：“赵盾弑其君。”孔子称赞这样写是“良史”笔法。

[16] 张良椎：《史记·留侯传》载，张良祖上五代人都做韩国的丞相，韩国被秦始皇灭掉后，他一心要替韩国报仇，找到一个大力士，持一百二十斤的大椎，在博浪沙（今河南省新乡县南）伏击出巡的秦始皇，未击中。后来张良辅佐刘邦建立汉朝，封留侯。

[17] 苏武节：《汉书·李广苏建传》载，汉武帝时，苏武出使匈奴，匈奴人要他投降，他坚决拒绝，被流放到北海边牧羊。为了表示对祖国的忠诚，他一天到晚拿着从汉朝带去的符节，牧羊十九年，始终坚贞不屈，后来终于回到汉朝。

[18] 严将军：《三国志·蜀志·张飞传》载，严颜在刘璋手下做将军，镇守巴郡，被张飞捉住，要他投降，他回答说：“我州但有断头将军，无降将军！”张飞见其威武不屈，把他释放了。

[19] 嵇侍中：嵇绍，嵇康之子，晋惠帝时做侍中（官名）。《晋书·嵇绍传》载，晋惠帝永兴元年，皇室内乱，惠帝的侍卫都被打垮了，嵇绍用自己的身体遮住惠帝，被杀死，血溅到惠帝的衣服上。战争结束后，有人要洗去惠帝衣服上的血，惠帝说：“此嵇侍中血，勿去！”

为张睢阳[1]齿，为颜常山[2]舌。或为辽东帽[3]，清操厉冰雪。
或为出师表[4]，鬼神泣壮烈。或为渡江楫[5]，慷慨吞胡羯[6]。
或为击贼笏[7]，逆竖头破裂。是气所磅礴[8]，凛烈[9]万古存。
当其贯日月，生死安足论[10]。地维赖以立，天柱赖以尊[11]。
三纲实系命[12]，道义为之根。嗟予遘[13]阳九[14]，隶[15]也实不力。
楚囚缨其冠[16]，传车[17]送穷北[18]。鼎镬[19]甘如饴，求之不可得。
阴房阒鬼火[20]，春院閟[21]天黑。牛骥同一皂，鸡栖凤凰食[22]。

---

[1] 张睢阳：即唐朝的张巡。《旧唐书·张巡传》载，安禄山叛乱，张巡固守睢阳（今河南省商丘市），每次上阵督战，大声呼喊，牙齿都咬碎了。城破被俘，拒不投降，敌将问他：“闻君每战，皆目裂，嚼齿皆碎，何至此耶？”张巡回答说：“吾欲气吞逆贼，但力不遂耳。”敌将视其齿，存者不过三数。

[2] 颜常山：即唐朝的颜杲卿，任常山太守。《新唐书·颜杲卿传》载，安禄山叛乱时，他起兵讨伐，后城破被俘，当面大骂安禄山，被钩断舌头，仍不屈，被杀死。

[3] 辽东帽：东汉末年的管宁有高节，是在野的名士，避乱居辽东，一再拒绝朝廷的征召，他常戴一顶黑色帽子，安贫讲学，闻名于世。

[4] 出师表：诸葛亮出师伐魏之前，上表给蜀汉后主刘禅，表明自己为统一事业奋斗到底的决心。表文中有“鞠躬尽力，死而后已”的名言。

[5] 渡江楫：东晋爱国志士祖逖率兵北伐，渡长江时，敲着船桨发誓北定中原，后来终于收复黄河以南失地。楫：船桨。

[6] 胡羯：古代对北方少数民族的称呼。过去史书上曾称匈奴、鲜卑、羯、氐、羌为五胡。这句是形容祖逖的豪壮气概。

[7] 击贼笏：唐德宗时，朱泚谋反，召段秀实议事，段秀实不肯同流合污，以笏猛击朱泚的头，大骂：“狂贼，吾恨不斩汝万段，岂从汝反耶？”笏：古代大臣朝见皇帝时所持的手板。

[8] 磅礴（páng bó）：充塞。

[9] 凛烈：庄严、令人敬畏的样子。

[10] “当其贯日月”两句：当正气激昂起来直冲日月的时候，个人的生死还有什么值得计较的。

[11] “地维赖以立”两句：地和天都依靠正气支撑着。地维：古代人认为地是方的，四角有四根支柱撑着。天柱：古代传说，昆仑山有铜柱，高入云天，称为天柱，又说天有人山为柱。

[12] 三纲实系命：是说三纲实际系命于正气，即靠正气支撑着。

[13] 遘（gòu）：遭逢，遇到。

[14] 阳九：即百六阳九，古人用以指灾难年头，此指国势的危亡。

[15] 隶：地位低的官吏，此为作者谦称。

[16] 楚囚缨其冠：《左传·成公九年》载，春秋时被俘往晋国的楚国俘虏钟仪戴着一种楚国帽子，表示不忘祖国，被拘囚着，晋侯问是什么人，旁边人回答说是“楚囚”。这里作者是说，自己被拘囚着，把从江南戴来的帽子的带系紧，表示虽为囚徒仍不忘宋朝。

[17] 传车：官办交通站的车辆。

[18] 穷北：极远的北方。

[19] 鼎镬：大锅。古代一种酷刑，把人放在鼎镬里活活煮死。

[20] 阴房阒（qù）鬼火：囚室阴暗寂静，只有鬼火出没。阒：幽暗、寂静。

[21] 閟（bì）：关闭。

[22] “牛骥同一皂”两句：牛和骏马同槽，鸡和凤凰共处，比喻贤愚不分，杰出的人和平庸的人都关在一起。骥：良马。皂：马槽。鸡栖：鸡窝。

一朝蒙雾露，分作沟中瘠[1]。如此再寒暑，百疠自辟易[2]。
哀哉沮洳场[3]，为我安乐国。岂有他缪巧，阴阳不能贼[4]。
顾此耿耿存，仰视浮云白[5]。悠悠我心悲，苍天曷[6]有极。
哲人日已远，典刑[7]在夙昔[8]。风檐展书读，古道照颜色[9]。

桃花扇（节选）

孔尚任

第七出　却奁[10]

癸未三月

（杂扮保儿[11]掇马桶上）龟尿龟尿，撒出小龟；鳖血鳖血，变成小鳖。龟尿鳖血，看不分别；鳖血龟尿，说不清白。看不分别，混了亲爹；说不清白，混了亲伯。（笑介）胡闹，胡闹！昨日香姐上头[12]，乱了半夜；今日早起，又要刷马桶，倒溺壶，忙个不了。那些孤老[13]、表子，还不知搂到几时哩。（刷马桶介）

【夜行船】（末）人宿平康深柳巷，惊好梦门外花郎。绣户未开，帘钩才响，春阻十层纱帐。

---

[1] 沟中瘠：弃于沟中的枯骨。

[2] 百疠自辟易：各种致病的恶气都自行退避了。疠：疫疠之气。

[3] 沮洳（jù rù）场：低下阴湿的地方。

[4] “岂有他缪巧”两句：哪有什么妙法奇术，使得寒暑都不能伤害自己？缪（miù）巧：智谋，机巧。贼：害。

[5] 仰视浮云白：对富贵不屑一顾，视若浮云。《论语·述而》：“不义而富且贵，于我如浮云。”

[6] 曷：何，哪。

[7] 典刑：即典型，指榜样，模范。

[8] 夙昔：从前，过去。

[9] 古道照颜色：古代传统的美德，闪耀在面前。

[10] 《桃花扇》全剧四十出，以侯方域、李香君的爱情故事为线索，写出了南明王朝兴亡的历史。“却奁”一出写阮大铖利用杨文骢去巴结、拢络侯方域，为李香君置办妆奁，李香君识破这个阴谋，毅然退掉妆奁。

[11] 保儿：妓院里的佣人。

[12] 上头：指结婚。女子婚后发饰须作成人装束，故曰上头。妓女第一次接客也称上头。

[13] 孤老：妓女对长期固定的嫖客的称呼。

下官杨文骢，早来与侯兄道喜。你看院门深闭，侍婢无声，想是高眠未起。（唤介）保儿，你到新人窗外，说我早来道喜。（杂）昨夜睡迟了，今日未必起来哩。老爷请回，明日再来罢。（末笑介）胡说！快快去问。（小旦内问介）保儿！来的是那（哪）一个？（杂）是杨老爷道喜来了。（小旦忙上）倚枕春宵短，敲门好事多。（见介）多谢老爷，成了孩儿一世姻缘。（末）好说。（问介）新人起来不曾？（小旦）昨晚睡迟，都还未起哩。（让坐介）老爷请坐，待我去催他。（末）不必，不必。（小旦下）

【步步娇】（末）儿女浓情如花酿，美满无他想，黑甜共一乡。可也亏了俺帮衬，珠翠辉煌，罗绮飘荡，件件助新妆，悬出风流榜。

（小旦上）好笑，好笑！两个在那里交扣丁香[1]，并照菱花[2]，梳洗才完，穿戴未毕。请老爷同到洞房，唤他出来，好饮扶头卯酒[3]。（末）惊却好梦，得罪不浅。（同下）（生、旦艳妆上）

【沈醉东风】（生、旦）这云情接着雨况，刚搔了心窝奇痒，谁搅起睡鸳鸯。被翻红浪，喜匆匆满怀欢畅。枕上余香，帕上余香，消魂滋味，才从梦里尝。

（末、小旦上）（末）果然起来了，恭喜，恭喜！（一揖，坐介）（末）昨晚催妆拙句，可还说的入情么。（生揖介）多谢！（笑介）妙是妙极了，只有一件。（末）那（哪）一件？（生）香君虽小，还该藏之金屋。（看袖介）小生衫袖，如何着得下？（俱笑介）（末）夜来定情，必有佳作。（生）草草塞责，不敢请教。（末）诗在那（哪）里？（旦）诗在扇头。（旦向袖中取出扇介）（末接看介）是一柄白纱宫扇。（嗅介）香的有趣。（吟诗介）妙，妙！只有香君不愧此诗。（付旦介）还收好了。（旦收扇介）

【园林好】（末）正芬芳桃香李香，都题在宫纱扇上；怕遇着狂风吹荡，须紧紧袖中藏，须紧紧袖中藏。

（末看旦介）你看香君上头之后，更觉艳丽了。（向生介）世兄有福，消此尤物。（生）香君天姿国色，今日插了几朵珠翠，穿了一套绮罗，十分花貌，又添二分，果然可爱。（小旦）这都亏了杨老爷帮衬哩。

【江儿水】送到缠头锦[4]，百宝箱，珠围翠绕流苏帐，银烛笼纱通宵亮，金杯劝酒合席唱。今日又早早来看，恰似亲生自养，赔了妆奁，又早敲门来望。

（旦）俺看杨老爷，虽是马督抚至亲，却也拮据作客，为何轻掷金钱，来填烟花之窟[5]？在奴家受之有愧，在老爷施之无名；今日问个明白，以便图报。（生）香君问得有理，小弟与杨兄萍水相交，昨日承情太厚，也觉不安。（末）既蒙问及，小弟只得实告了。这些妆奁酒席，约费二百余金，皆出怀宁之手。（生）那个怀宁？（末）曾做过光禄的阮圆海。（生）是那皖人阮大铖么？（末）正是。（生）他为何这样周旋？（末）不过欲纳交足下之意。

---

[1] 交扣丁香：相互扣纽扣。丁香，即打成丁香结的纽扣。

[2] 菱花：指镜子。古时多用铜磨光制镜，并且在背面镂铸图案，以菱花最为普遍，故常用“菱花”指代铜镜。

[3] 扶头卯酒：早晨卯时前后为清醒头脑，振奋精神所饮的第一次酒。

[4] 缠头锦：缠头是客人给妓女的赏赐，多用锦。这里指杨文骢给李香君送来的妆奁。

[5] 烟花之窟：指妓院。烟花，宋元以来妓女的通称。

【五供养】（末）羡你风流雅望，东洛才名，西汉文章。逢迎随处有，争看坐车郎[1]。秦淮妙处，暂寻个佳人相傍，也要些鸳鸯被、芙蓉妆；你道是谁的，是那南邻大阮，嫁衣全忙。

（生）阮圆老原是敝年伯，小弟鄙其为人，绝之已久。他今日无故用情，令人不解。（末）圆老有一段苦衷，欲见白於足下。（生）请教。（末）圆老当日曾游赵梦白之门，原是吾辈。后来结交魏党，只为救护东林，不料魏党一败，东林反与之水火。近日复社[2]诸生，倡论攻击，大肆殴辱，岂非操同室之戈乎？圆老故交虽多，因其形迹可疑，亦无人代为分辩。每日向天大哭，说道："同类相残，伤心惨目，非河南侯君，不能救我。"所以今日谆谆纳交[3]。（生）原来如此，俺看圆海情辞迫切，亦觉可怜。就便真是魏党，悔过来归，亦不可绝之太甚，况罪有可原乎。定生、次尾，皆我至交，明日相见，即为分解。（末）果然如此，吾党之幸也。（旦怒介）官人是何等说话，阮大铖趋附权奸，廉耻丧尽；妇人女子，无不唾骂。他人攻之，官人救之，官人自处於何等也？

【川拨棹】不思想，把话儿轻易讲。要与他消释灾殃，要与他消释灾殃，也提防旁人短长。官人之意，不过因他助俺妆奁，便要徇私废公；那知道这几件钗钏衣裙，原放不到我香君眼里。（拔簪脱衣介）脱裙衫，穷不妨；布荆人[4]，名自香。

（末）阿呀！香君气性，忒也刚烈。（小旦）把好好东西，都丢一地，可惜，可惜！（拾介）（生）好，好，好！这等见识，我倒不如，真乃侯生畏友[5]也。（向末介）老兄休怪，弟非不领教，但恐为女子所笑耳。

【前腔】（生）平康巷，他能将名节讲；偏是咱学校朝堂，偏是咱学校朝堂，混贤奸不问青黄。那些社友平日重俺侯生者，也只为这点义气；我若依附奸邪，那时群起来攻，自救不暇，焉能救人乎。节和名，非泛常；重和轻，须审详。

（末）圆老一段好意，也还不可激烈。（生）我虽至愚，亦不肯从井救人[6]。（末）既然如此，小弟告辞了。（生）这些箱笼，原是阮家之物，香君不用，留之无益，还求取去罢。（末）正是"多情反被无情恼，乘兴而来兴尽还。"（下）（旦恼介）（生看旦介）俺看香君天姿国色，摘了几朵珠翠，脱去一套绮罗，十分容貌，又添十分，更觉可爱。（小旦）虽如此说，舍了许多东西，倒底可惜。

【尾声】金珠到手轻轻放，惯成了娇痴模样，辜负俺辛勤做老娘。

（生）些须东西，何足挂念，小生照样赔来。（小旦）这等才好。

（小旦）花钱粉钞费商量，（旦）裙布钗荆也不妨，

（生）只有湘君能解佩，（旦）风标不学世时妆。

---

[1] 坐车郎：相传潘岳貌美，每坐车出游，妇女争相看他，并掷果盈车。此借指侯方域。

[2] 复社：明天启年间成立的代表中小地主利益的政治、文化团体。张溥为其领袖。该社继承东林党精神，除讲学外，对魏阉余党祸国殃民的罪行屡加抨击，被阉党所忌。剧中提到的陈贞慧（字定生）、吴应箕（字次尾）及侯方域都是复社的重要成员。

[3] 纳交：以财物礼品相结交。

[4] 布荆人：布荆，指布裙、荆钗。穿布衣、戴荆钗，是古代贫穷妇女的打扮。

[5] 畏友：方正刚直，敢于当面批评规劝人的朋友。因令人敬畏，故称畏友。

[6] 从井救人：跳下深井救人，不能救起别人，自己也会同归于尽，比喻帮不了别人又害了自己。这里指不顾自己的名节去救助别人。

祖国啊，我亲爱的祖国[1]

舒　婷

我是你河边上破旧的老水车，
数百年来纺着疲惫的歌；
我是你额上熏黑的矿灯，
照你在历史的隧洞里蜗行摸索；
我是干瘪的稻穗，是失修的路基；
是淤滩上的驳船，
把纤绳深深
勒进你的肩膊；
——祖国啊！

我是贫穷，
我是悲哀。
我是你祖祖辈辈
痛苦的希望啊，
是“飞天”袖间
千百年未落到地面的花朵，
——祖国啊！

我是你簇新的理想，
刚从神话的蛛网里挣脱；
我是你雪被下古莲的胚芽；
我是你挂着眼泪的笑涡；
我是新刷出的雪白的起跑线；
是绯红的黎明
正在喷薄；
——祖国啊！

[1]《祖国啊，我亲爱的祖国》是一首深情的爱国之歌，是舒婷的代表作之一，旨在表达诗人对祖国的一种深情。舒婷，原名龚佩瑜，1952 年出生，祖籍福建泉州。当代女诗人，与北岛、顾城同为朦胧诗派的代表作家。

我是你十亿分之一，
是你九百六十万平方的总和；
你以伤痕累累的乳房
喂养了
迷惘的我，深思的我，沸腾的我；
那就从我的血肉之躯上
去取得
你的富饶，你的荣光，你的自由；
——祖国啊，我亲爱的祖国！

致恰达耶夫[1]

（俄）普希金

爱情，希望，平静的光荣
并不能长久地把我们欺诳，
就是青春的欢乐，
也已经像梦，像朝雾一样消亡；
但我们的内心还燃烧着愿望，
在残暴的政权的重压之下，
我们正怀着焦急的心情
在倾听祖国的召唤。
我们忍受着期望的折磨，
等候那神圣的自由时光，
正像一个年轻的恋人
在等候那真诚的约会一样。
现在我们的内心还燃烧着自由之火，
现在我们为了荣誉献身的心还没有死亡，

[1] 有的版本译作《致恰阿达耶夫》。该诗写于1818年，当时诗人年仅19岁。这首著名的政治抒情诗由于沙皇政府严酷的书刊检查制度而不能正式出版。1856年，才得已刊登于《北极星》。

我的朋友，我们要把我们心灵的
美好的激情，都呈现给我们的祖邦！
同志，相信吧：迷人的幸福的星辰
就要上升，射出光芒，
俄罗斯要从睡梦中苏醒，
在专制暴政的废墟上，
将会写上我们姓名的字样！

学以致用

一、活动主题

举办“我的中国梦”主题演讲比赛。

二、活动规则

1. 以学习小组为单位搜集资料，拟定题目，撰写演讲稿。
2. 每个学习小组选派 1~2 名代表参加班级演讲比赛。

三、活动评价

演讲比赛评分标准

1. 演讲内容（50 分）：主题突出、内容丰富、层次分明、用词准确、联系实际五个方面各 10 分。
2. 语言表达（20 分）：语音标准、吐字清晰、语言流畅、逻辑性强等各占 5 分。
3. 演讲技巧（20 分）：面部表情、手势和体姿，时间把握、演讲效果各占 5 分。
4. 形象风度（5 分）：衣着整洁，仪态大方，举止得体。
5. 综合印象（5 分）：由评委根据选手的临场表现作出综合演讲素质的评价。

第6单元

生命哲思

在浩瀚的宇宙面前，人类渺小如尘埃；在时间的洪流中，人的一生有如白驹过隙。可是对于人来说，生命如山，宽广厚重；生命如水，奔涌不停。人的一生短暂又漫长！生命或轻或重，或长或短，唯一不变的是生命只有一次。它是何等珍贵！

太多人在不断思考：生命是什么？生命像什么？生命的意义何在？生命该怎样度过？……泰戈尔有一诗句："生命如夏花之绚烂，死亡如秋叶之静美。"生如夏花，烈烈前行耀眼夺目；死如秋叶，飘飘坠落静谧凄美。不必计较生命的长度，只要不虚度年华，珍惜每一天；不必惧怕死亡，不留遗憾地走完这段路程，安然投入大地的怀抱，让一切返璞归真。这便是生命的最美姿态。

日升月落，四季轮转。生命，是个永恒的话题，不同的时间，不同的地点，不同的人得出的答案总不尽相同。那么，你呢？你的答案又是什么？

16 过 客[1]

鲁 迅

时：或一日的黄昏。

地：或一处。

人：**老翁**——约七十岁，白头发，黑长袍。

女孩——约十岁，紫发，乌眼珠，白地黑方格长衫。

过客——约三四十岁，状态困顿倔强，眼光阴沉，黑须，乱发，黑色短衣裤皆破碎，赤足著破鞋，胁下挂一个口袋，支着等身[2]的竹杖。

东，是几株杂树和瓦砾；西，是荒凉破败的丛葬；其间有一条似路非路的痕迹。一间小土屋向这痕迹开着一扇门；门侧有一段枯树根。

〔女孩正要将坐在树根上的老翁搀起。〕

翁——孩子。喂，孩子！怎么不动了呢？

孩——〔向东望着，〕有谁走来了，看一看罢。

翁——不用看他。扶我进去罢。太阳要下去了。

孩——我，——看一看。

翁——唉，你这孩子！天天看见天，看见土，看见风，还不够好看么？什么也不比这些好看。你偏是要看谁。太阳下去时候出现的东西，不会给你什么好处的。……还是进去罢。

孩——可是，已经近来了。阿阿，是一个乞丐。

翁——乞丐？不见得罢。

〔过客从东面的杂树间跄踉走出，暂时踌躇（躇）之后，慢慢地走近老翁去。〕

客——老丈，你晚上好？

翁——阿，好！托福。你好？

---

[1] 本篇最初发表于1925年3月9日《语丝》周刊第十七期。本文选自鲁迅著《野草》，人民文学出版社，1979年版。

[2] 等身：和身体一样高。

客——老丈，我实在冒昧，我想在你那里讨一杯水喝。我走得渴极了。这地方又没有一个池塘，一个水洼。

翁——唔，可以可以。你请坐罢。〔向女孩，〕孩子，你拿水来，杯子要洗干净。

〔女孩默默地走进土屋去。〕

翁——客官，你请坐。你是怎么称呼的？

客——称呼？——我不知道。从我还能记得的时候起，我就只一个人，我不知道我本来叫什么。我一路走，有时人们也随便称呼我，各式各样地，我也记不清楚了，况且相同的称呼也没有听到过第二回。

翁——阿阿。那么，你是从哪里来的呢？

客——〔略略迟疑，〕我不知道。从我还能记得的时候起，我就在这么走。

翁——对了。那么，我可以问你到哪里去么？

客——自然可以。——但是，我不知道。从我还能记得的时候起，我就在这么走，要走到一个地方去，这地方就在前面。我单记得走了许多路，现在来到这里了。我接着就要走向那边去，〔西指，〕前面！

〔女孩小心地捧出一个木杯来，递去。〕

客——〔接杯，〕多谢，姑娘。〔将水两口喝尽，还杯，〕多谢，姑娘。这真是少有的好意。我真不知道应该怎样感激！

翁——不要这么感激。这于你是没有好处的。

客——是的，这于我没有好处。可是我现在很恢复了些力气了。我就要前去。老丈，你大约是久住在这里的，你可知道前面是怎么一个所在么？

翁——前面？前面，是坟[1]。

客——〔诧异地，〕坟？

孩——不，不，不的。那里有许多许多野百合、野蔷薇，我常常去玩，去看他们的。

客——〔西顾，仿佛微笑，〕不错。那些地方有许多许多野百合、野蔷薇，我也常常去玩过，去看过的。但是，那是坟。〔向老翁，〕老丈，走完了那坟地之后呢？

翁——走完之后？那我可不知道。我没有走过。

客——不知道？！

---

[1] 作者在《写在〈坟〉后面》中说：“我只很确切地知道一个终点，就是：坟。然而这是大家都知道的，无须谁指引。问题是在从此到那的道路。那当然不只一条，我可正不知那（哪）一条好，虽然至今有时也还在寻求。”

孩——我也不知道。

翁——我单知道南边；北边；东边，你的来路。那是我最熟悉的地方，也许倒是于你们最好的地方。你莫怪我多嘴，据我看来，你已经这么劳顿了，还不如回转去，因为你前去也料不定可能走完。

客——料不定可能走完？……〔沉思，忽然惊起，〕那不行！我只得走。回到那里去，就没一处没有名目，没一处没有地主，没一处没有驱逐和牢笼，没一处没有皮面的笑容，没一处没有眶外的眼泪。我憎恶他们，我不回转去。

翁——那也不然。你也会遇见心底的眼泪，为你的悲哀。

客——不。我不愿看见他们心底的眼泪，不要他们为我的悲哀！

翁——那么，你，〔摇头，〕你只得走了。

客——是的，我只得走了。况且还有声音常在前面催促我，叫唤我，使我息不下。可恨的是我的脚早已经走破了，有许多伤，流了许多血。〔举起一足给老人看，〕因此，我的血不够了；我要喝些血。但血在哪里呢？可是我也不愿意喝无论谁的血。我只得喝些水，来补充我的血。一路上总有水，我倒也并不感到什么不足。只是我的力气太稀薄了，血里面太多了水的缘故罢。今天连一个小水洼也遇不到，也就是少走了路的缘故罢。

翁——那也未必。太阳下去了，我想，还不如休息一会儿的好罢，像我似的。

客——但是，那前面的声音叫我走。

翁——我知道。

客——你知道？你知道那声音么？

翁——是的。他似乎曾经也叫过我。

客——那也就是现在叫我的声音么？

翁——那我可不知道。他也就是叫过几声，我不理他，他也就不叫了，我也就记不清楚了。

客——唉唉，不理他……。〔沉思，忽然吃惊，倾听着，〕不行！我还是走的好。我息不下。可恨我的脚早已经走破了。〔准备走路。〕

孩——给你！〔递给一片布，〕裹上你的伤去。

客——多谢，〔接取，〕姑娘。这真是……。这真是极少有的好意。这能使我可以走更多的路。〔就断砖坐下，要将布缠在踝上，〕但是，不行！〔竭力站起，〕姑娘，还了你罢，还是裹不下。况且这太多的好意，我没法感激。

翁——你不要这么感激，这于你没有好处。

客——是的，这于我没有什么好处。但在我，这布施是最上的东西了。你看，我全身上可有这样的。

翁——你不要当真就是。

客——是的。但是我不能。我怕我会这样：倘使我得到了谁的布施，我就要像兀鹰看见死尸一样，在四近徘徊，祝愿她的灭亡，给我亲自看见；或者咒诅她以外的一切全都灭亡，连我自己，因为我就应该得（到）咒诅[1]。但是我还没有这样的力量；即使有这力量，我也不愿意她有这样的境遇，因为她们大概总不愿意有这样的境遇。我想，这最稳当。〔向女孩，〕姑娘，你这布片太好，可是太小一点了，还了你罢。

孩——〔惊惧，退后，〕我不要了！你带走！

客——〔似笑，〕哦哦，……因为我拿过了？

孩——〔点头，指口袋，〕你装在那里，去玩玩。

客——〔颓唐地退后，〕但这背在身上，怎么走呢？……

翁——你息不下，也就背不动。——休息一会儿，就没有什么了。

客——对咧，休息……。〔默想，但忽然惊醒，倾听。〕不，我不能！我还是走好。

翁——你总不愿意休息么？

客——我愿意休息。

翁——那么，你就休息一会儿罢。

客——但是，我不能……。

翁——你总还是觉得走好么？

客——是的。还是走好。

翁——那么，你也还是走好罢。

客——〔将腰一伸，〕好，我告别了。我很感谢你们。〔向着女孩，〕姑娘，这还你，请你收回去。

〔女孩惊惧，敛手，要躲进土屋里去。〕

翁——你带去罢。要是太重了，可以随时抛在坟地里面的。

---

［1］ 作者在写本篇后不久给许广平的信中说："同我有关的活着，我倒不放心，死了，我就安心，这意思也在《过客》中说过。"（《两地书·二四》）

孩——〔走向前，〕阿阿，那不行！

客——阿阿，那不行的。

翁——那么，你挂在野百合野、蔷薇上就是了。

孩——〔拍手，〕哈哈！好！

翁——哦哦……

〔极暂时中，沉默。〕

翁——那么，再见了。祝你平安。〔站起，向女孩，〕孩子，扶我进去罢。你看，太阳早已下去了。〔转身向门。〕

客——多谢你们。祝你们平安。〔徘徊，沉思，忽然吃惊，〕然而我不能！我只得走。我还是走好罢……。〔即刻昂了头，奋然向西走去。〕

〔女孩扶老人走进土屋，随即阖了门。过客向野地里跄踉地闯进去，夜色跟在他后面。〕

一九二五年三月二日

知人论世

鲁迅（1881—1936 年），原名周樟寿，后改名周树人，字豫山，后改豫才，“鲁迅”是他 1918 年发表《狂人日记》时所用的笔名，也是他影响最为广泛的笔名，浙江绍兴人。著名文学家、思想家，五四新文化运动的重要参与者，中国现代文学的奠基人。

鲁迅 1918 年在《新青年》中发表第一篇白话小说《狂人日记》，直到 1926 年，陆续创作出版了短篇小说集《呐喊》《故乡》《彷徨》，小说集《故事新编》，杂文集《坟》《热风》《华盖集》《而已集》《二心集》，散文诗集《野草》，回忆性散文集《朝花夕拾》（又名《旧事重提》）等专辑。其中，1921 年 12 月，发表中篇小说《阿 Q 正传》。从 1927 年到 1936 年，创作了历史小说集《故事新编》，其中大部分作品和杂文收录在了《坟》《而已集》《三闲集》《二心集》《南腔北调集》《伪自由书》《准风月谈》《花边文学》《且介亭杂文》《且介亭杂文二编》《且介亭杂文末编》《集外集》《集外集拾遗》等专辑。

触类旁通

散文诗

现代的文体有很多种，大多数是古已有之，我们循例又将其发展，也有一些古代没有，比如说散文诗。在古代，文体最普遍的分法是分为韵文、散文和骈文三类，划分的依据是按照语言形式（实际就是押韵和不押韵），韵文和散文最大的区别即在此。由此，属于韵文的诗与散文是截然不同的。至于骈文则是个特例，骈文又叫作“四六文”，它不要求押韵，但是要讲究句式和对仗。也就是说属于韵文的诗与散文是截然不同的。

到了现代，诗可以不因循格律，甚至不用押韵，这样，诗与散文不再是泾渭分明，二者甚至相互融合，在中国新文学中，散文诗是一个舶来品，1915 年 2 卷 7 期的《中华小说界》刊登的用文言翻译的屠格涅夫的四章散文诗（当时列入“小说”栏，译者刘半农），是外国散文诗在中国的最早译本。1918 年 4 卷 5 期的《新青年》杂志，发表了刘半农翻译的印度作品《我行雪中》的译文，文末所附的说明指出它是一篇结构精密的散文诗。“散文诗”这一名称从此开始在中国报刊上出现。

散文诗被定义为一种兼有诗与散文特点的一种现代抒情文学体裁。因此，有人说散文诗是散文与诗的嫁接品种，散文诗具有诗与散文的“两栖”特征，散文诗将诗言志的功能和散文自由、随心的功能完美地结合在一起，形成了自己的独特性。也正因如此，想要写好散文诗，就一定要熟悉诗与散文这两种文体。另外，散文与诗结合使表达更倾向于内心情感的抒发，这种文体灵动、随意，更加贴近心灵。

散文诗比散文“内容更精辟，诗情更浓烈，篇幅更短小，语言更优美，意境更深远”；它比诗歌“表现更自由，思维更活泼，联想更丰富，舒展更自如，情感更和谐”。简单地说，它是凝练的散文，自由的诗歌。苏联散文诗作家普列什文说：“我是带着自己的诗走进散文！”可以说概括了散文诗的特点。

切问近思

1. 鲁迅的《过客》反映了一种什么精神？

2.《过客》中的“坟”“野花”分别代表了什么意思？

3. 谈一谈你最喜欢的一部鲁迅的作品，它给你的启发是什么？

17 三种人生态度[1]

——逐求、厌离、郑重

梁漱溟

“人生态度”是指人日常生活的倾向而言，向深里讲，即入了哲学范围；向粗浅里说，也不难明白。依中国分法，将人生态度分为“出世”与“入世”两种，但我嫌其笼统，不如三分法较为详尽适中。我们仔细分析：人生态度之深浅、曲折、偏正……各式各种都有，而各时代、各民族、各社会，亦皆有其各种不同之精神，故欲求不笼统，而终究难免于笼统。我们现在所用之三分法，亦不过是比较适中的办法而已。

按三分法，第一种人生态度，可用“逐求”二字以表示之。此意即谓人于现实生活中逐求不已，如：饮食、宴安、名誉、声、色、货、利等，一面受趣味引诱，一面受问题刺激，颠倒迷离于苦乐中与其他生物亦无所异；此第一种人生态度（逐求），能够彻底做到家，发挥至最高点者，即为近代之西洋人。他们纯为向外用力，两眼直向前看，逐求于物质享受，其征服自然之威力实甚伟大，最值得令人拍掌称赞。他们并且能将此第一种人生态度理智化，使之成为一套理论——哲学。其可为代表者，是美国杜威之实验主义，他很能细密地寻求出学理的基础来。

第二种人生态度为“厌离”的人生态度。第一种人生态度为人对于物的问题。第三种人生态度为人对于人的问题，此则为人对于自己本身的问题。人与其他动物不同，其他动物全走本能道路，而人则走理智道路，其理智作用特别发达。其最特殊之点，即在回转头来反看自己，此为一切生物之所不及于人者。当人转回头来冷静地观察其生活时，即感觉人生太苦，一方面自己为饮食男女及一切欲望所纠缠，不能不有许多痛苦；而在另一方面，社会上又充满了无限的偏私、嫉忌、仇怨、计较以及生离死别等种种现象，更足使人感觉得人生太无意思。如是，乃产生一种厌离人世的人生态度。此态度为人人所同有。世俗之愚夫愚妇皆有此想，因愚夫愚妇亦能回头想，回头想时，便欲厌离。但此种人生态度虽为人人所同具，而所分别者即在程度上深浅之差，只看彻底不彻底、到家不到家而已。此种厌离的人生态度，为许多宗教之所由生。最能发挥到家者，厥为印度人；印度人最奇怪，

[1] 本文选自梁漱溟著《人生的三路向：宗教、道德与人生》，当代中国出版社，2010年版。本篇为该书的序言。

其整个生活，完全为宗教生活。他们最彻底、最完全；其中最通透者为佛家。

第三种人生态度，可以用“郑重”二字以表示之。郑重态度，又可分为两层来说：其一，为不反观自己时——向外用力；其二，为回头看自家时——向内用力。在未曾回头看而自然有的郑重态度，即儿童之天真烂漫的生活。儿童对其生活，有天然之郑重，与天然之不忽略，故谓之天真；真者真切，天者天然，即顺从其生命之自然流行也。于此处我特别提出儿童来说，因我在此所用之“郑重”一词似乎太严重。其实并不严重。我之所谓“郑重”，实即自觉地听其生命之自然流行，求其自然合理耳。“郑重”即是将全副精神照顾当下，如儿童之能将其生活放在当下，无前无后，一心一意，绝不知道回头反看，一味听从于生命之自然的发挥，几与向前逐求差不了多少，但确有分别。此系言浅一层。

更深而言之，从反回头来看生活而郑重生活，这才是真正的发挥郑重。这条路发挥得最到家的，即为中国之儒家。此种人生态度亦甚简单，主要意义即是教人自觉地尽力量去生活。此话虽平常，但一切儒家之道理尽包含在内；如后来儒家之“寡欲”“节欲”“窒欲”等说，都是要人清楚地自觉地尽力于当下的生活。儒家最反对仰赖于外力之催逼，与外边趣味之引诱往前度生活。引诱向前生活，为被动的、逐求的，而非为自觉自主的；儒家之所以排斥欲望，即以欲望为逐求的、非自觉的，不是尽力量去生活。此话可以包含一切道理。如“正心诚意”“慎独”“仁义”“忠恕”等，都是以自己自觉的力量去生活。再如普通所谓“仁至义尽”“心情俱到”等，亦皆此意。

此三种人生态度，每种态度皆有浅深。浅的厌离不能与深的逐求相比。逐求是世俗的路，郑重是道德的路，而厌离则为宗教的路。将此三者排列而为比较，当以逐求态度为较浅；以郑重与厌离二种态度相较，则郑重较难；从逐求态度进步转变到郑重态度自然也可能，但我觉得很不容易。普通都是由逐求态度折到厌离态度，从厌离态度再转入郑重态度，宋明之理学家大多如此，所谓出入儒释，都是经过厌离生活，然后重又归来尽力于当下之生活。即以我言，亦恰如此。在我十几岁时，极接近于实利主义，后转入于佛家，最后方归于儒家。厌离之情殊为深刻，由是转过来才能尽力于生活；否则便会落于逐求，落于假的尽力。故非心里极干净，无纤毫贪求之念，不能尽力生活。而真的尽力生活，又每在经过厌离之后。

知人论世

梁漱溟（1893—1988年），原名焕鼎，字寿铭。曾用笔名寿名、瘦民、漱溟。蒙古族，原籍广西桂林，生于北京。中国著名的哲学家、思想家、教育家、社会活动家、国学大师、爱国民主人士，主要研究人生问题和社会问题，现代新儒家的早期代表人物之一，有“中国最后一位大儒家”之称。梁漱溟受泰州学派的影响，在中国发起过乡村建设运动，并取得可以借鉴的经验。一生著述颇丰，存有《中国文化要义》《东西文化及其哲学》《唯识述义》《中国人》《读书与做人》与《人心与人生》等。

《三种人生态度》一文出自1933年前后，梁漱溟先生与同学们每天例行的“朝会”上的一次谈话，这篇谈话来自于先生个人的生活感受及切身体会，将人生态度由中国传统的二分法改变为三分法。此文有别于浮泛空谈，且言简意赅，发人深省 。

触类旁通

我生有涯愿无尽[1]

看到这个书名，不禁想起屈原“路漫漫其修远兮，吾将上下而求索” 。这两句话里流露出一样的执着，一样的坚定。忽而又想起庄子那句“吾生也有涯，而知也无涯”。本来，如果就只有这半句，就符合了后世常取的“义”，和前面两句也大体相合了。可惜，断章后面还有后续——“以有涯随无涯，殆矣”，接上去后，道家思想和儒家思想的悖（背）离便摆在了面前，世人眼里，道家总是消极的，儒家总是积极的……好像，大多数执着的人总是属于儒家，因他们肩负着“修身齐家治国平天下 ”的重任。后来，儒家慢慢远离我们视线，直到20世纪，“中国最后一位大儒家”消失在历史舞台。

这位大儒便是梁漱溟先生，一生充满了传奇色彩：只有中学毕业文凭，却被蔡元培请到全国最高学府北京大学教印度哲学；在城市出生成长，然而长期从事乡村建设；出身于“世代诗礼仁宦”家庭，青年时代又一度崇信康梁的改良主义思想。辛亥革命

[1] 本文参考梁漱溟著《我生有涯愿无尽——漱溟自述文录》，上海人民出版社，2013年版。

时期，参加同盟会，曾热衷于社会主义，宣传废除私有财产制。二十岁起潜心于佛学研究，几度自杀未成，经过几年的沉潜反思，重兴追求社会理想的热情，又逐步转向了儒学。一生致力于研究儒家学说和中国传统文化，是著名的新儒家学者，可是却念念不忘佛家生活……一生不断追求的两个问题：一是人生问题，即人为什么活着；二是中国问题，即中国向何处去。梁漱溟的介绍中称号颇多，到底哪一个是真正的他，一直以来政学两界争论不休。和毛泽东叫板谈雅量，讥讽郭沫若，直言“文化大革命”搞糟了……在国家图书馆里，博硕士论文以梁漱溟为研究对象的专著超过了数十种。

《我生有涯愿无尽》标注为自传，大抵是由梁漱溟先生生前关于自身生平的文章辑录而成。先生九十多年人生轨迹在此书中纤毫毕现地展现在我们面前，这位最后的大儒家留给我们的宝贵财富，值得我们用心去拜读体会。

切问近思

1. 作者对人生态度的三分法与中国传统的“出世”“入世”二分法是否有根本区别？谈谈你对此的看法。

2. 你的人生态度是怎样的？本文对你有何启发？

3. 为什么说梁漱溟是“中国最后一位儒家”？请到图书馆查阅相关资料。

18 哈姆莱特（节选）[1]

（英）莎士比亚

第三幕

第一场 城堡中一室

国王、王后、波洛涅斯、奥菲利娅、罗森格兰兹及吉尔登斯吞上。

国王：你们不能用迂回婉转的方法，探出他为什么这样神魂颠倒，让紊乱而危险的疯狂困扰他的安静的生活吗？

罗森格兰兹：他承认他自己有些神经迷惘，可是绝口不肯说为了什么缘故。

吉尔登斯吞：他也不肯虚心接受我们的探问；当我们想要引导他吐露他自己的一些真相的时候，他总是用假作痴呆的神气故意回避。

王后：他对待你们还客气吗？

罗森格兰兹：很有礼貌。

吉尔登斯吞：可是不大自然。

罗森格兰兹：他很吝惜自己的话，可是我们问他话的时候，他回答起来却是毫无拘束。

王后：你们有没有劝诱他找些什么消遣？

罗森格兰兹：娘娘，我们来的时候，刚巧有一班戏子也要到这儿来，给我们赶过了；我们把这消息告诉了他，他听了好像很高兴。现在他们已经到了宫里，我想他已经吩咐他们今晚为他演出了。

波洛涅斯：一点不错；他还叫我来请两位陛下同去看看他们演得怎样哩。

国王：那好极了；我非常高兴听见他在这方面感兴趣。请你们两位还要更进一步鼓起他的兴味，把他的心思移转到这种娱乐上面。

罗森格兰兹：是，陛下。（罗森格兰兹、吉尔登斯吞同下。）

国王：亲爱的乔特鲁德，你也暂时离开我们；因为我们已经暗中差人去唤哈姆莱特到这儿来，让他和奥菲利娅见见面，就像他们偶然相遇一般。她的

[1] 本文节选自莎士比亚著《哈姆莱特》，朱生豪译，人民文学出版社，2000年版。

父亲　跟我两人将要权充一下密探，躲在可以看见他们，却不能被他们看见的地方，注意他们会面的情形，从他的行为上判断他的疯病究竟是不是因为恋爱上的苦闷。

王后：　我愿意服从您的意旨。奥菲利娅，但愿你的美貌果然是哈姆莱特疯狂的原因；更愿你的美德能够帮助他恢复原状，使你们两人都能安享尊荣。

奥菲利娅：娘娘，但愿如此。（王后下。）

波洛涅斯：奥菲利娅，你在这儿走走。陛下，我们就去躲起来吧。（向奥菲利娅）你拿这本书去读，他看见你这样用功，就不会疑心你为什么一个人在这儿了。人们往往用至诚的外表和虔敬的行动，掩饰一颗魔鬼般的内心，这样的例子是太多了。

国王：　（旁白）啊，这句话是太真实了！它在我的良心上抽了多么重的一鞭！涂脂抹粉的娼妇的脸，还不及掩藏在虚伪的言辞后面的我的行为更丑恶。难堪的重负啊！

波洛涅斯：我听见他来了；我们退下去吧，陛下。（国王及波洛涅斯下。）

哈姆莱特上。

哈姆莱特：生存还是毁灭，这是一个值得考虑的问题；默然忍受命运的暴虐的毒箭，或是挺身反抗人世的无涯的苦难，通过斗争把它们扫清，这两种行为，哪一种更高贵？死了；睡着了；什么都完了；要是在这一种睡眠之中，我们心头的创痛，以及其他无数血肉之躯所不能避免的打击，都可以从此消失，那正是我们求之不得的结局。死了；睡着了；睡着了也许还会做梦；嗯，阻碍就在这儿：因为当我们摆脱了这一具朽腐的皮囊以后，在那死的睡眠里，究竟将要做些什么梦，那不能不使我们踌躇顾虑。人们甘心久困于患难之中，也就是为了这个缘故；谁愿意忍受人世的鞭挞和讥嘲、压迫者的凌辱、傲慢者的冷眼、被轻蔑的爱情的惨痛、法律的迁延、官吏的横暴和费尽辛勤所换来的小人的鄙视，要是他只要用一柄小小的刀子，就可以清算他自己的一生？谁愿意负着这样的重担，在烦劳的生命的压迫下呻吟流汗，倘不是因为惧怕不可知的死后，惧怕那从来不曾有一个旅人回来过的神秘之国，是它迷惑了我们的意志，使我们宁愿忍受目前的磨折，不敢向我们所不知道的痛苦飞去？这样，重重的顾虑使我们全变成了懦夫，决心的赤热的光彩，被审慎的思维盖上了一层灰色，伟大的事业在这一种考虑之下，也会逆流而退，失去了行动的意义。且慢！美丽的奥菲利娅！——女神，在你的祈祷之中，不要忘记替我忏悔我的罪孽。

奥菲利娅：我的好殿下，您这许多天来贵体安好吗？

哈姆莱特：谢谢你，很好，很好，很好。

奥菲利娅：殿下，我有几件您送给我的纪念品，我早就想把它们还给您；请您现在收回去吧。

哈姆莱特：不，我不要；我从来没有给你什么东西。

奥菲利娅：殿下，我记得很清楚您把它们送给了我，那时候您还向我说了许多甜言蜜语，使这些东西格外显得贵重；现在它们的芳香已经消散，请您拿回去吧，因为在有骨气的人看来，送礼的人要是变了心，礼物虽贵，也会失去了价值。拿去吧，殿下。

哈姆莱特：哈哈！你贞洁吗？

奥菲利娅：殿下！

哈姆莱特：你美丽吗？

奥菲利娅：殿下是什么意思？

哈姆莱特：要是你既贞洁又美丽，那么你的贞洁应该断绝跟你的美丽来往。

奥菲利娅：殿下，难道美丽除了贞洁以外，还有什么更好的伴侣吗？

哈姆莱特：嗯，真的；因为美丽可以使贞洁变成淫荡，贞洁却未必能使美丽受它自己的感化；这句话从前像是怪诞之谈，可是现在时间已经把它证实了。我的确曾经爱过你。

奥菲利娅：真的，殿下，您曾经使我相信您爱我。

哈姆莱特：你当初就不应该相信我，因为美德不能熏陶我们罪恶的本性；我没有爱过你。

奥菲利娅：那么我真是受了骗了。

哈姆莱特：进尼姑庵去吧；为什么你要生一群罪人出来呢？我自己还不算是一个顶坏的人；可是我可以指出我的许多过失，一个人有了那些过失，他的母亲还是不要生下他来的好。我很骄傲，有仇必报，富于野心，我的罪恶是那么多，连我的思想也容纳不下，我的想象也不能给它们形象，甚至于我都没有充分的时间可以把它们实行出来。像我这样的家伙，匍匐于天地之间，有什么用处呢？我们都是些十足的坏人；一个也不要相信我们。进尼姑庵去吧。你的父亲呢?

奥菲利娅：在家里，殿下。

哈姆莱特：把他关起来，让他只好在家里发发傻劲。再会!

奥菲利娅：哎哟，天哪！救救他!

哈姆莱特：要是你一定要嫁人，我就把这一个咒诅送给你做嫁妆：尽管你像冰一样坚贞，像雪一样纯洁，你还是逃不过谗人的诽谤。进尼姑庵去吧，去；再会！或者要是你必须嫁人的话，就嫁给一个傻瓜吧；因为聪明人都明白你们会叫他们变成怎样的怪物。进尼姑庵去吧，去；越快越好。再会!

奥菲利娅：天上的神明啊，让他清醒过来吧!

哈姆莱特：我也知道你们会怎样涂脂抹粉；上帝给了你们一张脸，你们又替自己另外造了一张。你们烟视媚行，淫声浪气，替上帝造下的生物乱取名字，卖弄你们不懂事的风骚。算了吧，我再也不敢领教了；它已经使我发了狂。我说，我们以后再不要结什么婚了；已经结过婚的，除了一个人以外，都可以让他们活下去；没有结婚的不准再结婚，进尼姑庵去吧，去。（下。）

奥菲利娅：啊，一颗多么高贵的心是这样陨落了！朝臣的眼睛、学者的辩舌、军人的利剑、国家所瞩望的一朵娇花；时流的明镜、人伦的雅范、举世瞩目的中心，这样无可挽回地陨落了！我是一切妇女中间最伤心而不幸的，我曾经从他音乐一般的盟誓中吮吸芬芳的甘蜜，现在却眼看着他的高贵无上的理智，像一串美妙的银铃失去了谐和的音调，无比的青春美貌，在疯狂中凋谢！啊！我好苦，谁料过去的繁华，变作今朝的泥土!

国王及波洛涅斯重上。

国王：恋爱！他的精神错乱不像是为了恋爱；他说的话虽然有些颠倒，也不像是疯狂。他有些什么心事盘踞在他的灵魂里，我怕它也许会产生危险的结果。为了防止万一，我已经当机立断，决定了一个办法：他必须立刻到英国去，向他们追索延宕未纳的贡物；也许他到海外各国游历一趟以后，时时变换的环境，可以替他排解去这一桩使他神思恍惚的心事。你看怎么样?

波洛涅斯：那很好；可是我相信他的烦闷的根本原因，还是为了恋爱上的失意。啊，奥菲利娅！你不用告诉我们哈姆莱特殿下说些什么话；我们全都听见了。陛下，照您的意思办吧；可是您要是认为可以的话，不妨在戏剧终场以后，让他的母后独自一人跟他在一起，恳求他向她吐露他的心事；她必须很坦白地跟他谈谈，我就找一个所在听他们说些什么。要是她也探听不出他的秘密来，您就叫他到英国去，或者凭着您的高见，把他关禁在一个适当的地方。

国王：　就这样吧；大人物的疯狂是不能听其自然的。（同下。）

知人论世

威廉·莎士比亚 (William Shakespeare，1564—1616 年) 是欧洲文艺复兴时期最重要的作家，杰出的戏剧家和诗人，也是西方文艺史上最杰出的作家之一，全世界最卓越的文学家之一。他在欧洲文学史上占有特殊的地位，被喻为“人类文学奥林匹克山上的宙斯”。他与古希腊三大悲剧家埃斯库勒斯 (Aeschylus)、索福克勒斯 (Sophocles) 及欧里庇得斯 (Euripides) 合称戏剧史上四大悲剧家。莎士比亚流传下来的作品包括 38 部戏剧、154 首十四行诗、两首长叙事诗。他的戏剧有各种主要语言的译本，且表演次数远远超过其他任何戏剧家的作品。

《哈姆莱特》，英文原名为“The Tragedy of Hamlet, Prince of Denmark”（丹麦王子哈姆莱特的悲剧），简称 Hamlet，又名《王子复仇记》，威廉·莎士比亚于 1599 年至 1602 年间创作的一部悲剧作品。同《麦克白》《李尔王》和《奥赛罗》一起组成莎士比亚“四大悲剧”。《哈姆莱特》是莎士比亚所有戏剧中篇幅最长的一部，也是莎士比亚最负盛名的剧本，具有深刻的悲剧意义、复杂的人物性格以及丰富完美的悲剧艺术手法，代表着整个西方文艺复兴时期文学的最高成就。

触类旁通

十四行诗

十四行诗，又译“商籁体”，为意大利文 sonetto，英文 Sonnet、法文 sonnet 的音译。

是欧洲一种格律严谨的抒情诗体。最初流行于意大利，彼特拉克的创作使其臻于完美，形式整齐，音韵优美，以歌颂爱情，表现人文主义思想为主要内容。又称“彼特拉克体”，后传到欧洲各国。

莎士比亚除了是位举世闻名的剧作家之外还是一位著名诗人，他改变了彼特拉克格式，由两段四行诗加两段三行诗改为三段四行诗加一副对句编排，将每行诗句有 11 个抑扬格音节变为 10 个。以形象生动、结构巧妙、音乐性强、起承转合自如为特色，常常在最后一副对句中概括内容，点明主题，表达出新兴资产阶级的理想和情怀。

他创作的《十四行诗》发表于 1609 年，这也是他最后一部出版的非戏剧类著作。这些诗大约创作于 1590 至 1598 年间，诗作使用的语言精准富于变化，结构安排巧妙，具有很高的审美价值。诗集分为两部分，第一部分为前 126 首，献给一个年轻的贵族（Fair Lord），诗人的诗热烈地歌颂了这位朋友的美貌以及他们的友情；第二部分为第 127 首至最后，献给一位“黑女士”（Dark Lady），描写爱情。其中第 18 首是流传最广的诗作之一。是写给他的友人，歌颂了友人的美貌和诗作的永恒性。

一八[1]

我怎么能够将你比作夏天？
你不独比它可爱也比它温婉：
狂风将五月宠爱的嫩蕊作践，
夏日出赁的期限又未免太短：
天上的眼睛有时照得太酷烈，
它那炳耀的金颜又常遭掩蔽：
被机缘或无常的天道所摧折，
没有芳艳不终于雕残或销毁。
但是你的长夏永远不会凋落，
也不会损失你这皎洁的红芳，
或死神夸口你在他影里漂泊，
只要一天有人类，或人有眼睛，
这诗将长存，并且赐给你生命。

[1] 选自《梁宗岱译集：莎士比亚十四行诗》，华东师范大学出版社，2016 年版。

切问近思

1. 根据文章中哈姆莱特的独白分析哈姆莱特的形象。
2. 如何理解“有一千个读者，就有一千个哈姆莱特”这句话？
3. 你最喜欢莎士比亚哪一部作品？试说明理由。

拓展阅读

生命的意义[1]

罗家伦

我们人类的生命很多，宇宙间万物的生命更多。生之现象，非常普遍。但是我们为什么生在世上？这个问题，数千年来经过多少哲学家、科学家的研讨和追求。如果做了人而对于人生的意义不明了，浑浑噩噩，糊涂一世，那他真是白活了。因为对于本身的生命还不明白，我们的行为，就没有标准；我们的态度，也无从确定。有许多人觉得生活很是痛苦，恨不得立刻把自己的生命毁灭掉。他觉得活在世上，乃是尝着无穷尽的痛苦；在生命的背后，似乎有一种黑暗的魔力，时刻逼着他向苦难的路上推动，使他欲生不能，欲死不得；因此他常想设法解除这生命的痛苦。佛教所谓“涅槃”，也就是谋解除生命痛苦的一个方法。不过是否真能解除，乃是另一问题。又有些人认（为）生命是快乐的，以为世界上一切事物，宇宙间一切创作，都是供我们享受的，遂成为一种绝对的享乐主义。其他对于生命所抱的态度很多，要皆各有其见解。我们若是不知道生命真正的意义，就会彷徨歧路，感觉生命的空虚，于是一切行动，茫无所措。所以我们对于这个问题，至少应该有一种初步的，也就是基本的反省。

第一，在无量数生命中，人的生命何以有特别意义？

如果就“生命”二字来讲，他的意义非常广泛。谈到宇宙的生命，其含义更深。这个纯粹的哲学问题，此处暂且不讲。生命既然很多，人类的生命，不过为宇宙无穷生命之一部分。庄子说：“朝菌不知晦朔，蟪蛄不知春秋，”朝菌蟪蛄，何尝没有生命？大之如“天山龙”，固曾有其生命，小之如微生物，也有生命。但是在这无量数的生命中，为什么人的生命，才有特殊的意义？为什么人的生命，才有特殊的价值？为什么只有人才对他的生命发生意义和价值的问题？

第二，生命是变动的，物我之间，究竟有什么关系？

生命是变动的。我们身上的细胞，每天有多少新的生出来，多少陈旧的逐渐死去。这种新陈代谢的变动，可说无一刻停止。一方面我们采取动植矿物的滋养成分为食料，以增加我们的新细胞，维持我们的生长；但一旦人死了，身体的有机组织，又渐腐败分离，为其他动植矿物所吸收。生命之循环，变化无已。我们若分析人类的生命，与其他动植物的生命，可以发生许多哲学上的推论。如近代柏格森、杜里舒等哲学系统，都是由此而来的。即梁启超的今日之我非昨日之我，故不惜今日之我与昨日之我宣战的一段话，也是由于观察生命不断变动的现象而来的，不过他得到的是不正确的推论罢了。可见我们总是想到在生命不断的变动当中，物我之间究竟有什么关系这个问题。

[1] 本文选自关鸿、魏平主编《历史的先见——罗家伦文化随笔》，学林出版社，1997年版。

第三，生命随着时间容易过去。

生命随着真实的空时不断地过去。人生上寿，不过百年，转瞬消逝，于是便有“生为尧舜死亦枯骨，生为桀纣死亦枯骨”之感。在悠悠无穷的时间中，人的一生不过一刹那。印度人认（为）宇宙曾经多少劫；每劫若干亿万年。人的生命，在这无数劫中，还不是一刹那吗？若仅就生命现在的一刹那看来，时光实在过于短促；生命的价值，如果仅以一刹那之长短来估定，那末（么）人生实在没有多大意义。尧舜苦心经营创制，不过是一刹那的过去；桀纣醉生梦死，作恶殃民，也不过是一刹那的过去。若是把他们的生命价值认为相等，岂非笑话！故以生命之久暂来估定他的意义与价值，当然是不妥。一个人只要有高尚的思想，伟大的人格，虽不生为百岁老人，亦有何伤？否则上寿百岁与三十四十岁而死者，从无穷尽的时间过程看来，都不过是一刹那。欲从这时间久暂上来求得生命的意义，真是微乎其微。故生命的意义，当然别有所在。

这就是我们对于生命初步的反省。我们从此得到了三个认识，就是：生命是无数的，生命是变动的，生命是容易过去的。

人生的意义在能认识和创造生命的价值 宇宙间的生命，既是如此的多，何以只是人类的生命，才有特别的意义？想解答这个问题，是属于价值哲学的研究。人的生命之所以有意义，乃是因为人能认识和创造人生的价值。因为人类能够反省，所以他能对于宇宙整个的系统，求得认识；更能从宇宙的整个系统之中，认识其本身价值之所在。人类的生命，虽然限制在一定的时空系统之中，但是他能够扩大经验的范围，不受环境的束缚；能够离开现实的环境而创造理想的意境。其他动物则不能如此。例如蛙在井中，则以井为其唯一的天地；离开了井，他便一无认识。人类则不然，其意境所托，可以另辟天地。只有人才能把世上的事事物物，分析观察，整理成一个系统，探讨彼此间的关系，以求得存在于这个系统内的原理，并且能综合各种原理，以推寻生命的究竟。说到人类能创造价值一层，对于生命的意义，尤关重要。一方面他固须接受前人对于人生已定了的价值表，一方面更须自己重新定出价值表来，不断地根据这种新的启示，鼓励自己和领导大家从事于创造事业和完成使命。如此，不但个人的生命，不致等闲消失，并且把整个人类生命的意义提高。古圣先哲，终生的努力，就在于此。这是旁的生命所不能做，而为人类生命所能独到的。所以说宇宙间的生命虽是无量数，唯有人类的生命才有特殊的意义。

人格的统一性与一贯性 生命不断地变，但必须求得当中不变的真理。我们人类虽每天吸收动植矿物的滋养成分，以促进身体上新陈代谢的变化，但是生命当中所包含的真理，决不因生理上的变化而稍移易。这种生命的一贯性和统一性，就是人格。人因为有人格，所以不致因为今日食猪肉，就发猪脾气；明天食牛肉，就发牛脾气。只是以一切的物质，为我们生命的燃料罢了！至于“今日之我与昨日之我宣战”的见解，正是因为缺乏了整个的人格观念，所以陷入可笑的矛盾。世界上人与人相处，彼此之间全赖有人格的认识。大家所共认为是善人的，应该今日如此，明日也必定如此；今年如此，明年也必定如此。若是人类无此维系，便无人类的社会可言。所谓人格，就是一贯的自我。他应当是根据我们对于宇宙系统的研究与反省所得到的精确认识，而向着完满的意境前进，向着真善美的世界发展的。他须努力使生命格外美满和谐，使个人的生命与整个宇宙的生命相协调。他更须佐以渊博的知识，培以丰富纯正的感情，从事于促成生命系统的完善。这种好的人格才真是一贯的；因为是一贯的，所以是经得起困苦艰难，决不会随着变幻的外界现象而转移的。有了这种人格，然后在整个宇宙的生命系统当中，人的生命才可立定一个适当的地位。倘若今日如此，明日如彼；苟且偷安，随波逐流，便认为是自我的满足；那不但是无修养，而且是无人格。人与其他生物的分际，就在人格上。人虽吸收了若干外来的食物成分，变其血轮，变其细胞，变其生理上的一切，但他的人格，理想上的人格，永久不变，这就是人格的统一性与一贯性。可见生命虽不断地变，尚有不变者在。

这也是人类生命的特殊性。

要保持生力，从力行中以生命来换取伟大的事业生命随着时间容易过去。《庄子》上所说的朝菌蟪蛄，固然生命很短；楚南冥灵，以五百岁为春，五百岁为秋，上古大椿，以八千岁为春，八千岁为秋，这种生命可以说是很长了，然而在整个时间系统之中，又何尝不是一刹那的过去？故生命的长短，不足以决定生命之价值。生命之价值，要看生命存在的意义如何，乃能决定。吾人之生，决定要有一种作为。生命虽易过去，但有一点不灭，那就是以生命所换来永不磨灭的事业。古今来已死过了的生命不知有多少，若以四万万人每人能活到六十岁来计算，那么，每六十年要死去四万万，一百二十年就死去八万万，照此推算下去，有史以来，过去了的生命，不知若干万万。但是古今来立德立功立言的人，名垂青史，虽在千百年以后，也还是为人所景仰崇拜；那些追随流俗，一事无成的人，他的姓名，及身就不为人所知，到了后代，更如飘忽的云烟，一些痕迹也不曾留着。所以唯有事业，才是人生的成绩，人类的遗产。孔子虽死，他的伦理教训，仍然存在；秦始皇虽死，他为中国立下的大一统规模，依然存在；拿破仑已死，他的法典，仍然存在。生命虽暂，而以生命换来的事业，是不会磨灭的；其事业的精神，也永远会由后人继承了去发扬光大。诸葛亮在隆中，自比管乐；管乐生在数百年前，其遗留的事业精神，诸葛亮继承着去发扬光大。左宗棠平新疆，以“新亮”自居，也就是隐然以诸葛亮自承。所以生命之易消逝，不足为忧；所忧者当在这有限的生命，能否换来无限光荣的事业。若是苟且偷生，闲居待死，就是活到九十或百岁，仍与人类社会无关。生命千万不可浪费，浪费生命是最可惜的事。萧伯纳曾叹人生活到可以创造事业的年龄，即行死去，觉得太不经济。他想如果人能和基督教创世记所载的眉寿是拉一样，活到九百六十九岁，则文明的进步岂不更有可观。但这是文学家的理想，是做不到的事。然而西洋人利用生命的时间，比中国人却经济多了。西洋人从四十岁到七十岁为从事贡献于政治、文艺、哲学、科学以及工商社会事业的有效时期，而中国人四十岁以后即呈衰老，到六十岁就打算就木。两相比较，中国人生命的短促和浪费，真可惊人！我们既然不能希望活到九百六十九岁的高龄，那我们就得把这七八十年的一段生命，好好利用。我们要有长命的企图，我们同时要有短命的打算。长命的企图是我们不要把生命消耗在无意义的方面。短命的打算是我们要活一天做两天的事，活一年做两年的事。不问何时死去，事业先已成就。我们生在世上一天，就得充分的（地）保持和发挥自己的生力一天。无生力的生命，是不会成就事业的，无永久价值的事业的生命，是无声无臭度过的。

所以人生在世，不要因生命之数量过多及其容易消逝而轻视生命，不要因生命之时常变动而随波逐流，终至侮辱生命。我们须得对人生的价值有认识，对人格能维持其一贯性；以鞠躬尽瘁，死而后已的精神，加紧地去把自己的生命，换成有永久价值的事业。这样，才不是偷生，才不是枉生！

谈生命[1]

冰　心

我不敢说生命是什么，我只能说生命像什么。

生命像向东流的一江春水。他从最高处发源，冰雪是他的前身。他聚集起许多细流，合成一股有力的洪涛，向下奔注，他曲折地穿过了悬岩削壁，冲倒了层砂积土，挟卷着滚滚的沙石，快乐勇敢地流走，一路上他享受着他所遭遇的一切；有时候他遇到山岩前阻，他愤激地奔腾了起来，怒吼着，回旋着，前波后浪的起伏催逼，直到他过了，冲倒了这危崖，他才心平气和地一泻千里。有时候他经过细细的平沙，斜阳芳草里，看见了夹岸红艳的桃花，他快乐而又羞怯，静静地流着，低低地吟唱着，轻轻地度过这一段浪漫的行程。有时候他遇到暴风雨，这激电，这迅雷，使他心魂惊骇，疾风吹卷起他，大雨击打着他，他暂时浑浊了，扰乱了，而雨过天晴，只加给他许多新生的力量。有时候他遇到了晚霞和新月，向他照耀，向他投影，清冷中带些幽幽的温暖：这时他只想憩息，只想睡眠，而那股前进的力量，仍催逼着他向前走……终于有一天，他远远地望见大海，呵！他已到了行程的终结，这大海，使他屏息，使他低头，她多么辽阔，多么伟大！多么光明，又多么黑暗！大海庄严地伸出臂儿来接迎他，他一声不响地流入她的怀里。他消融了，归化了，说不上快乐，也没有悲哀！也许有一天，他再从海上蓬蓬的雨点中升起，飞向西来，再形成一道江流，再冲倒两旁的石壁，再来寻夹岸的桃花。

然而我不敢说来生，也不敢信来生！

生命又像一棵小树，他从地底聚集起许多生力，在冰雪下欠伸，在早春润湿的泥土中，勇敢快乐地破壳出来。他也许长在平原上，岩石上，城墙上，只要他抬头看见了天，呵！看见了天！他便伸出嫩叶来吸收空气，承受日光，在雨中吟唱，在风中跳舞，他也许受着大树的荫遮，也许受着大树的覆压，而他青春生长的力量，终使他穿枝拂叶地挣脱了出来，在烈日下挺立抬头！他遇着骄奢的春天，他也许开出满树的繁花，蜂蝶围绕着他飘翔喧闹，小鸟在他枝头欣赏唱歌；他会听见黄莺清吟，杜鹃啼血，也许还听见枭鸟的怪鸣。他长到最茂盛的中年，他伸展出他如盖的浓荫，来荫庇树下的幽花芳草；他结出累累的果实，来呈现大地无尽的甜美与芳馨。秋风起了，将他叶子，由浓绿吹到绯红，秋阳下他再有一番的庄严灿烂，不是开花的骄傲，也不是结果的快乐，而是成功后的宁静和怡悦！终于有一天，冬天的朔风，把他的黄叶干枝，卷落吹抖，他无力地在空中旋舞，在根下呻吟，大地庄严地伸出臂儿来接引他，他一声不响地落在她的怀里。他消融了，归化了，他说不上快乐，也没有悲哀！也许有一天，他再从地下的果仁中，破裂了出来。又长成了一棵小树，再穿过丛莽的严遮，再来听黄莺的歌唱。

然而我不敢说来生，也不敢信来生。

---

[1] 本文选自黄秉洲主编、刘江炜编著《教你欣赏散文：中外经典名篇》，中央编译出版社，2005 年版。

宇宙是一个大生命，我们是宇宙大气中之一息。江流入海，叶落归根，我们是大生命中之一叶，大生命中之一滴。在宇宙的大生命中，我们是多么卑微，多么渺小，而一滴一叶的活动生长合成了整个宇宙的进化运行。要记住：不是每一道江流都能入海，不流动的便成了死湖；不是每一粒种子都能成树，不生长的便成了空壳！生命中不是永远快乐，也不是永远痛苦，快乐和痛苦是相生相成的。等于水道要经过不同的两岸，树木要经过常变的四时。在快乐中我们要感谢生命，在痛苦中我们也要感谢生命。快乐固然兴奋，苦痛又何尝不美丽？我曾读到一个警句，是“愿你生命中有够多的云翳，来造成一个美丽的黄昏”。世界、国家和个人的生命中的云翳，没有比今天再多的了。

我与地坛（节选）[1]

史铁生

一

我在好几篇小说中都提到过一座废弃的古园，实际就是地坛。许多年前旅游业还没有开展，园子荒芜冷落得如同一片野地，很少被人记起。

地坛离我家很近，或者说我家离地坛很近。总之，只好认为这是缘分。地坛在我出生前四百多年就坐落在那儿了，而自从我的祖母年轻时带着我父亲来到北京，就一直住在离它不远的地方——五十多年间搬过几次家，可搬来搬去总是在它周围，而且是越搬离它越近了。我常觉得这中间有着宿命的味道：仿佛这古园就是为了等我，而历尽沧桑在那儿等待了四百多年。

它等待我出生，然后又等待我活到最狂妄的年龄上忽地残废了双腿。四百多年里，它剥蚀了古殿檐头浮夸的琉璃，淡褪了门壁上炫耀的朱红，坍圮[2]了一段段高墙又散落了玉砌雕栏，祭坛四周的老柏树愈见苍幽，到处的野草荒藤也都茂盛得自在坦荡。这时候想必我是该来了。十五年前的一个下午，我摇着轮椅进入园中，它为一个失魂落魄的人把一切都准备好了。那时，太阳循着亘古不变的路途正越来越大，也越红。在满园弥漫的沉静光芒中，一个人更容易看到时间，并看见自己的身影。

自从那个下午我无意中进了这园子，就再没长久地离开过它。我一下子就理解了它的意图。正如我在一篇小说中所说的：“在人口密聚的城市里，有这样一个宁静的去处，像是上帝的苦心安排。”

两条腿残废后的最初几年，我找不到工作，找不到去路，忽然间几乎什么都找不到了，我就摇了轮椅总是到它那儿去，仅为着那儿是可以逃避一个世界的另一个世界。我在那篇小说中写道：“没处可去我便一天到晚耗在这园子里。跟上班下班一样，别人去上班我就摇了轮椅到这儿来。园子无人看

[1] 本文选自史铁生著《我与地坛》，人民文学出版社，2011年版。

[2] 坍圮：读音 tān pǐ，山坡、建筑物或堆积的东西倒塌。

管，上下班时间有些抄近路的人们从园中穿过，园子里活跃一阵，过后便沉寂下来。”“园墙在金晃晃的空气中斜切下一溜阴凉，我把轮椅开进去，把椅背放倒，坐着或是躺着，看书或者想事，撅一杈树枝左右拍打，驱赶那些和我一样不明白为什么要来这世上的小昆虫。”“蜂儿如一朵小雾稳稳地停在半空；蚂蚁摇头晃脑捋着触须，猛然间想透了什么，转身疾行而去；瓢虫爬得不耐烦了，累了祈祷一回便支开翅膀，忽悠一下升空了；树干上留着一只蝉蜕，寂寞如一间空屋；露水在草叶上滚动，聚集，压弯了草叶轰然坠地摔开万道金光。”“满园子都是草木竞相生长弄出的响动，窸窸窣窣片刻不息。”这都是真实的记录，园子荒芜但并不衰败。

除去几座殿堂我无法进去，除去那座祭坛我不能上去而只能从各个角度张望它，地坛的每一棵树下我都去过，差不多它的每一米草地上都有过我的车轮印。无论是什么季节，什么天气，什么时间，我都在这园子里待过。有时候待一会儿就回家，有时候就待到满地上都亮起月光。记不清都是在它的哪些角落里了。我一连几小时专心致志地想关于死的事，也以同样的耐心和方式想过我为什么要出生。这样想了好几年，最后事情终于弄明白了：一个人，出生了，这就不再是一个可以辩论的问题，而只是上帝交给他的一个事实；上帝在交给我们这件事实的时候，已经顺便保证了它的结果，所以死是一件不必急于求成的事，死是一个必然会降临的节日。这样想过之后我安心多了，眼前的一切不再那么可怕。比如你起早熬夜准备考试的时候，忽然想起有一个长长的假期在前面等待你，你会不会觉得轻松一点？并且庆幸并且感激这样的安排？

剩下的就是怎样活的问题了，这却不是在某一个瞬间就能完全想透的、不是一次性能够解决的事，怕是活多久就要想它多久了，就像是伴你终生的魔鬼或恋人。所以，十五年了，我还是总得到那古园里去，去它的老树下或荒草边或颓墙旁，去默坐，去呆想、去推开耳边的嘈杂理一理纷乱的思绪，去窥看自己的心魂。十五年中，这古园的形体被不能理解它的人肆意雕琢，幸好有些东西是任谁也不能改变它的。譬如祭坛石门中的落日，寂静的光辉平铺的一刻，地上的每一个坎坷都被映照得灿烂；譬如在园中最为落寞的时间，一群雨燕便出来高歌，把天地都叫喊得苍凉；譬如冬天雪地上孩子的脚印，总让人猜想他们是谁，曾在哪儿做过些什么、然后又都到哪儿去了；譬如那些苍黑的古柏，你忧郁的时候它们镇静地站在那儿，你欣喜的时候它们依然镇静地站在那儿，它们没日没夜地站在那儿，从你没有出生一直站到这个世界上又没了你的时候；譬如暴雨骤临园中，激起一阵阵灼烈而清纯的草木和泥土的气味，让人想起无数个夏天的事件；譬如秋风忽至，再有一场早霜，落叶或飘摇歌舞或坦然安卧，满园中播散着熨帖而微苦的味道。味道是最说不清楚的。味道不能写只能闻，要你身临其境去闻才能明了。味道甚至是难于记忆的，只有你又闻到它你才能记起它的全部情感和意蕴。所以我常常要到那园子里去。

二

现在我才想到，当年我总是独自跑到地坛去，曾经给母亲出了一个怎样的难题。

她不是那种光会疼爱儿子而不懂得理解儿子的母亲。她知道我心里的苦闷，知道不该阻止我出去走走，知道我要是老待在家里结果会更糟，但她又担心我一个人在那荒僻的园子里整天都想些什么。我那时脾气坏到极点，经常是发了疯一样地离开家，从那园子里回来又中了魔似的什么话都不说。母亲知道有些事不宜问，便犹犹豫豫地想问而终于不敢问，因为她自己心里也没有答案。她料想我不会愿意她跟我一同去，所以她从未这样要求过，她知道得给我一点独处的时间，得有这样一段过程。她只是不知道这过程得要多久，和这过程的尽头究竟是什么。每次我要动身时，她便无言地帮我准备，帮助我上了轮椅车，看着我摇车拐出小院；这以后她会怎样，当年我不曾想过。

有一回我摇车出了小院；想起一件什么事又返身回来，看见母亲仍站在原地，还是送我走时的姿势，望着我拐出小院去的那处墙角，对我的回来竟一时没有反应。待她再次送我出门的时候，她说："出去活动活动，去地坛看看书，我说这挺好。"许多年以后我才渐渐听出，母亲这话实际上是自我安慰，是暗自的祷告，是给我的提示，是恳求与嘱咐。只是在她猝然去世之后，我才有余暇设想，当我不在家里的那些漫长的时间，她是怎样心神不定坐卧难宁，兼着痛苦与惊恐与一个母亲最低限度的祈求。现在我可以断定，以她的聪慧和坚忍，在那些空落的白天后的黑夜，在那不眠的黑夜后的白天，她思来想去最后准是对自己说："反正我不能不让他出去，未来的日子是他自己的，如果他真的要在那园子里出了什么事，这苦难也只好我来承担。"在那段日子里——那是好几年长的一段日子，我想我一定使母亲作过了最坏的准备了，但她从来没有对我说过："你为我想想"。事实上我也真的没为她想过。那时她的儿子还太年轻，还来不及为母亲想，他被命运击昏了头，一心以为自己是世上最不幸的一个，不知道儿子的不幸在母亲那儿总是要加倍的。她有一个长到二十岁上忽然截瘫了的儿子，这是她唯一的儿子；她情愿截瘫的是自己而不是儿子，可这事无法代替；她想，只要儿子能活下去哪怕自己去死呢也行，可她又确信一个人不能仅仅是活着，儿子得有一条路走向自己的幸福；而这条路呢，没有谁能保证她的儿子终于能找到。——这样一个母亲，注定是活得最苦的母亲。

有一次与一个作家朋友聊天，我问他学写作的最初动机是什么？他想了一会儿说："为我母亲。为了让她骄傲。"我心里一惊，良久无言。回想自己最初写小说的动机，虽不似这位朋友的那般单纯，但如他一样的愿望我也有，且一经细想，发现这愿望也在全部动机中占了很大比重。这位朋友说："我的动机太低俗了吧？"我光是摇头，心想低俗并不见得低俗，只怕是这愿望过于天真了。他又说："我那时真就是想出名，出了名让别人羡慕我母亲。"我想，他比我坦率。我想，他又比我幸福，因为他的母亲还活着。而且我想，他的母亲也比我的母亲运气好，他的母亲没有一个双腿残废的儿子，否则事情就不这么简单。

在我的头一篇小说发表的时候，在我的小说第一次获奖的那些日子里，我真是多么希望我的母亲还活着。我便又不能在家里待了，又整天整天独自跑到地坛去，心里是没头没尾的沉郁和哀怨，走遍整个园子却怎么也想不通：母亲为什么就不能再多活两年？为什么在她儿子就快要碰撞开一条路的时候，她却忽然熬不住了？莫非她来此世上只是为了替儿子担忧，却不该分享我的一点点快乐？她匆匆离我去时才只有四十九呀！有那么一会儿，我甚至对世界对上帝充满了仇恨和厌恶。后来我在一篇题为《合欢树》的文章中写道："我坐在小公园安静的树林里，闭上眼睛，想，上帝为什么早早地召母亲回去呢？很久很久，迷迷糊糊的我听见了回答：'她心里太苦了，上帝看她受不住了，就召她回去。'我似乎得了一点安慰，睁开眼睛，看见风正从树林里穿过。"小公园，指的也是地坛。

只是到了这时候，纷纭的往事才在我眼前幻现得清晰，母亲的苦难与伟大才在我心中渗透得深彻。上帝的考虑，也许是对的。

摇着轮椅在园中慢慢走，又是雾罩的清晨，又是骄阳高悬的白昼，我只想着一件事：母亲已经不在了。在老柏树旁停下，在草地上在颓墙边停下，又是处处虫鸣的午后，又是鸟儿归巢的傍晚，我心里只默念着一句话：可是母亲已经不在了。把椅背放倒，躺下，似睡非睡挨到日没，坐起来，心神恍惚，呆呆地直坐到古祭坛上落满黑暗然后再渐渐浮起月光，心里才有点明白，母亲不能再来这园中找我了。

曾有过好多回，我在这园子里待得太久了，母亲就来找我。她来找我又不想让我发觉，只要见我还好好地在这园子里，她就悄悄转身回去。我看见过几次她的背影。我也看见过几回她四处张望的情景，她视力不好，端着眼镜像在寻找海上的一条船，她没看见我时我已经看见她了，待我看见她也看见我了我就不去看她，过一会儿我再抬头看她就又看见她缓缓离去的背影。我单是无法知道有多少回她没有找到我。有一回我坐在矮树丛中，树丛很密，我看见她没有找到我；她一个人在园子里走，走过我的身旁，走过我经常待的一些地方，步履茫然又急迫。我不知道她已经找了多久还要找多久，我不知道为什么我决意不喊她——但这绝不是小时候的捉迷藏，这也许是出于长大了的男孩子的倔强或羞涩？但这倔强只留给我痛悔，丝毫也没有骄傲。我真想告诫所有长大了的男孩子，千万不要跟母亲来这套倔强，羞涩就更不必，我已经懂了可我已经来不及了。

儿子想使母亲骄傲，这心情毕竟是太真实了，以致使“想出名”这一声名狼藉的念头也多少改变了一点形象。这是个复杂的问题，且不去管它了罢。随着小说获奖的激动逐日暗淡，我开始相信，至少有一点我是想错了：我用纸笔在报刊上碰撞开的一条路，并不就是母亲盼望我找到的那条路。年年月月我都到这园子里来，年年月月我都要想，母亲盼望我找到的那条路到底是什么。母亲生前没给我留下过什么隽永的哲言，或要我恪守的教诲，只是在她去世之后，她艰难的命运，坚忍的意志和毫不张扬的爱，随光阴流转，在我的印象中愈加鲜明深刻。

有一年，十月的风又翻动起安详的落叶，我在园中读书，听见两个散步的老人说：“没想到这园子有这么大。”我放下书，想，这么大一座园子，要在其中找到她的儿子，母亲走过了多少焦灼的路。多年来我头一次意识到，这园中不单是处处都有过我的车辙，有过我的车辙的地方也都有过母亲的脚印。

三

如果以一天中的时间来对应四季，当然春天是早晨，夏天是中午，秋天是黄昏，冬天是夜晚。如果以乐器来对应四季，我想春天应该是小号，夏天是定音鼓，秋天是大提琴，冬天是圆号和长笛。要是以这园子里的声响来对应四季呢？那么，春天是祭坛上空漂浮着的鸽子的哨音，夏天是冗长的蝉歌和杨树叶子哗啦啦地对蝉歌的取笑，秋天是古殿檐头的风铃响，冬天是啄木鸟随意而空旷的啄木声。以园中的景物对应四季，春天是一径时而苍白时而黑润的小路，时而明朗时而阴晦的天上摇荡着串串杨花；夏天是一条条耀眼而灼人的石凳，或阴凉而爬满了青苔的石阶，阶下有果皮，阶上有半张被坐皱的报纸；秋天是一座青铜的大钟，在园子的西北角上曾丢弃着一座很大的铜钟，铜钟与这园子一般年纪，浑身挂满绿锈，文字已不清晰；冬天，是林中空地上几只羽毛蓬松的老麻雀。以心绪对应四季呢？春天是卧病的季节，否则人们不易发觉春天的残忍与渴望；夏天，情人们应该在这个季节里失恋，不然就似乎对不起爱情；秋天是从外面买一棵盆花回家的时候，把花搁在阔别了的家中，并且打开窗户把阳光也放进屋里，慢慢回忆慢慢整理一些发过霉的东西；冬天伴着火炉和书，一遍遍坚定不死的决心，写一些并不发出的信。还可以用艺术形式对应四季，这样春天就是一幅画，夏天是一部长篇小说，秋天是一首短歌或诗，冬天是一群雕塑。以梦呢？以梦对应四季呢？春天是树尖上的呼喊，夏天是呼喊中的细雨，秋天是细雨中的土地，冬天是干净的土地上的一只孤零零的烟斗。

因为这园子，我常感恩于自己的命运。

我甚至现在就能清楚地看见，一旦有一天我不得不长久地离开它，我会怎样想念它，我会怎样想念它并且梦见它，我会怎样因为不敢想念它而梦也梦不到它。

以梦为马[1]

海　子

我要做远方的忠诚的儿子
和物质的短暂情人
和所有以梦为马的诗人一样
我不得不和烈士和小丑走在同一道路上

万人都要将火熄灭　我一人独将此火高高举起
此火为大　开花落英于神圣的祖国
和所有以梦为马的诗人一样
我藉此火得度一生的茫茫黑夜

此火为大　祖国的语言和乱石投筑的梁山城寨
以梦为上的敦煌——那七月也会寒冷的骨骼
如雪白的柴和坚硬的条条白雪　横放在众神之山
和所有以梦为马的诗人一样
我投入此火　这三者是囚禁我的灯盏　吐出光辉

万人都要从我刀口走过　去建筑祖国的语言
我甘愿一切从头开始

[1] 本诗选自海子著，西川编《海子诗全集》，作家出版社，2009年版。该诗原作有两个标题，另一标题为“祖国”。

和所有以梦为马的诗人一样
我也愿将牢底坐穿

众神创造物中只有我最易朽
带着不可抗拒的死亡的速度
只有粮食是我珍爱 我将她紧紧抱住
抱住她 在故乡生儿育女
和所有以梦为马的诗人一样
我也愿将自己埋葬在四周高高的山上
守望平静的家园

面对大河我无限惭愧
我年华虚度 空有一身疲倦
和所有以梦为马的诗人一样
岁月易逝 一滴不剩 水滴中有一匹马儿一命归天

千年后如若我再生于祖国的河岸
千年后我再次拥有中国的稻田 和周天子的雪山
天马踢踏
和所有以梦为马的诗人一样
我选择永恒的事业

我的事业 就是要成为太阳的一生
他从古至今——“日”——他无比辉煌无比光明
和所有以梦为马的诗人一样
最后我被黄昏的众神抬入不朽的太阳

太阳是我的名字
太阳是我的一生
太阳的山顶埋葬 诗歌的尸体——千年王国和我
骑着五千年凤凰和名字叫“马”的龙——我必将失败
但诗歌本身以太阳必将胜利

人是会思想的芦苇[1]

（法）帕斯卡尔

思想形成人的伟大。

人只不过是一根苇草，是自然界最脆弱的东西；但他是一根能思想的苇草。用不着整个宇宙都拿起武器来才能毁灭；一口气、一滴水就足以致他死命了。然而，纵使宇宙毁灭了他，人却仍然要比致他于死命的东西更高贵得多；因为他知道自己要死亡，以及宇宙对他所具有的优势，而宇宙对此却是一无所知。

因而，我们全部的尊严就在于思想。正是由于它而不是由于我们所无法填充的空间和时间，我们才必须提高自己。因此，我们要努力好好地思想；这就是道德的原则。

能思想的苇草——我应该追求自己的尊严，绝不是求之于空间，而是求之于自己的思想的规定。我占有多少土地都不会有用；由于空间，宇宙便囊括了我并吞没了我，有如一个质点；由于思想，我却囊括了宇宙。人既不是天使，又不是禽兽；但不幸就在于想表现为天使的人却表现为禽兽。

思想——人的全部的尊严就在于思想。

因此，思想由于它的本性，就是一种可惊叹的、无与伦比的东西。它一定得具有出奇的缺点才能为人所蔑视；然而它又确实具有，所以再没有比这更加荒唐可笑的事了。思想由于它的本性是何等地伟大啊！思想又由于它的缺点是何等地卑贱啊！

然而，这种思想又是什么呢？它是何等地愚蠢啊！

人的伟大之所以为伟大，就在于他认识自己可悲。一棵树并不认识自己可悲。

因此，认识（自己）可悲乃是可悲的；然而认识我们之所以为可悲，却是伟大的。

这一切的可悲其本身就证明了人的伟大。它是一位伟大君主的可悲，是一个失了位的国王的可悲。

我们没有感觉就不会可悲；一栋破房子就不会可悲。只有人才会可悲。Ego vir videns。[2]

---

[1] 本文选自帕斯卡尔著《思想录》，何兆武译，商务印书馆，1985年版。

[2] 我是遭遇过的人。《耶利米哀歌》第3章第1节："我是……遭遇困苦的人。"

人的伟大——我们对于人的灵魂具有一种如此伟大的观念，以致我们不能忍受它受人蔑视，或不受别的灵魂尊敬；而人的全部的幸福就在于这种尊敬。

人的伟大——人的伟大是那样地显而易见，甚至于从他的可悲里也可以得出这一点来。因为在动物是天性的东西，我们于人则称之为可悲；由此我们便可以认识到，人的天性现在既然有似于动物的天性，那么他就是从一种为他自己一度所固有的更美好的天性里面堕落下来的。

因为，若不是一个被废黜的国王，有谁会由于自己不是国王就觉得自己不幸呢？人们会觉得保罗・哀米利乌斯[1]不再任执政官就不幸了吗？正相反，所有的人都觉得他已经担任过了执政官乃是幸福的，因为他的情况就是不得永远担任执政官。然而人们觉得柏修斯[2]不再做国王却是如此之不幸，——因为他的情况就是永远要做国王，——以致人们对于他居然能活下去感到惊异。谁会由于自己只有一张嘴而觉得自己不幸呢？谁又会由于自己只有一只眼睛而不觉得自己不幸呢？我们也许从不曾听说过由于没有三只眼睛便感到难过的，可是若连一只眼睛都没有，那就怎么也无法慰藉了。

对立性。在已经证明了人的卑贱和伟大之后——现在就让人尊重自己的价值吧。让他热爱自己吧，因为在他身上有一种足以美好的天性；可是让他不要因此也爱自己身上的卑贱吧。让他鄙视自己吧，因为这种能力是空虚的；可是让他不要因此也鄙视这种天赋的能力。让他恨自己吧，让他爱自己吧：他的身上有着认识真理和可以幸福的能力；然而他却根本没有获得真理，无论是永恒的真理，还是满意的真理。

因此，我要引人竭力寻找真理并准备摆脱感情而追随真理（只要他能发现真理），既然他知道自己的知识是彻底地为感情所蒙蔽；我要让他恨自身中的欲念，——欲念本身就限定了他，——以便欲念不至于使他盲目做出自己的选择，并且在他做出选择之后不至于妨碍他。

---

[1] 保罗・哀米利乌斯（Paul Emilius）于公元前 182 年与公元前 168 年曾两度任罗马执政官，第二次任执政官时击败马其顿王柏修斯。

[2] 柏修斯（Perseus）为马其顿末代国王，公元前 179—公元前 168 年在位，公元前 168 年为保罗・哀米利乌斯击败俘虏。

学以致用

一、活动主题

举办“美文共赏析”分享活动。

二、活动规则

1. 每位同学认真撰写一篇关于生命体悟的文章，要求原创，500 字以上，题材不限。

2. 以学习小组为单位，组内成员两两组合，互评文章。

3. 全组讨论并推举一至两篇优秀文章。

4. 全组分工合作，为优秀文章制作幻灯片课件。

5. 课堂展示，请作者或小组代表诵读美文。

第 7 单元

艺术审美

美，到底是什么？它的表象如此明显可本质却如此莫测。几千年来因为这一个字倾注了无数天才的激情。

毕达哥拉斯认为美是“数的和谐”，宇宙的和谐有序就是美之所在；苏格拉底认为美在“合目的性”，有效用的东西才是美的东西，效用即是美；柏拉图认为美是“理式”，世间万物有别于他物的特质是美；朱光潜认为美是主客观的统一，琴声既不在琴弦上也不在手指上，只有手指拨动琴弦，琴声才能发出，美也是如此，客观世界的被欣赏物的存在加上欣赏者的眼光结合成的形象，才是美。

美是什么，也许你仍旧一头雾水，我们不妨先看看怎样理解艺术，或许对美的理解能有所启发。对于艺术来说，有两种理解方式：一种是理性的理解，如绘画你明晓其中笔法的高超，音乐你清晰调性转变的色彩；另一种是感性的理解，你也许不知晓某一种艺术的技法，但这不妨碍你欣赏它的表现形式，在看到某一画面听到某一乐段时心中似有所动，与它与作者产生了共鸣。

对于美的理解也是如此。也许你无法从抽象意义上解读什么是美，可这又有什么要紧？当你从松的遒劲挺拔感受到抗争不屈的时候，当你因甜蜜爱情感到日月都在欢喜微笑的时候，当你骑行在傍晚乡间小道回首望着夕阳晚霞心中似有触动“欲辩已忘言”的时候，你告诉自己，你感受到了美，此时我们还能对美奢求更多吗？

19 《人间词话》三则[1]

王国维

一[2]

有有我之境，有无我之境。“泪眼问花花不语，乱红飞过秋千去”[3]，“可堪孤馆闭春寒，杜鹃声里斜阳暮”[4]，有我之境也。“采菊东篱下，悠然见南山”[5]，“寒波澹澹起，白鸟悠悠下”[6]，无我之境也。有我之境，以我观物，故物皆著（着）我之色彩。无我之境，以物观物，故不知何者为我，何者为物。古人为词，写有我之境者为多，然未始不能写无我之境，此在豪杰之士能自树立耳。

二[7]

古今之成大事业、大学问者，必经过三种之境界：“昨夜西风凋碧树。独上高楼，望尽天涯路”，此第一境也。“衣带渐宽终不悔，为伊消得人憔悴”[8]，此第二境也。“众里寻他千百度。回首蓦见（当作“蓦然回首”），那人正（当作“却”）在灯火阑珊处”[9]，

[1] 本文选自王国维著，徐调孚校注《人间词话》，中华书局，2016年版。

[2] 选自《人间词话》卷上第三则。

[3] 冯延巳《鹊踏枝》：“庭院深深深几许？杨柳堆烟，帘幕无重数。玉勒琱鞍游冶处，楼高不见章台路。雨横风狂三月暮。门掩黄昏，无计留春住。泪眼问花花不语，乱红飞入（别作“过”）秋千去。”（据四印斋本《阳春集》）

[4] 秦观《踏莎行》：“雾失楼台，月迷津渡，桃源望断无寻处。可堪孤馆闭春寒，杜鹃声里斜阳暮。驿寄梅花，鱼传尺素，砌成此恨无重数。郴江幸自绕郴山，为谁流下潇湘去？”（据番禺叶氏宋本两种合印《淮海长短句》卷中）

[5] 陶潜《饮酒》第五首：“结庐在人境，而无车马喧。问君何能尔？心远地自偏。采菊东篱下，悠然见南山。山气日夕佳，飞鸟相与还。此中有真意，欲辩已忘言。”（据陶澍集注本《陶靖节集》卷三）

[6] 元好问《颍亭留别》：“故人重分携，临流驻归驾。乾坤展清眺，万景若相借。北风三日雪，太素秉元化。九山郁峥嵘，了不受陵跨。寒波澹澹起，白鸟悠悠下。怀归人自急，物态本闲暇。壶觞负吟啸，尘土足悲咤。回首亭中人，平林澹如画。”（据《四部备要》本《遗山诗集笺注》卷一）

[7] 选自《人间词话》卷上第二十六则。

[8] 柳永《凤栖梧》：“伫倚危楼风细细，望极春愁，黯黯生天际。草色烟光残照里，无言谁会凭阑意。拟把疏狂图一醉，对酒当歌，强乐还无味。衣带渐宽终不悔，为伊消得人憔悴。”（据《彊村丛书》本《乐章集》中卷）

[9] 辛弃疾《青玉案》（元夕）：“东风夜放花千树。更吹落、星如雨。宝马雕车香满路。凤箫声动，玉壶光转，一夜鱼龙舞。蛾儿雪柳黄金缕。笑语盈盈暗香去。众里寻它千百度。蓦然回首，那人却在灯火阑珊处。”（据林大椿校本《稼轩长短句》卷七。观堂引此，有异文，与其他各本亦均不同，疑误。）

此第三境也。此等语皆非大词人不能道。然遽以此意解释诸词，恐晏欧诸公所不许也。

三[1]

诗人对宇宙人生，须入乎其内，又须出乎其外。入乎其内，故能写之。出乎其外，故能观之。入乎其内，故有生气。出乎其外，故有高致。美成能入而不出。白石以降，于此二事皆未梦见。

王国维（1877—1927 年），字静安，又字伯隅，初号礼堂，晚号观堂，又号永观，浙江海宁人。王国维是中国近代学术史上一位享有国际声誉的著名学者。

王国维生于书香门第，从小就在父亲的熏陶下饱读诗书，七岁进入私塾学习，熟读楚辞、汉赋、骈文、唐诗等，打下了深厚的古文功底。青年时期他在上海加入东文学社，在此期间接受并系统学习西方的文化，打下了深厚的西学基础。中年时期他潜心于国学研究，研究对象十分广泛，涉及文学、教育、哲学、地理、考古等，有大量著作问世。

在王国维先生所有关于文学批评的著述中，《人间词话》无疑是其中最为人所重视的一部作品。他在其中致力于运用自己的思想见解来将某些西方思想中之重要概念融会到中国旧有的传统批评中来。从整体上来看，《人间词话》的内容可分为三部分，第一部分主要论述境界理论，第二部分是对于具体词的品评，第三部分为论述词的境界理论的发展。

“境界”说作为《人间词话》的重要内容，不仅是一种文学批评的诗学思想，更是一种更深层面的人生美学。对其的感悟，对读诗词与体味人生，皆有裨益。

[1] 选自《人间词话》卷上第二十六则。

触类旁通

顾随论“境界”说[1]

诗以唐为盛，论之者可分为三种：

一、兴趣：严羽《沧浪诗话》；

二、神韵：王士祯《渔洋诗话》；

三、境界：王国维（静安）《人间词话》。

静安先生论词可包括一切文学创作。余谓“境界”二字高于“兴趣”“神韵”二名。

严所谓“兴趣”：无迹可求，言有尽而意无穷。

诗本身即来带有一点“玄”，微妙，神秘。“玄”乃智慧聪明达不到的，文字语言说不出的，然而的确是有。但有“玄”而无“常”是精灵鬼怪，有“常”而无“玄”是苦人罪人。此乃以诗法与世法混合言之，然就无迹可求及言有尽而意无穷言之非兴趣。

余以为兴趣乃诗之动机，然但有兴趣尚不能使诗成为无迹可求或言有尽而意无穷。兴趣（动机）在诗机体之前，而非诗。若兴趣为米，诗则为饭，是二非一，不过有关系。

王渔洋所谓神韵与严同意，亦玄。而神韵亦非诗。神韵由诗生。饭有饭香而饭香非饭。严之兴趣在诗前，王之神韵在诗后，皆非诗之本体。诗之本体当以静安所说为是。

王静安所谓境界，是诗的本体，非前非后。境界是“常”，即“常”即“玄”。

境界者，边境、界限也，过则非是。诗有境界，即有范围。其范围所有之“含”（包藏含蓄），如山东境界内有山有水有人……合言之为山东。

诗大无不包，细无不举，只要有境界则所谓兴趣及神韵皆被包在内。且兴趣、神韵二字“玄”而不“常”，境界二字则“常”而且“玄”，浅言之则“常”，深言之则“玄”。能令人抓住，可作为学诗之阶石、入门。

---

[1] 本文节选自《顾随诗词讲记》，顾随讲，叶嘉莹笔记，顾之京整理，中国人民大学出版社，2010年版。题目为编者所加。顾随（1897—1960年），河北清河人，字羡季，别号苦水，晚号驼庵。中国韵文、散文作家，理论批评家，美学鉴赏家，讲授艺术家，禅学家，书法家，文化学术研著专家。

切问近思

1. 向同学介绍几首你喜欢的诗词，并用“有我之境”和“无我之境”的观点来对其进行赏析。
2. 王国维的“三境界”既是评价文学作品的标准，又是人生层次的追求，结合自身的所见所闻谈一谈对其的所思所悟。
3. “入”与“出”的观点对于为文、为人以及艺术创作和审美等方面都有启发，谈谈你的想法。

20 美从何处寻[1]

宗白华

啊，诗从何处寻？
在细雨下，点碎落花声，
在微风里，飘来流水者，
在蓝空天末，摇摇欲坠的孤星！

（《流云小诗》）

尽日寻春不见春，
芒鞋踏遍陇头云，
归来笑拈梅花嗅，
春在枝头已十分。

（宋罗大经：《鹤林玉露》中所载某尼悟道诗）

诗和春都是美的化身，一是艺术的美，一是自然的美。我们都是从目观耳听的世界里寻得她的踪迹。某尼悟道诗大有禅意，好像是说“道不远人”，不应该“道在迩而求诸远”。好像是说：“如果你在自己的心中找不到美，那么，你就没有地方可以发现美的踪迹。”

然而梅花仍是一个外界事物呀，大自然的一部分呀！你的心不是“在”自己的心的过程里，在感情、情绪、思维里找到美；而只是“通过”感觉、情绪、思维找到美，发现梅花里的美。美对于你的心，你的“美感”是客观的对象和存在。你如果要进一步认识她，你可以分析她的结构、形象、组成的各部分，得出“谐和”的规律、“节奏”的规律、表现的内容、丰富的启示，而不必顾到你自己的心的活动，你越能忘掉自我，忘掉你自己的情绪波动，思维起伏，你就越能够“漱涤万物，牢笼百态”（柳宗元语），你就会像一面镜子，像托尔斯泰那样，照见了一个世界，丰富了自己，也丰富了文化。人们会感谢你的。

那么，你在自己的心里就找不到美了吗？我说，如果我们的心灵起伏万变，经常碰到

[1] 本文选自宗白华著《美学散步》，上海人民出版社，2005年版。

情感的波涛，思想的矛盾，当我们身在其中时，恐怕尝到的是苦闷，而未必是美。只有莎士比亚或巴尔扎克把它形象化了，表现在文艺里，或是你自己手之舞之，足之蹈之，把你的欢乐表现在舞蹈的形象里，或把你的忧郁歌咏在有节奏的诗歌里，甚至于在你的平日的行动里、语言里。一句话，就是你的心要具体地表现在形象里，那时旁人会看见你的心灵的美，你自己也才真正的切实地具体地发现你的心里的美。除此以外，恐怕不容易吧！你的心可以发现美的对象(人生的，社会的，自然的)，这“美”对于你是客观的存在，不以你的意志为转移。(你的意志只能指使你的眼睛去看她，或不去看她，而不能改变她。你能训练你的眼睛深一层地去认识她，却不能动摇她。希腊伟大的艺术不因中古时代而减少它的光辉。)

宋朝某尼虽然似乎悟道，然而她的觉悟不够深，不够高，她不能发现整个宇宙已经盎然有春意，假使梅花枝上已经春满十分了。她在踏遍陇头云时是苦闷的、失望的。她把自己关在狭窄的心的圈子里了。只在自己的心里去找寻美的踪迹是不够的，是大有问题的。王羲之在《兰亭序》里说：“仰观宇宙之大，俯察品类之盛，所以游目骋怀，足以极视听之娱，信可乐也。”这是东晋大书法家在寻找美的踪迹。他的书法传达了自然的美和精神的美。不仅是大宇宙，小小的事物也不可忽视。诗人华滋沃斯曾经说过：“一朵微小的花对于我可以唤起不能用眼泪表达出的那样深的思想。”

达到这样的、深入的美感，发见这样深度的美，是要在主观心理方面具有条件和准备的。我们的感情是要经过一番洗涤，克服了小己的私欲和利害计较。矿石商人仅只看到矿石的货币价值，而看不见矿石的美的特性。我们要把整个情绪和思想改造一下，移动了方向，才能面对美的形象，把美如实地和深入地反映到心里来，再把它放射出去，凭借物质创造形象给表达出来，才成为艺术。中国古代曾有人把这个过程唤做“移人之情”或“移我情”。琴曲《伯牙水仙操》的序上说：

> 伯牙学琴于成连，三年而成。至于精神寂寞，情之专一，未能得也。成连曰：“吾之学不能移人之情，吾师有方子春在东海中。”乃赍粮从之，至蓬莱山，留伯牙曰：“吾将迎吾师！”划船而去，旬日不返。伯牙心悲，延颈四望，但闻海水汩波，山林窅冥，群鸟悲号。仰天叹曰：“先生将移我情！”乃援操而作歌云：“翳洞庭兮流斯护，舟楫逝兮仙不还，移形素兮蓬莱山，欨钦伤宫仙不还。”

伯牙由于在孤寂中受到大自然强烈的震撼，生活上的异常遭遇，整个心境受了洗涤和改造，才达到艺术的最深体会，把握到音乐的创造性的旋律，完成他的美的感受和创造。

这个“移情说”比起德国美学家栗卜斯的“情感移入论”似乎还要深刻些，因为它说出现实生活中的体验和改造是“移情”的基础呀！并且“移易”和“移入”是不同的。

这里我所说的“移情”应当是我们审美的心理方面的积极因素和条件，而美学家所说的“心理距离”“静观”，则构成审美的消极条件。女子郭六芳有一首诗《舟还长沙》说得好：

侬家家住两湖东，
十二珠帘夕照红，
今日忽从江上望，
始知家在画图中。

自己住在现实生活里，没有能够把握它的美的形象。等到自己对自己的日常生活有相当的距离，从远处来看，才发现家在画图中，溶（融）在自然的一片美的形象里。

但是在这主观心理条件之外，也还需要客观的物的方面的条件。在这里是那夕照的红和十二珠帘的具有节奏与和谐的形象。宋人陈简斋的海棠诗云：“隔帘花叶有辉光。”帘子造成了距离，同时它的线文的节奏也更能把帘外的花叶纳进美的形象，增强了它的光辉闪灼，呈显（现）出生命的华美，就像一段欢愉生活嵌在素朴而具有优美旋律的歌词里一样。

这节奏，这旋律，这和谐等，它们是离不开生命的表现，它们不是死的机械的空洞的形式，而是具有丰富内容，有表现、有深刻意义的具体形象。形象不是形式，而是形式和内容的统一，形式中每一个点、线、色、形、音、韵，都表现着内容的意义、情感、价值。所以诗人艾里略说：“一个造出新节奏的人，就是一个拓展了我们的感情并使它更为高明的人。”又说：“创造一种形式并不是仅仅发明一种格式、一种韵律或节奏，而且也是这种韵律或节奏的整个合式的内容的发觉。莎士比亚的十四行诗并不仅是如此这般的一种格式或图形，而是一种恰是如此思想感情的方式”，而具有着理想的形式的诗是“如此这般的诗，以致我们看不见所谓诗，而但注意着诗所指示的东西”(《诗的作用和批评的作用》)。这里就是“美”，就是美感所受的具体对象。它是通过美感来摄取的美，而不是美感的主观的心理活动自身。就像物质的内部结构和规律是抽象思维所摄取的，但自身却不是抽象思维而是具体事物。所以专在心内搜寻是达不到美的踪迹的。美的踪迹要到自然、人生、社会的具体形象里去找。

但是心的陶冶，心的修养和锻炼是替美的发见和体验作准备的。创造“美”也是如此。捷克诗人里尔克在他的《柏列格的随笔》里有一段话精深微妙，梁宗岱曾把它译出，现介绍如下：

……一个人早年作的诗是这般乏意义，我们应该毕生期待和采集，如果可能，还要悠长的一生；然后，到晚年，或者可以写出十行好诗。因为诗并不像大家所想象，徒是情感（这是我们很早就有了的），而是经验。单要写一句诗，我们得要观察过许多城许多人许多物，得要认识走兽，得要感到鸟儿怎样飞翔和知道小花清晨舒展的姿势。得要能够回忆许多远路和僻境，意外的邂逅，眼光光望它接近的分离，神秘还未启明的童年，和容易生气的父母，当他给你一件礼物而你不明白的时候（因为那原是为别一人设的欢喜）和离奇变幻的小孩子的病，和在一间静穆而紧闭的房里度过的日子，海滨的清晨和海的自身，和那与星斗齐飞的高声呼号的夜间的旅行——而单是这些犹未足，还要享受过许多夜不同的狂欢，听过妇人产时的呻吟，和坠地便瞑目的婴儿轻微的哭声，还要曾经坐在临终人的床头和死者的身边，在那打开的、外边的声音一阵阵拥进来的房里。可是单有记忆犹未足，还要能够忘记它们，当它们太拥挤的时候，还要有很大的忍耐去期待它们回来。因为回忆本身还不是这个，必要等到它们变成我们的血液、眼色和姿势了，等到它们没有了名字而且不能别于我们自己了，那么，然后可以希望在极难得的顷刻，在它们当中伸出一句诗的头一个字来。

这里是大诗人里尔克在许许多多的事物里、经验里，去踪迹诗，去发见美，多么艰辛的劳动呀！他说：诗不徒是感情，而是经验。现在我们也就转过方向，从客观条件来考察美的对象的构成，改造我们的感情，使它能够发现美。中国古人曾经把这唤做“移我情”，改变着客观世界的现象，使它能够成为美的对象，中国古人曾经把这唤做“移世界”。

“移我情”“移世界”，是美的形象涌现出来的条件。

我们上面所引长沙女子郭六芳诗中说过：“今日忽从江上望，始知家在画图中”，这是心理距离构成审美的条件。但是“十二珠帘夕照红”，却构成这幅美的形象的客观的积极的因素。夕照、月明、灯光、帘幕、薄纱、轻雾，人人知道是助成美的出现的有力的因素，现代的照相术和舞台布景知道这个而尽量利用着。中国古人曾经唤做“移世界”。

明朝文人张大复在他的《梅花草堂笔谈》里记述着：

邵茂齐有言，天上月色能移世界，果然！故夫山石泉涧，梵刹园亭，屋庐竹树，种种常见之物，月照之则深，蒙之则净，金碧之彩，披之则醇，惨悴之容，承之则奇，浅深浓淡之色，按之望之，则屡易而不可了。以至河山大地，邈若皇古，犬吠松涛，远于岩谷，草生木长，闲如坐卧，人在月下，亦尝忘我之为我也。今夜严叔向，置酒破山僧舍，起步庭中，幽华可爱，旦视之，酱盎纷然，瓦石布地而已，戏书此以信茂齐之语，时十月十六日，万历丙午三十四年也。

月亮真是一个大艺术家，转瞬之间替我们移易了世界，美的形象，涌现在眼前。但是第二天早晨起来看，瓦石布地而已。于是有人得出结论说：美是不存在的。我却要更进一步推论说，瓦石也只是无色、无形的原子或电磁波，而这个也只是思想的假设，我们能抓住的只是一堆抽象数学方程式而已。究竟什么是真实的存在？所以我们要回转头来说，我们现实生活里直接经验到的、不以我们的意志为转移的、丰富多彩的、有声有色有形有相的世界就是真实存在的世界，这是我们生活和创造的园地。所以马克思很欣赏近代唯物论的第一个创始者培根的著作里所说的“物质以其感觉的诗意的光辉向着整个的人微笑”(见《神圣家族》)，而不满意霍布士的唯物论里“感觉失去了它的光辉而变为几何学家的抽象感觉，唯物论变成了厌世论”。在这里物的感性的质、光、色、声、热等不是物质所固有的了，光、色、声中的美更成了主观的东西。于是世界成了灰白色的骸骨，机械的死的过程。恩格斯也主张我们的思想要像一面镜子，如实地反映这多彩的世界。美是存在着的！世界是美的，生活是美的。它和真和善是人类社会努力的目标，是哲学探索和建立的对象。

美不但是不以我们的意志为转移的客观存在，反过来，它影响着我们，教育着我们，提高生活的境界和意趣。它的力量更大了，它也可以倾国倾城。希腊大诗人荷马的著名史诗《伊利亚特》歌咏希腊联军围攻特罗亚九年，为的是夺回美人海伦，而海伦的美叫他们感到九年的辛劳和牺牲不是白费的。现在引述这一段名句：

特罗亚长老们也一样的高踞城雉，
当他们看见了海伦在城垣上出现，
老人们便轻轻低语，彼此交谈机密：
“怪不得特罗亚人和坚胫甲阿开人，
为了这个女人这么久忍受苦难呢，
她看来活像一个青春长驻的女神。
可是，尽管她多美，也让她乘船去吧，
别留这里给我们子子孙孙作祸根。”

（引自缪朗山译《伊利亚特》）

荷马不用浓丽的词（辞）藻来描绘海伦的容貌，而从她的巨大的惨（残）酷的影响和力量轻轻地点出她的倾国倾城的美。这是他的艺术高超处，也是后人所赞叹不已的。

我们寻到美了吗？我说，我们或许接触到美的力量，肯定了她的存在，而她的无限的丰富内含却是不断地待我们去发现。千百年来的诗人艺术家已经发见了不少，保藏在他们的作品里，千百年后的世界仍会有新的表现。每一个造出新节奏来的人，就是拓展了我们的感情并使它更为高明的人！

知人论世

宗白华（1897—1986 年），字伯华，诗人、哲学家、美学大师，与朱光潜并称“美学的双峰”。1919 年主编上海《时事新报》副刊《学灯》，使之成为“五四”时期著名四大副刊之一。1920 年赴德国留学，在法兰克福大学、柏林大学学习哲学、美学等课程。1925 年回国后在南京大学、北京大学任教。

宗先生一生著述不多，而《美学散步》则几乎汇集了其一生最精要的美学篇章，也是先生生前唯一的一部美学著作。宗先生说：“散步是自由自在，无拘无束的行动”，寻美，就应当是这样的悠闲和随性，就像是散步的时候在路旁折一枝鲜花，就像是在路上拾一枚别人弃之不顾而自己却感兴趣的石子儿。让我们跟宗先生一道，往那“美”的林中走一走，在悠闲的散步中，撷取林中的“美”来欣赏一番。

触类旁通

宗白华的绘画观[1]

宗先生的美学思想可从其绘画观中一窥全貌。

宗白华一直对绘画深有研究，思考绘画这一艺术形式所表达的美和情感。他并没有单纯地研究中国绘画，而是对中西绘画进行了比较研究。

为了理解他的观点，我们先从中西绘画的区别谈起。西方传统绘画采取透视法，

[1] 本文引自《美学十五讲》（第二版），凌继尧著，北京大学出版社，2014 年版。文章内容有修改。

以科学和数学为基础，注意写实，精细地描绘人体和外物。透视法就是把眼前立体形的远近景物看作平面形以移上画面，要求画家的目光从固定角度集中于一个焦点来观察事物。中国传统绘画不采用透视法，而采用以大观小法。画家所看的不是一个透视的焦点，所取的不是一个固定的立场，而是用心灵的眼睛笼罩全景，把全部境界组成一幅气韵生动、有节奏的、和谐的艺术画面。

为什么中国绘画和西方绘画有这种区别呢？宗先生认为，原因在于中西方空间意识的差异。他说："中国人与西洋人同爱无穷空间（中国人爱称太虚太空无穷无涯），但此中有很大的精神意境上的不同。西洋人站在固定的地点，由固定角度透视深空，他的视线失落于无穷，驰于无极。他对这无穷空间的态度是追寻的、控制的、冒险的、探索的。""我们向往无穷的心，须能有所安顿，归返自我，成一回旋的节奏。我们的空间意识的象征不是埃及的直线甬道，不是希腊的立体雕像，也不是欧洲近代人的无尽空间，而是潆洄委曲，绸缪往复，遥望着一个目标的行程（道）！"

西方的宇宙观点是"人"与"物""心"与"境"的对立相视，所以西方画主要采用透视法，画家以"我"为观察点，以"理"为准则来观察感受无限的世界。

而中国的绘画则表现出同西方不同的境界，它更注重"意"的表现。中国画中山川、人物、花鸟、虫鱼都充满着生命的动。然而，自然最深最后的结构是无限的寂静。在中国绘画中，气韵生动和一片静气是辩证而和谐地结合在一起的。

在中西绘画的对比当中，宗先生更加欣赏中国绘画。他认为，中国画回旋往复、俯仰观照、动静结合、虚实结合都是由生命的节奏、由抚爱万物的天人合一的精神所决定的。而这种以生命哲学为基础的天人合一的思想，也正是宗先生美学的精华和核心所在。

切问近思

1. 结合本文及自身感悟，谈谈如何寻找美。

2. 怎样理解文中所提到的"移情"？

3. 请用文中观点来赏析一首现代诗。

21 论 美[1]

（美）爱默生

大自然除供给人类衣食之需之外，还满足了一种更高贵的要求——那就是满足了人类的爱美之心。

古希腊人把“宇宙”称为“科士谟士”[2]，意思就是“美”。万物之本性果真奇妙，或者可以说，人类独具适应性的慧眼，能够构形绘影，因此，自然界一切基本形体，如天空，如山丘，如树木，如鸟兽，看了都叫人觉得可喜；此种可喜并不凭借外物，也不因其有任何实用目的，只是就万物的线条、色彩、运动与排列看来，都可以使人怡情悦性。此事部分的原因，大约是由于我们的眼睛。眼睛者，世界第一号画家也。眼睛特殊的结构，配合了光学的法则，相互为用，乃产生了所谓“透视”，因此任何一组物体，不论其为何种物体，我们一眼望去，都觉得色彩分明，明暗之层次井然有序，前前后后，全部似乎成为一个球体；个别的物体也许形态恶劣而毫无动人之处，但一经组合，就成为对称而完整的景致。故构图之巧，莫过于人目；而设色敷彩之妙，则尤赖光线。不论任何丑恶物体，在强烈光线之下，都成美景。光线不但刺激视觉，而且光线同空间时间一样，有一种弥盖一切的性质，所以光明使得任何东西都显得赏心悦目。即使丑恶如死尸，也有其美的一面。自然界全体都在“美”笼罩之下；但以个别物体而论，几乎没有一样不是悦目赏心的，如橡实、如葡萄、如松果、如麦穗、如蛋、如大多数鸟类的翅膀和形体、如狮爪、如蛇、如蝴蝶、贝壳、火焰、云朵、蓓蕾、树叶以及像棕榈树等许多树的树干，我们的艺术创作，不断地以它们为模仿，把它们认作“美”的模型。

为更进一步认识起见，我们可以把自然之美，分作三方面来讨论：

一、自然万物的形体，以无我的直觉观之，都是可喜的。自然界的种种形体和种种活动的影响，对于人生都是必需的，就其最低级的作用来说，似乎只限于实用和审美两者之间的范围。人假如朝夕营营，为俗务所累，或者惯与俗人交游，觉得身心受到束缚，一旦回到自然界去，自然就可以发挥它医疗的妙用，恢复身心的健康状态。商人和律师走出纷

---

[1] 本文选自夏济安译《美国名家散文选读》，复旦大学出版社，2000年版。

[2] 科士谟士（Cosmos）：原有“秩序”与“装饰”之意。

扰的市街，搁下处世的机心，抬头看见天空树木，就会觉得他的人性又恢复了。在自然界永恒的寂静之中，他悟到了自己的本来面目。我们如要保持眼睛健康，视野一定要广阔。只要我们的眼睛能看得远，我们就永远不会疲倦。

但是即使在我们并不觉得疲倦的时候，自然也总是悦目赏心的；我们之所以喜欢自然，和我们身体所受的实惠无关。从我家外面的山顶上向外眺望早晨的景色，从拂晓到日出，心头激情澎湃，大约天使感觉到的也不过如此。条条纤云在绛色霞光中飘扬，如海中游鱼一般。我从地上望去，好像是从岸上遥望寂静的大海。天色瞬息变幻，我似乎也参与其事；自然界生动的魔力，接触到我的四肢百骸；我觉得我的生命扩张，同朝风合而为一。自然界用些许简单的风云变幻，竟然就使我们变得超凡入圣！我只要有健康的身体和自由自在的一天光阴，我就可使帝王的赫赫威严为之黯然失色。朝霞灿烂如锦，那就是我的亚述帝国；夕阳西落，明月东升，那就是我的帕福斯[1]和不可思议的仙子之乡；昊昊阳午，那就是我的英国——常识和理智的故乡；黑夜就是我的德国——神秘哲学和梦想的国土。

昨天黄昏，我又观赏了一次日落美景，时值冬令正月，但景物不减春秋，只是下午人的灵智不那么清明罢了。西方云散，纷纷化为绛色碎片，其色调之柔和，非言辞所可表达；空气清新，充满了活力，回到屋子里来，真成了受罪。大自然有什么话要对我说呢？磨坊后面的山谷，安闲中有无限生机，虽荷马或莎士比亚重生，也不能将它化为文字——这里面难道没有意义吗？霞光照处，秃树皆熠熠如尖塔着火，东方一片蔚蓝，成为极妙的背景；花朵谢落，然花萼点点犹如繁星；败枝残干，风霜之迹斑斑——这一切都构成了我面前无声的音乐。

久居都市之人，总以为乡间景色，只有半年可观。我独对于冬日风光，亦有癖好；夏日气候温和，风光固然明媚，然而冬天肃杀之气，未尝没有动人之处。对于有些人来说，一年四季无时无刻没有它的美处，乡间一角，景色时时变换；这一个钟头所看见的，以前从未经见，以后再也不会见到了。天色刻刻变换，其光暗明晦，就反映在下界大地上。四周田亩中的五谷，自萌芽及于成熟，每星期景况不同，大地也因此每星期换一番面目。牧场上，官道傍，野草杂树，四季代谢，宛若替大自然摆下一架无言的大钟，假如观察的人目光锐利，非但可以看见四时更替，而且还可以看出一天的朝夕变化，十二时辰的运行呢。植物兴衰，固然系于时令，鸟群虫群的出没，又何独不然？可是一年四季，总有地位给它们安插罢了。水涯河上，变化之迹更为显著：以七月为例，河中水浅之处，丛生的海寿或

[1] 帕福斯（Paphos）：塞浦路斯岛上之古城，以崇拜维纳斯神著称。

草蓝花盛开，黄色蛱蝶，蹁跹不断，飞翔其间，与水光相掩映，满眼金紫之色，其富丽堂皇，决非画师所能描绘。清溪一曲，其风光旖旎，四时不辍，每天好像都是令节佳日，每月都有新的点缀。

可是凡是耳目所能辨认出来的美，只是自然之美中最卑微的部分。一天阴晴的变化，多露的早晨，虹彩与星星，青山一抹，桃李满园，碧潭疏影等美景，假如求之过切，反而只成了皮相之美，美景犹如幻景，看者未免扫兴。步出斗室以望月，月亮只像一面铜盘，你不会感觉到征程旅人偶然发现月色照人时的那种快乐。十月下午那种金光闪闪的美，谁能把握得住呢？你若出去找寻，它就化为乌有了，你从公共马车窗外望出去，秋日美景就只成了海市蜃楼。

二、完满无缺的美一定有一种更为高贵的精神因素。高尚神圣的美，与纤巧之美不同，它是和人的善恶之念相生相伴的。“美”者乃是“善”的标记，这是上帝所特定的。凡是顺乎自然的行动就是美的，英勇崇高的作为，一定也合乎人情，而使发生那件事情的地点以及旁观者，都蒙受荣耀。圣贤豪杰的所作所为，都是留给后世的一种教训，我们因此知道：宇宙者是人人的产业，每个圆颅方趾之人都可以把六合之内认作自己的祖业，或者自己的嫁妆。他想拥有的话，一伸手就拿得过来。他可以自暴自弃，放弃自己的财富，他可以仓促一隅，丢弃自己的江山。这种不长进的人世界上有很多，但是根据他的素质之优劣，他有权拥有他的那份世界。按照他的思想和意志的能量之高低大小，他把世界拥为己有。萨卢斯脱[1]说：“凡人所耕之田，所造之屋，所航之船，皆唯善是从。”吉本[2]说：“顺风顺水都是帮助顶能干的航海家的。”日月星辰又何尝不然？一件惊天地泣鬼神的壮烈事迹可能发生在名山大川，莱奥尼达斯[3]和他的三百烈士于一天之内成仁。这一天里，他们在塞莫皮莱陡峭的峡谷里的壮烈牺牲，惊动了太阳，也惊动了月亮。温克尔里德[4]在阿尔卑斯山高峰，冰川崩腾威胁之下，里德身中无数奥军的矛枪，密如刺猬，为的是要替他的袍泽们突破奥军的防线，——这些英雄们是不是把壮美的景色引进他们壮烈的事迹里去了吗？哥伦布的帆船驶近美洲海岸的时候——在船的前方是从茅屋里纷纷奔跑出来，排列成行的土人，船后是大海，四周印第安群岛的紫峰环立——我们能不能把哥伦布这个人同活生生的景色拆分开来呢？新世界的棕榈树林和热带草原是不是替他披上一件顶合身的

---

[1] 萨卢斯脱（公元前 86—公元前 34 年），古罗马历史学家。

[2] 吉本（1737—1794 年），英国历史学家，著有《罗马帝国衰亡史》。

[3] 莱奥尼达斯（？—公元前 480 年），斯巴达国王。

[4] 温克尔里德（？—1386 年），瑞士英雄，在森帕赫战役中立下大功。

锦袍呢？大自然的美总像空气一样，悄然潜入，和壮烈的事迹打成一片。范内爵士[1]为维持英国法律的尊严，被国王判处死罪，当他坐上了雪橇上塔山去慨然受刑的时候，旁观群众中有一个人对他叫道："你现在乘坐的这辆雪橇是你一生中最光荣的宝座。"英王查理二世为了要杀一儆百，在爱国志士罗素勋爵[2]上法场之前，先叫他坐了敞篷马车在伦敦大街上周游一番。可是据替他写传记的人说："道旁的群众仿佛看见自由之神和正义之神就坐在烈士的身旁。"不论在穷乡陋巷，不论环境如何湫隘，人如有发扬真理的举动，豪迈慷慨的行为，立刻可以化天地为庙堂，引日月为香烛。人的心胸和自然同其伟大，自然就可以将人援引高升，使他"德参天地"。自然为他的脚步布下玫瑰和紫罗兰，并且用宏伟的山水和优美的草木替她的骄子作为装饰品。图画的框架早已存在，人的思想行动就是一幅图画，唯有如许伟大的图画，才能匹配这副伟大的框架。德行高超的人不但和自然万物和谐协调，而且他也是六合之内的中心人物。我们如想起希腊地理风物，也必然会联想到荷马、品达[3]、苏格拉底、福基翁[4]等等人物。而耶稣的人格，更是与天同广，与地同厚。且不说这些过去的人物，即使和我们日常相处的人之间，假如有谁性格坚毅，或者才气纵横，我们也会注意到这种人有役使万物之能——他周围的人，当时的舆论，时代的潮流，以及自然界的一切都听命于他。

三、自然界之美还可以从另一个角度来看，那就是可以用理智来研究自然界。万物同道德固然有关，但是同思想也结有不解之缘。万物在上帝的心灵中自有其固定的秩序，人可以抛弃情感上的好恶，直接用理智来加以探讨。人的思考能力和活动能力似乎是互相交替的，专一的思考产生专一的活动，专一的活动也产生专一的思考。两者微有抵触之处，但是它们同动物的进食和工作两段时间互相交替一样，后者接续前者，但是前者也为后者预作准备。我们前面已经讨论过，美同行动的关系不求而自生，唯其因为不求而自生，行动过后，美仍保留；作为理智方面思考和研究的对象，思考和研究过后，美仍可激发行动。凡是神圣的东西决不死亡，"善"一定是生生不息的。自然界的美在人心中转化为思想，但是思想不是徒然的冥想，思想必有结果——思想是新的创造的准备。

自然界的美，人人多少都能感受；有些人不仅感受而已，甚至还大为喜悦。爱美之情，是谓"趣味"。还有些人爱之不已，觉得单是欣慕，犹有不足，进而创造新的形式，把美

---

[1] 范内爵士（1613—1662 年），英国政治家，被查理二世判处死刑。

[2] 罗素勋爵（1639—1683 年），英国政治家，在当时的一件政治谋杀案中蒙冤而被处死。

[3] 品达（约公元前 518—约公元前 438 年），古希腊抒情诗人。

[4] 福基翁（公元前 402—公元前 318 年），雅典政治家兼大将。

纳入其中。美之创造，是谓“艺术”。

美术品的创造，实可解释人生之一谜。美术品是宇宙的精华，它是世界的缩影。它是自然界所产，也是自然界具体而微的表现。自然万物，虽然品类众多，参差不一，但是根据它们而产生的艺术，或者它们在艺术上的表现，却是单纯齐一。自然界形形色色，根本上却别无二致，实际上可以说只是独一无二的形式。一片树叶，一道阳光，山水海洋，虽景物不同，然而它们在我们心灵上产生一个可以相互比拟的印象。它们的共同之处，是完整，是和谐，也就是美。美的标准是自然的全体，也就是自然界各种形式的总汇，意大利人替“美”下的一个定义，最富哲理；他们说“美”就是“一中见多”。单独而论，没有一样东西可以算是美，就全体观之，没有一样东西是不美的。一件物体如能称得上美，一定是小中见大：它可以反映宇宙全体的美。诗人、画家、雕刻家、音乐家、建筑师其道各个不同，但是他们只是用不同的方式，将宇宙的光彩集中于一点；他们的创造，是受爱美之情的激发；他们的作品，就是要满足心灵上的爱好。所以艺术者乃是自然之美经过人心提炼而成的产物。人心有感于万物之美，自然界乃借艺术家的灵魂，作第二步的创造，是为艺术。

所以宇宙的存在，是要满足灵魂上爱美的欲望。这是宇宙终极的目的，因为无人能问也无人能解释：灵魂为什么要追求美。从最广和最深的意义上来说，美是宇宙的一种表现。上帝是至美，而真善美三者，只是一个本体的三个方面的表现而已。可是自然界的美并非无上法门。它本身并不是充实圆满的“善”，它只是为内在的永恒“美”作先导而已。我们可以把它看作全体中的一部分，宇宙另有其根本的原因，其表现的方式众多，自然界的美也不是它终极的或最高的表现。

知人论世

爱默生（1803—1882 年），美国文学家、思想家、诗人，美国文艺复兴的领袖，欧洲浪漫主义潮流在美国的发言人。美国前总统林肯称其为“美国文明之父”。著有《论自助》《论超灵》等。

爱默生是 19 世纪文坛的一位巨人。他的作品不但在他的本土传诵一时，成为美国的自由传统的一部分，而且已成为世界性的文化遗产，融入我们不自觉的思想背景中。

爱默生的作品，即使在今日看来，也仍旧没有失去时效，这一点最使我们感到惊异。他有许多见解都适用于当前的政局，或是对我们个人有切身之感。他有强烈的爱憎，对于社会的罪恶感到极度愤怒。他相信过去是未来的母亲，是未来的基础，要改造必须先了解。

他的第一部书《大自然》（*Nature*）在1836年出版，此后持续有著作发表。他在1847年再度赴欧的时候，其散文集已经驰名于大西洋的东西两岸。

英国名作家马修·阿诺德曾经说：“在19世纪，没有任何作家的散文比爱默生的散文影响更大。”[1]

触类旁通

自然何以美[2]

人在自然中见出美，是由于人和自然默契忻合。一种自然对象越是和人默契忻合，它就越显得美。平时我们也可以欣赏梅花和菊花，然而雪后梅和霜前菊使得梅和菊外在高洁的状貌和内在耐霜寒的性质充分地彰显出来，更加投合人的情趣，更加能够呼唤和引导人的审美体验，因此，中国古人说要“雪后寻梅，霜前访菊”，还说要“与竹同清，与燕同语，与桃李同笑”。

自然美起于人和自然的契合，不仅中国人持有这种观点，西方人也持有这种观点。18—19世纪德国美学家黑格尔在《美学》里设专章讨论了自然美。虽然黑格尔轻视自然美，认为它远远低于艺术美，然而他关于自然美的一些论述仍然值得重视。黑格尔说：“自然美只是为其他对象而美，这就是说，为我们，为审美的意识而美。”这段话不免使我们想起柳宗元所说的“美不自美，因人而彰”。朱光潜先生也明确指出：“单靠自然不能产生美，要使自然产生美，人的意识一定要起作用。”在研究自然美时，黑格尔所要解决的问题是：自然的感性存在以什么方式并且通过什么途径才能对于我们显现为美的？朱光潜先生在翻译黑格尔的《美学》时，为“自然美”一章加了一个注释，这个注释就是对黑格尔的问题的回答。朱先生的注释指出：“黑格尔所见到的自然美

[1] 引自《美国名家散文选读》，夏济安译。复旦大学出版社，2000年版。

[2] 本文节选自凌继尧著《美学十五讲》（第二版），北京大学出版社，2014年版。题目为编者所加。

主要不外乎有两种：一种是整齐一律、平衡对称、和谐之类抽象形式美；另一种是自然有某些方面能契合审美者的主体心情，因而引起共鸣。”

对于人和自然、或者自然和人的契合，黑格尔作出了说明。他认为，山岳、树木、原谷、河流、草地、日光、月光以及群星灿烂的天空，单就它们直接呈现的样子来看，都不过作为山岳、溪流、日光等。也就是说，它们只是具有某种形式的感性存在，还不是具有审美价值的客体，还不是审美对象。它们能够成为审美对象有两个原因：第一，它们上面显现出自然的自由生命，这和同样具有生命的主体产生一种契合。我们不妨把黑格尔所说的“自然的自由生命”理解为“澄怀观道”中的“道”，即宇宙生命。第二，自然事物的某些特殊情境可以在人心中唤起一种情调，而这种情调和自然的情调是对应的。例如，自然的温和爽朗，芬芳的寂静，明媚的春光，冬天的严寒，早晨的苏醒，夜晚的宁静之类，就契合了人的某种心境。于是，人在自然里感到很亲切。

切问近思

1. 法国雕塑艺术家罗丹说：“自然总是美的。”请结合文章和你自己的人生经验，谈谈你对这句话的理解。

2. 试解释“美”与“善”的关系。

3. 在艺术创作中，有人认为自然尽善尽美，艺术家最聪明的办法就是模仿它，尽力还原自然；也有人认为自然中有美有丑，艺术只模仿自然的美，丑的东西应丢开。你支持哪种观点，为什么？

拓展阅读

文与可画筼筜谷偃竹记[1]

苏　轼

竹之始生，一寸之萌[2]耳，而节叶具焉。自蜩腹蛇蚹[3]以至于剑拔十寻[4]者，生而有之也。今画者乃节节而为之，叶叶而累之，岂复有竹乎[5]！故画竹必先得成竹于胸中，执笔熟视，乃见其所欲画者，急起从之[6]，振笔直遂[7]，以追其所见，如兔起鹘落，少[8]纵则逝矣。与可之教予如此。予不能然也，而心识其所以然。夫既心识其所以然而不能然者，内外不一[9]，心手不相应，不学之过也。故凡有见于中而操之不熟者，平居自视了然，而临事忽焉[10]丧之，岂独竹乎！子由为《墨竹赋》以遗[11]与可曰："庖丁，解牛者也，而养生者取之[12]。轮扁，斫轮者也，而读书者与之[13]。今夫夫子之托于斯竹也，而予以为有道者，则非耶？"子由未尝画也，故得其意而已。若予者，岂独得其意，

---

[1]本文选自苏轼著，茅维、孔凡礼点校《苏轼文集》，中华书局，1986年版。注释参考章培恒等主编，曾枣庄、曾弢译注《苏轼诗文词选译》（凤凰出版社，2011年版）。苏轼（1037—1101年），字子瞻，号东坡居士，眉州眉山（今四川眉山）人。宋代文学家、书法家、画家，"唐宋八大家"之一。著有《东坡七集》《东坡乐府》等。

[2]萌：植物的芽。

[3]蜩（tiáo）腹蛇蚹（fù）：蜩：蝉子。蜩腹：指蝉子后腹上的横纹。蚹：蛇腹下帮助爬行的横鳞。蜩腹蛇蚹比喻竹笋，因竹笋表面紧包着一层层形状与之相似的箨（tuò）（俗称"笋壳"）。

[4]寻：八尺。

[5]"今画者"三句：米芾《画史》说，苏轼作墨竹，从地一直画至顶，一笔呵成，并不逐节分画。累：堆砌。

[6]从：追随，跟从，引申为"捕捉"。

[7]遂：完成。

[8]少：同"稍"。

[9]内外：内指心里想的，外指手上画的。

[10]忽焉：恍惚，把握不住的样子。

[11]遗（wèi）：赠送。

[12]"庖丁"三句："庖丁解牛"这个寓言故事出自《庄子·养生主》，讲庖丁因为十分了解牛的筋骨脉络结构，宰牛不仅快而且不伤刀，游刃自如。梁惠王看了他宰牛后，从中悟出要顺应自然的养生之道来。庖：厨工。丁：厨工的名字。养生者，指梁惠王。

[13]"轮扁"三句："轮扁斫（zhuó）轮"出自《庄子·天道》，讲齐桓公在堂上读书，轮扁从堂下经过，说齐桓公读的书不过是古人留下的糟粕。桓公听了十分生气，轮扁便以自己造车轮为例，说明学习做一件事要靠实践和经验，即使是自己的子孙后代，口授也是没有用的。桓公认为他说得有理，很赞赏。轮：指造车轮的工匠。扁：匠人的名字。斫：砍。与（yù）：动词，赞同。

并得其法[1]。

与可画竹，初不自贵重，四方之人持缣素[2]而请者，足相蹑[3]于其门。与可厌之，投诸地而骂曰："吾将以为袜材。"士大夫传之，以为口实[4]。及与可自洋州还，而余为徐州[5]。与可以书遗余曰："近语士大夫，吾墨竹一派，近在彭城[6]，可往求之。袜材当萃[7]于子矣。"书尾复写一诗，其略曰："拟将一段鹅溪绢[8]，扫取寒梢[9]万尺长。"予谓与可，竹长万尺，当用绢二百五十匹，知公倦于笔砚，愿得此绢而已。与可无以答，则曰："吾言妄矣，世岂有万尺竹也哉。"余因而实之，答其诗曰：世间亦有千寻竹，月落庭空影许长。与可笑曰："苏子辩则辩矣[10]。然二百五十匹，吾将买田而归老焉。"因以所画筼筜谷偃竹遗予，曰："此竹数尺耳，而有万尺之势。"筼筜谷在洋州，与可尝令予作《洋州三十咏》，筼筜谷其一也[11]。予诗云："汉川[12]修竹贱如蓬，斤斧何曾赦箨龙[13]。料得清贫馋太守，渭滨[14]千亩在胸中。"与可是日与其妻游谷中，烧笋晚食，发函得诗，失笑喷饭满案。

元丰二年正月二十日，与可没于陈州[15]。是岁七月七日，予在湖州曝书画，见此竹，废卷而哭失声。昔曹孟德《祭桥公文》，有"车过"、"腹痛"之语[16]。而予亦载与可畴昔戏笑之言者，以见与可于予亲厚无间如此也。

---

[1] 并得其法：苏轼画墨竹的方法出自文与可，画苑中，常以文、苏并称，苏轼的画跟文与可的画一样受人珍视。

[2] 缣素：丝织品，都叫绢。洁白的叫素，带黄色的叫缣，古人用来写字作画。

[3] 蹑：踩。

[4] 口实：话柄。

[5] "及与可"二句：文与可于熙宁八年（1075年）任洋州（今陕西洋县）知州，熙宁十年冬回到京师。苏轼于熙宁十年四月知徐州，元丰二年（1079年）三月离任。

[6] 彭城：即徐州。

[7] 萃：丛生的草，引申为汇聚。

[8] 鹅溪：地名，在今四川省盐亭县西北，出产名绢，十分珍贵，唐、宋时常作贡品。

[9] 寒梢：指竹竿。竹子与松柏、梅花共称"岁寒三友"。

[10] 辩：善辩，口才好。

[11] "与可尝令"二句：今存苏轼集中有《与文与可洋州园池三十首》，下面所引《筼筜谷》是其中之一。

[12] 汉川：汉水。此指洋州。汉川经过洋州。

[13] 斤：斧头一类的砍刀。赦：免罪，放过。箨龙：竹笋。

[14] 渭滨：陕西渭水边上。《史记・货殖列传》有"渭川千亩竹"语，此借渭滨以喻洋州。

[15] "元丰"二句：文与可于元丰元年十月任湖州知州，从开封出发赴任，至陈州宛丘驿时病逝。

[16] "昔曹孟德"二句：桥公指桥玄，对青年时代的曹操（字孟德）多有奖助。桥玄曾与曹操约言：他死了之后，曹操路经他的坟墓如不以鸡、酒相祭，那么"车过三步，腹痛勿怪"。这是玩笑语，但若不是至亲好友，也不会开这种玩笑。事见《三国志・五帝纪》裴注。

慢慢走，欣赏啊[1]

——人生的艺术化

朱光潜

人生本来就是一种较广义的艺术。每个人的生命史就是他自己的作品。这种作品可以是艺术的，也可以不是艺术的，正犹如同是一种顽石，这个人能把它雕成一座伟大的雕像，而另一个人却不能使它“成器”，分别全在性分与修养。知道生活的人就是艺术家，他的生活就是艺术作品。

过一世生活好比做一篇文章。完美的生活都有上品文章所应有的美点。

第一，一篇好文章一定是一个完整的有机体，其中全体与部分都息息相关，不能稍有移动或增减。一字一句之中都可以见出全篇精神的贯注。比如陶渊明的《饮酒》诗本来是“采菊东篱下，悠然见南山”，后人把“见”字误印为“望”字，原文的自然与物相遇相得的神情便完全丧失。这种艺术的完整性在生活中叫作“人格”。凡是完美的生活都是人格的表现。大而进退取与，小而声音笑貌，都没有一件和全人格相冲突。不肯为五斗米折腰向乡里小儿，是陶渊明的生命史中所应有的一段文章，如果他错过这一个小节，便失其为陶渊明。下狱不肯脱逃，临刑时还叮咛嘱咐还邻人一只鸡的债，是苏格拉底的生命史中所应有的一段文章，否则他便失其为苏格拉底。这种生命史才可以使人把它当作一幅图画去惊赞，它就是一种艺术的杰作。

其次，“修辞立其诚”是文章的要诀，一首诗或是一篇美文一定是至性深情的流露，存于中然后行于外，不容有丝毫假借。情趣本来是物我交感共鸣的结果。景物变动不居，情趣亦自生生不息。我有我的个性，物也有物的个性，这种个性又随时地变迁而生长发展。每人在某一时会所见到的景物，和每种景物在某一时会所引起的情趣，都有它的特殊性，断不容与另一人在另一时会所见到的景物，和另一景物在另一时会所引起的情趣，完全相同。毫厘之差，微妙所在。在这种生生不息的情趣中，我们可以见出生命的创化。把这种生命流露于语言文字，就是好文章；把它流露于言行风采，就是美满的生命史。

文章忌俗滥，生活也忌俗滥。俗滥就是自己没有本色而蹈袭别人的成规旧矩。西施患心病，常捧心颦眉，这是自然的（地）流露，所以愈增其美。东施没有心病，强学捧心颦眉的姿态，只能引人嫌恶。在西施是创作，在东施便是滥调。滥调起于生命的枯竭，也就是虚伪的表现。“虚伪的表现”就是“丑”，克罗齐已经说过。“风行水上，自然成纹”，文章的妙处如此，生活的妙处也是如此。在什（么）地位，是什（么）样的人，感到什（么）样情趣，便现出什（么）样言行风采，叫人一见就觉其谐和完整，这才是艺术的生活。

---

［1］本文选自朱光潜著《谈美》，中华书局，2016年版。有删减。朱光潜（1897—1986年），笔名孟实，安徽桐城人。我国著名的美学家、教育家、翻译家。著有《悲剧心理学》《西方美学史》《谈美书简》等，并翻译了柏拉图的《文艺对话集》、黑格尔的《美学》等。

俗语说得好，“惟（唯）大英雄能本色”，所谓艺术的生活就是本色的生活。世间有两种人的生活最不艺术，一种是俗人，一种是伪君子。“俗人”根本就缺乏本色，“伪君子”则竭力遮盖本色。朱晦庵有一首诗说：

半亩方塘一鉴开，天光云影共徘徊。问渠那得清如许？为有源头活水来。

艺术的生活就是有“源头活水”的生活。俗人迷于名利，与世浮沉，心里没有“天光云影”，就因为没有源头活水。他们的大病是生命的枯渴。“伪君子”则于这种“俗人”的资格之上，又加上“沐猴而冠”的伎俩。他们的特点不仅见于道德上的虚伪，一言一笑、一举一动，都叫人起不美之感。谁知道风流名士的架子中掩藏了几多行尸走肉？无论是“俗人”或是“伪君子”，他们都是生活上的“苟且者”，都缺乏艺术家在创造时所应有的良心。像柏格森所说的，他们都是“生命的机械化”，只能作喜剧中的角色。生活落到喜剧里去的人大半都是不艺术的。

艺术的创造之中都必寓有欣赏，生活也是如此。一般人对于一种言行常欢喜说它“好看”“不好看”，这已有几分是拿艺术欣赏的标准去估量它。但是一般人大半不能彻底，不能拿一言一笑、一举一动纳在全部生命史里去看，他们的“人格”观念太淡薄，所谓“好看”“不好看”往往只是“敷衍面子”。善于生活者则彻底认真，不让一尘一芥妨碍整个生命的和谐。一般人常以为艺术家是一班最随便的人，其实在艺术范围之内，艺术家是最严肃不过的。在锻炼作品时常呕心呕肝，一笔一划（画）也不肯苟且。王荆公作“春风又绿江南岸”一句诗时，原来“绿”字是“到”字，后来由“到”字改为“过”字，由“过”字改为“入”字，由“入”字改为“满”字，改了十几次之后才定为“绿”字。即此一端可以想见艺术家的严肃了。善于生活者对于生活也是这样认真。曾子临死时记得床上的席子是季路的，一定叫门人把它换过才瞑目。吴季札心里已经暗许赠剑给徐君，没有实行徐君就已死去，他很郑重地把剑挂在徐君墓旁树上，以见“中心契合死生不渝”的风谊。像这一类的言行看来虽似小节，而善于生活者却不肯轻易放过，正犹如诗人不肯轻易放过一字一句一样。小节如此，大节更不消说。董狐宁愿断头不肯掩盖史实，夷齐饿死不愿降周，这种风度是道德的也是艺术的。我们主张人生的艺术化，就是主张对于人生的严肃主义。

艺术家估定事物的价值，全以它能否纳入和谐的整体为标准，往往出于一般人意料之外。他能看重一般人所看轻的，也能看轻一般人所看重的。在看重一件事物时，他知道执着；在看轻一件事物时，他也知道摆脱。艺术的能事不仅见于知所取，尤其见于知所舍。苏东坡论文，谓如水行山谷中，行于其所不得不行，止于其所不得不止。这就是取舍恰到好处，艺术化的人生也是如此。善于生活者对于世间一切，也拿艺术的口胃去评判它，合于艺术口胃者毫毛可以变成泰山，不合于艺术口胃者泰山也可以变成毫毛。他不但能认真，而且能摆脱。在认真时见出他的严肃，在摆脱时见出他的豁达。孟敏堕甑，不顾而去，郭林宗见到以为奇怪。他说：“甑已碎，顾之何益？”哲学家斯宾诺莎宁愿靠磨镜过活，不愿当大学教授，怕妨碍他的自由。王徽之居山阴，有一天夜雪初霁，月色清朗，忽然想起他的朋友戴逵，便乘小舟到剡溪去访他，刚到门口便把船划回去。他说：“乘兴而来，兴尽而返。”这几件事彼此相差很远，却都可以见出艺术家的豁达。伟大的人生和伟大的艺术都要同时并有严肃与豁达之胜。晋代清流大半只知道豁达而不知道严肃，宋朝理学又大半只知道严肃而不知道豁达。陶渊明和杜子美庶几算得恰到好处。

一篇生命史就是一种作品，从伦理的观点看，它有善恶的分别；从艺术的观点看，它有美丑的分别。善恶与美丑的关系究竟如何呢？

就狭义说，伦理的价值是实用的，美感的价值是超实用的；伦理的活动都是有所为而为，美感的活动则是无所为而为。比如仁义忠信等等都是善，问它们何以为善，我们不能不着眼到人群的幸福。美之所以为美，则全在美的形相（象）本身，不在于它对于人群的效用（这并不是说它对于人群没有效用）。假如世界上只有一个人，他就不能有道德的活动，因为有父子才有慈孝可言，有朋友才有信义可言。但是这个想象的孤零零的人还可以有艺术的活动，他还可以欣赏他所居的世界，他还可以创造作品。善有所赖而美无所赖，善的价值是“外在的”，而美的价值是“内在的”。

不过这种分别究竟是狭义的。就广义说，善就是一种美，恶就是一种丑。因为伦理的活动也可以引起美感上的欣赏与嫌恶。希腊大哲学家柏拉图和亚理士多德讨论伦理问题时都以为善有等级，一般的善虽只有外在的价值，而“至高的善”则有内在的价值。这所谓“至高的善”究竟是什么呢？柏拉图和亚理士多德本来是一走理想主义的极端，一走经验主义的极端，但是对于这个问题，意见却是一致。他们都以为“至高的善”在“无所为而为的玩索”（Disinterested Contemplation）。这种见解在西方哲学思潮上影响极大，斯宾诺莎、黑格尔、叔本华的学说都可以参证。从此可知西方哲人心目中的“至高的善”还是一种美，最高的伦理的活动还是一种艺术的活动了。

“无所为而为的玩索”何以看成“至高的善”呢？这个问题牵涉西方哲人对于神的观念。从耶稣教盛行之后，神才是一个大慈大悲的道德家。在希腊哲人以及近代莱布尼兹、尼采、叔本华诸人的心目中，神却是一个大艺术家，他创造这个宇宙出来，全是为着自己要创造、要欣赏。其实这种见解也不减低神的身分（份）。耶稣教的神只是一班穷叫花子中的一个肯施舍的财主佬，而一般哲人心中的神，则是以宇宙为乐曲而要在这种乐曲之中见出和谐的音乐家。这两种观念究竟是哪一个伟大呢？在西方哲人想，神只是一片精灵，他的活动绝对自由而不受限制，至于人则为肉体的需要所限制而不能绝对自由。人愈能脱肉体需求的限制而自由活动，则离神亦愈近。“无所为而为的玩索”是唯一的自由活动，所以成为最上的理想。

这番话似乎有些玄渺，在这里本来不应说及。不过无论你相不相信，有许多思想却值得当作一个意象悬在心眼前来玩味玩味。我自己在闲暇时也欢喜看看哲学书籍。老实说，我对于许多哲学家的话都很怀疑，但是我觉得他们有趣。我以为穷到究竟，一切哲学系统也都只能当作艺术作品去看。哲学和科学穷到极境，都是要满足求知的欲望。每个哲学家和科学家对于他自己所见到的一点真理（无论它究竟是不是真理）都觉得有趣味，都用一股热忱去欣赏它。真理在离开实用而成为情趣中心时就已经是美感的对象了。“地球绕日运行”“勾方加股方等于弦方”一类的科学事实，和《密罗斯爱神》或《第九交响曲》一样可以摄魂震魄。科学家去寻求这一类的事实，穷到究竟，也正因为它们可以摄魂震魄。所以科学的活动也还是一种艺术的活动，不但善与美是一体，真与美也并没有隔阂。

艺术是情趣的活动，艺术的生活也就是情趣丰富的生活。人可以分为两种：一种是情趣丰富的，对于许多事物都觉得有趣味，而且到处寻求享受这种趣味；一种是情趣枯竭的，对于许多事物都觉得没有趣味，也不去寻求趣味，只终日拼命和蝇蛆在一块争温饱。后者是俗人，前者就是艺术家。情趣愈丰富，生活也愈美满，所谓人生的艺术化就是人生的情趣化。

“觉得有趣味”就是欣赏。你是否知道生活，就看你对于许多事物能否欣赏。欣赏也就是“无所为而为的玩索”。在欣赏时人和神仙一样自由，一样有福。

阿尔卑斯山谷中有一条大汽车路，两旁景物极美，路上插着一个标语牌劝告游人说：“慢慢走，欣赏啊！”许多人在这车如流水、马如龙的世界过活，恰如在阿尔卑斯山谷中乘汽车兜风，匆匆忙忙地急驰而过，无暇一回首流连风景，于是这丰富华覆的世界便成为一个了无生趣的囚牢。这是一件多么可惋惜的事啊！

朋友，在告别之前，我采用阿尔卑斯山路上的标语，在中国人告别习用语之下加上三个字奉赠：“慢慢走，欣赏啊！”

一九三二年夏，莱茵河畔

千篇一律与千变万化[1]

——音乐、绘画、建筑之间的通感

梁思成

在艺术创作中，往往有一个重复和变化的问题：只有重复而无变化，作品就必然单调枯燥；只有变化而无重复，就容易陷于散漫零乱。在有“持续性”的作品中，这一问题特别重要。我所谓的“持续性”，有些是时间的持续，有些是空间转移的持续，但是由于作品或者观赏者由一个空间逐步转入另一（个）空间，所以同时也具有时间的持续性，成为时间、空间的综合的持续。

音乐就是一种时间持续的艺术创作。我们往往可以听到在一首歌曲或者乐曲从头到尾持续的过程中，总有一些重复的乐句、乐段——或者完全相同，或者略有变化。作者通过这些重复而取得整首乐曲的统一性。

音乐中的主题和变奏也是在时间持续的过程中，通过重复和变化而取得统一的另一（个）例子。在舒伯特的《鳟鱼》五重奏中，我们可以听到持续贯串全曲的、极其朴素明朗的“鳟鱼”主题和它的层出不穷的变奏。但是这些变奏又“万变不离其宗”——主题。水波涓涓的伴奏也不断地重复着，使你形象地看到几条鳟鱼在这片伴奏的“水”里悠然自得地游来游去嬉戏，从而使你“知鱼之乐”焉。

舞台上的艺术大多是时间与空间的综合持续。几乎所有的舞蹈都要将同一动作重复若干次，并且往往将动作的重复和音乐的重复结合起来，但在重复之中又给以相应的变化；通过这种重复与变化以

[1] 本文选自张岱年、邓九平主编《人世文丛·云梦生涯》，北京师范大学出版社，2005 年版。梁思成（1901—1972 年），广东新会（今江门市新会区）人。中国现代建筑学家、建筑史学家。著有《梁思成文集》。

突出某一种效果，表达出某一种思想感情。

在绘画的艺术处理上，有时也可以看到这一点。

宋朝画家张择端的《清明上河图》是我们熟悉的名画。它的手卷[1]的形式赋予它以空间、时间都很长的“持续性”。画家利用树木、船只、房屋，特别是那无尽的瓦陇[2]的一些共同特征，重复排列，以取得几条街道（亦即画面）的统一性。当然，在重复之中同时还闪烁着无穷的变化。不同阶段的重点也螺旋式地变换着在画面上的位置，步步引人入胜。画家在你还未意识到以前，就已经成功地以各式各样的重复把你的感受的方向控制住了。

宋朝名画家李公麟在他的《放牧图》中对于重复性的运用就更加突出了。整幅手卷就是无数匹马的重复，就是一首乐曲，用“骑”和“马”分成几个“主题”和“变奏”的“乐章”。表示原野上低伏缓和的山坡的寥寥几笔线条和疏疏落落的几棵孤单的树就是它的“伴奏”。这种“伴奏”（背景）与主题间简繁的强烈对比也是画家惨淡经营的匠心所在。

上面所谈的那种重复与变化的统一在建筑物形象的艺术效果上起着极其重要的作用。古今中外的无数建筑，除去极少数例外，几乎都以重复运用各种构件或其他构成部分作为取得艺术效果的重要手段之一。

就举首都人民大会堂为例。它的艺术效果中一个最突出的因素就是那几十根柱子。虽然在不同的部位上，这一列和另一列柱在高低大小上略有不同，但每一根柱子都是另一根柱子的完全相同的简单重复。至于其他门、窗、檐、额，等等，也都是一个个依样葫芦。这种重复却是给予这座建筑以其统一性和雄伟气概的一个重要因素，是它的形象上最突出的特征之一。

历史中最杰出的一个例子是北京的明清故宫。从（已被拆除了的）中华门（大明门、大清门）开始就以一间接着一间，重复了又重复的千步廊一口气排列到天安门。从天安门到端门、午门又是一间间重复着的“千篇一律”的朝房。再进去，太和门和太和殿、中和殿、保和殿成为一组“前三殿”与乾清门和乾清宫、交泰殿、坤宁宫成为一组的“后三殿”的大同小异的重复，就更像乐曲中的主题和“变奏”；每一座的本身也是许多构件和构成部分（乐句、乐段）的重复；而东西两侧的廊、庑、楼、门，又是比较低微的，以重复为主但亦有相当变化的“伴奏”。然而整个故宫，它的每一个组群，每一个殿、阁、廊、门却全部都是按照明清两朝工部的“工程做法”的统一规格、统一形式建造的，连彩画、雕饰也尽如此，都是无尽的重复。我们完全可以说它们“千篇一律”。

但是，谁能不感到，从天安门一步步走进去，就如同置身于一幅大“手卷”里漫步；在时间持续的同时，空间也连续着“流动”。那些殿堂、楼门、廊、庑虽然制作方法千篇一律，然而每走几步，前瞻后顾、左睇右盼，那整个景色，轮廓、光影，却都在不断地改变着；一个接着一个新的画面出现在周围，千变万化。空间与时间、重复与变化的辩证统一在北京故宫中达到了最高的成就。

颐和园里的谐趣园，绕池环览整整三百六十度周圈，也可以看到这点。

至于颐和园的长廊，可谓千篇一律之尤者也。然而正是那目之所及的无尽的重复，才给游人以那

[1] 手卷：横幅书画长卷，以能握在手中顺序展开阅览得名。

[2] 瓦陇：屋顶上用瓦铺成的凸凹相间的行列。

种只有它才能给的特殊感受。大胆来个荒谬绝伦的设想：那八百米长廊的几百根柱子，几百根梁枋，一根方，一根圆，一根八角，一根六角……；一根肥，一根瘦，一根曲，一根直……；一根木，一根石，一根铜，一根钢筋混凝土……；一根红，一根绿，一根黄，一根蓝……；一根素净无饰，一根高浮盘龙，一根浅雕卷草，一根彩绘团花……；这样“千变万化”地排列过去，那长廊将成何景象！

有人会问：那么走到长廊以前，乐寿堂临湖回廊墙上的花窗不是各具一格，千变万化的吗？是的。就回廊整体来说，这正是一个“大同小异”，大统一中的小变化的问题。既得花窗“小异”之谐趣，无伤回廊“大同”之统一。且先以这样花窗小小变化，作为廊柱无尽重复的“前奏”，也是一种“欲扬先抑”的手法。

翻开一部世界建筑史，凡是较优秀的个体建筑或者组群，一条街道或者一个广场，往往都以建筑物形象重复与变化的统一而取胜。说是千篇一律，却又千变万化。每一条街都是一轴“手卷”、一首“乐曲”。千篇一律和千变万化的统一在城市面貌上起着重要作用。

十二年来，我们规划设计人员在全国各城市的建筑中，在这一点上做得还不能尽满人意。为了多快好省，我们做了大量标准设计，但是“好”中既也包括艺术的一面，就也“百花齐放”。我们有些住宅区的标准设计“千篇一律”到孩子哭着找不到家；有些街道又一幢房子一个样式、一个风格，互不和谐；即使它们本身各自都很美观，放在一起就都“损人”且不“利己”，“千变万化”到令人眼花缭乱。我们既要百花齐放，丰富多彩，却要避免杂乱无章，相互减色；既要和谐统一，全局完整，却要避免千篇一律，单调枯燥。这恼人的矛盾是建筑师们应该认真琢磨的问题。

中国书法[1]

林语堂

一切艺术的闷葫芦，都是气韵问题，是以欲期了解中国艺术，必自中国人所讲究的气韵或艺术灵感之源泉始。假定气韵是有世界的通性的，而中国人也未尝独占自然气韵的专利权，唯很可能地寻索出东西两方的感情强度的差异。上面论述理想中的女性时，已经指出，西洋艺术家一贯地把女性人体当作完美韵律的最高理想的客体看待；而中国艺术家及艺术爱好者常以极端愉快的态度玩赏一只蜻蜓、一只青蛙、一只蚱蜢或一块峥嵘的怪石。是以依著者所见，西洋艺术的精神，好像是较为肉体的，较

[1] 本文选自林语堂著《吾国与吾民》，黄嘉德译，湖南文艺出版社，2016年版。林语堂（1895—1976年），一代国学大师，曾多次获得诺贝尔文学奖提名的中国作家。著有《生活的艺术》《吾国与吾民》《京华烟云》等，并将孔孟老庄哲学和陶渊明、李白、苏东坡、曹雪芹等人的文学作品英译推介海外，是第一位以英文书写扬名海外的中国作家，也是集语言学家、哲学家、文学家于一身的知名学者。

为含热情，更较为充盈于艺术家的自我意识的；而中国艺术的精神则较为清雅，较为谨饬，又较为与自然相调和。吾们可以引用尼采（Nietzeche）的说法而说中国艺术是爱美之神爱普罗的艺术，而西洋艺术乃为暴君狄俄尼索斯（Dionysius）的艺术。这样重大的差别，只有经由不同的理解力和韵律欣赏而来。一切艺术问题都是气韵问题，吾们可以说任何国家都是一样，也可以说直到目前，西洋艺术中的气韵还未能取得主宰之地位，而中国绘画则常能充分运用气韵的妙处。

所可异者此气韵的崇拜非起于绘画，而乃起于中国书法的成为一种艺术。这是一种不易理解的脾气，中国人往往以其愉悦之神态，欣赏一块寥寥数笔勾成的顽石，悬之壁际，早以观摩，夕以流（浏）览，欣赏之而不厌。——此种奇异的愉悦情绪，迨欧美人明了了中国书法的艺术原则，便是容易了解的。是以中国书法的地位，很占重要，它是训练抽象的气韵与轮廓的基本艺术，吾们还可以说它供给中国人民以基本的审美观念，而中国人学的线条美与轮廓美的基本意识，也是从书法而来。故谈论中国艺术而不懂书法及其艺术的灵感是不可能的。举例来说，中国建筑物的任何一种形式，不问其为牌楼，为庭园台榭，为庙宇，没有一种形式，它的和谐的意味与轮廓不是直接摄取自书法的某种形态的。

中国书法的地位是以在世界艺术史上确实无足与之匹敌者。因为中国书法所使用的工具为毛笔，而毛笔比之钢笔来得潇洒而机敏易感，故书法的艺术水准，足以并肩于绘画。中国人把“书画”并称，亦即充分认识此点，而以姊妹艺术视之。然则二者之间，其迎合人民所好之力孰为广博，则无疑为书法之力。书法因是成为一种艺术，使有些人费绘画同样之精力，同等之热情，下功夫磨炼，其被重视而认为值得传续，亦不亚于绘画。书法艺术家的身份，不是轻易所能取得，而大名家所成就的程度，其高深迥非常人所能企及，一如其他学术大师之造诣。中国大画家像董其昌、赵孟頫同时又为大书法家，无足为异。赵孟頫（1254—1322年）为中国最著名书画家之一，他讲他自己的绘画山石，有如写书法中之“飞白”，而其绘画树木，有如书法中之篆体。绘画的笔法，其基本且肇端于书法的“永”字八法。苟能明乎此，则可知书法与绘画之秘籍，系出同源。

据我看来，书法艺术表现出气韵结构的最纯粹的原则，其与绘画之关系，亦如数学工程学天文学之关系。欣赏中国书法，意义存在于忘言之境，它的笔画、它的结构只有在不可言传的意境中体会其真味。在这种纯粹线条美与结构美的魔力的教养领悟中，中国人可有绝对自由贯注全神于形式美而毋庸顾及其内容。一幅绘画还得传达一个对象的物体，而精美的书法只传达它自身的结构与线条美。在这片绝对自由的园地上，各式各样的韵律的变化，与各种不同的结构形态都经尝试而有新的发现。中国之毛笔，具有传达韵律变动形式之特殊效能，而中国的字体，学理上是均衡的方形，但却用最奇特不整的笔姿组合起来，是以千变万化的结构布置，留待书家自己去决定创造。如是，中国文人从书法修炼中渐习的认识线条上之美质，像笔力、笔趣、蕴蓄、精密、遒劲、简洁、厚重、波磔、谨严、洒脱；又认识结体上之美质，如长短错综，左右相让，疏密相间，计白当黑，条畅茂密，矫变飞动，有时甚至可由特意的委颓与不整齐的姿态中显出美质。因是，书法艺术齐备了全部完美观念的条件，吾们可以认作中国人审美的基础意识。

书法艺术已具有两千年的历史，而每一个作家都想尽力创造独具的结体与气韵上的新姿态。在书法中，我们可以看出中国艺术精神的最精美之点。有几种姿态崇拜不规则的美，或不绝的取逆势却能保持平衡，他们的慧黠的手法使欧美人士惊异不止。此种形式在中国艺术别的园地上不易轻见，故尤觉别致。

书法不独替中国艺术奠下审美基础，它又代表所谓“性灵”的原理。这个原理倘能充分了解而加以适当处理与应用，很容易收得有效的成果。上面说过，中国书法发现了一切气韵结体的可能的姿态，而它的发现系从自然界摄取的艺术的灵感，特殊是从树木鸟兽方面——一枝梅花，一条附有几片残叶的葡萄藤，一只跳跃的斑豹，猛虎的巨爪，麋鹿的捷足，骏马的劲力，熊罴的丛毛，白鹤的纤细，松枝的纠棱盘结，没有一种自然界的气韵形态未经中国画家收入笔底，形成一种特殊的风格者。中国文人能从一枝枯藤看出某种美的素质，因为一枝枯藤具有自在不经修饰的雅逸的风致，具有一种含弹性的劲力。它的尖端蜷曲而上绕，还点缀着疏落的几片残叶，毫无人工的雕琢的痕迹，却是位置再适当没有，中国文人接触了这样的景物，他把这种神韵融会于自己的书法中。他又可以从一棵松树看出美的素质，它的躯干劲挺而枝杈转折下弯，显出一种不屈不挠的气派，于是他把这种气派融会于他的书法风格中。吾们是以在书法里面有所谓“枯藤”、所谓“劲松倒折”，等等名目以喻书体者。

有一个著名的高僧曾苦练书法，久而无所成就，有一次闲步于山径之间，适有两条大蛇，互相争斗，各自尽力紧挣其颈项，这股劲势显出一种外观似觉柔和纡缓而内面紧张的力。这位高僧看了这两条蛇的争斗，猛然而有所感悟，从一点灵悟上，他练成一种独有的书体，叫做（作）“斗蛇”，乃系模拟蛇颈的紧张纠曲的波动。是以书法大师王羲之（321—379年）作《笔势论》，亦引用自然界之物象以喻书法之笔势：

> 划如列阵排云，挠如劲弩折节，点如高峰坠石，直如万岁枯藤，撇如足行趋骤，捺如崩浪雷奔，侧钩如百钧弩发。

一个人只有清醒而明察各种动物肢体的天生韵律与形态，才能懂得中国书法。每一种动物的躯体，都有其固有的和谐与美质。这和谐是直接产生自其行动的机能。一匹拖重载之马，它的丛毛的腿和其硕大的躯干，同样具有美的轮廓，不亚于赛马场中一匹洁净的赛马的轮廓。这种和谐存在于敏捷纵跳的灵猎犬的轮廓，也存在于卷毛龙茸的爱尔兰狮犬的轮廓。这种狮犬，它的头部和足端差不多形成方的构形——这样的形态奇异地呈现于中国书法中之钝角的隶书体（此体流行汉代，经清世邓石如之表扬而益见重于艺林）。

这些树木动物之所以为美，因为它们有一种对于波动的提示。试想一枝梅花的姿态，它是何等自在，何等天然的美丽，又何等艺术的不规律！清楚而艺术地懂得这一枝梅花的美即为懂得中国艺术的性灵说的原理。这一枝梅花就令剥落了枝上的花朵，还是美丽的，因为它具有生气，它表现一种生长的活力。每一棵树的轮廓，表现一种发于有机的行动的气韵，这种有机行动包含着求生的欲望，意求生长则向日光伸展，抵抗风的凌暴则维持干体均衡的推动力。任何树木都含有美感，因为它提示这些推动力，特殊是准对一个方向的行动或准对一个物体的伸展。它从未有意的欲求美观，它不过欲求生活。但其结果却是完美的和谐与广大的满足。

就是自然也未曾故意地在其官能作用以外赋予猎犬以任何抽象的美质：那高而弓形的猩犬的躯体，它的连接躯体与后腿的线条，是以敏捷为目的而构造的，它们是美的，因为它们提示敏捷性，而且从此和谐的机能功用现出和谐的形体。猫的行动之柔软，产生柔和的外观。甚至哈巴狗蹲踞的轮廓，有一种纯粹固有的力的美。这说明自然界典型的无限之丰富。这样范型常常是和谐，常常充溢着饱满的气韵而千变万化，永远不会罄尽它的形态，易辞以言之，自然界的美，是一种动力的美，不是静止的美。

此种动力的美，方为中国书法的秘奥关键。中国书法的美是动的，不是静止的，因为它表现生动的美，它具有生气，同时也千变万化无止境。一笔敏捷而稳定的一画之所以可爱，因其敏捷而有力地一笔写成，因而具有行动之一贯性，不可模仿，不可修改，因为任何修改，立刻可以看出其修改的痕迹，因其缺乏和谐。这是为什么书法这一种艺术是那么艰难。

把中国书法的美归诸性灵说的原理，并非著者私人的理想，可以从中国通常的譬喻来证明。他们把笔画用“骨、肉、筋”这些字眼来形容，虽其哲理的含意（义）迄未自觉地公开，直到一个人想起要设法使欧美人明了书法的时候。晋时有位女书家，世称卫夫人，王羲之尝师事之，她在论述书法时这样说：

> 善笔力者多骨，不善笔力者多肉。多骨微肉者谓之筋书，多肉微骨者谓之墨猪。多力丰筋者圣，无力无筋者病。

波动的动力原理，结果产生结构上的一种原理，为了解中国书法所不可不知者。仅仅平行与匀称的美，从未被视为最高之风格。中国书法有一个原则，即一个四方形不宜为完全的四方形，却要此一面较他一面略高，左右相济，而两个平均的部分，其位置与大小也不宜恰恰相同。这个原则叫做（作）“笔势”，它代表动力的美。其结果在这种艺术的最高典型中，吾们获得一种组织上的特殊形体，它的外表看似不平衡而却互相调剂，维持着平衡。这种动力的美，与静止的仅仅匀称的美，二者之间的差异，等于一张是相片一个人或立或坐取一个休息的姿态，与另一个速写的镜头，照着一个人正挥着他的高尔夫球棒，或照着一个足球健将，刚正把足球一脚踢出去的比较。又恰像一个镜头摄取一个姑娘自然地仰昂着脸蛋儿较胜于把脸蛋儿保持平衡的正面。是以中国书体，其顶头向一面斜倾者较之平顶者为可爱。这样结构形式的最好模范为魏碑《张猛龙碑》，它的字体常有鸾凤腾空之势，但还是保持着平衡。如此风格，求之当代书家中，当推监察院长于右任的书品为最好模范。于院长的获有今日之地位，也半赖其书法的盛名。

现代的艺术为寻求韵律而试创结构上新的形体，然至今尚无所获。它只能给予吾人一种印象，觉得他们是在力图逃遁现实。其最明显之特性为它的成效不足以慰藉我们的性灵，却适足以震扰我们的神经。职是之故，试先审察中国书法及其性灵说的原理，并赖此性灵说原理或气韵的活力，进而精细研习自然界之韵律，便有很大可能性。那些直线、平面、圆锥形的厚薄的应用，仅够刺激吾们，从未能赋予美的生气。可是此等平面、圆锥、直线及波浪形，好像已竭尽了现代艺术家的才智。何以不重返于自然？吾想几位西洋艺术家还得用一番苦功，创始用毛笔来写英文字，苦苦练他十年，然后，假使他的天才不差，或能真实明了性灵的原理，他将有能力写写泰晤士大街上的招牌字，而其线条与形态，值得称为艺术了。

中国书法之为中国人审美观念的基础之详细意义，将见之于下节论述中国绘画及建筑中。在中国绘画之笔触及章法中，及在建筑之形式与构造中，吾们将认识其原则系自书法发展而来。此等气韵、形式、笔势的基本概念，赋予中国各项艺术如诗、绘画、建筑、瓷器及房屋装饰以基本的一贯精神。

《自然与人生》二篇[1]

（日）德富芦花

大海日出

涛声划破梦境，起身推开房门。此时正值明治二十九年（1896年）十一月四日拂晓，我投宿在铫子市的水明楼，楼的正下方便是浩瀚的太平洋。

凌晨四时许，海面尚在一片朦胧中，只有涛声高亢。遥望东方，沿着水平线已泛出微暗的红黄色，灰蓝色的天空上挂着一弯金弓般的残月。月光皎洁清澈，仿佛在镇守着东瀛。左侧有伸出海面的黑黝黝的犬吠岬，岬顶灯塔上旋转的灯光，从海滩向海面不断地扫过一轮轮白色的光环。

过了片刻，冷飕飕的晓风刮来，掠过青黑色的海面，夜幕由东方开始揭开。黎明踏着鱼肚白的波涛涌了过来，浪涛拍打黑色礁石的白沫渐渐清晰可见了。仰目望去，那一弯金弓已变成银弓，方才东边灰暗的朦胧也渐渐清澈泛黄。海面汹涌，黑波白浪翻滚。夜的梦境尚在海上徘徊，东方的晨曦却已张开眼帘，太平洋的夜已经明了。

此时，黎明的曙光如花蕾绽放，一轮一轮在空中、在海面扩散开来。海浪渐渐泛白，东边天空的黄色更加浓厚，月色与灯光慢慢退去了光芒，消逝了身影。一行候鸟如太阳的使者，掠过海面，飞翔而去。万顷波涛企望东方，发出蓄势待发的喧哗——无形之声充溢四方。

五分钟过去了，十分钟过去了。眼看着东方光芒四射，忽然，猩红的一点浮出了海面。哎呀呀！太阳出来了！一瞬间，令人来不及细想。屏息凝视，刹那间，海神高擎起手臂，只见浮出海面的红点化作金线、金梳、金蹄。随后，身躯一摇，毫无留恋地跳出了海面。那一刻，万斛金光从冉冉升起的朝阳中喷洒而出，万里洋面犹如金蛇飞舞，眼前矶岸边顿时卷起两丈高的金色雪浪。

山百合

后山腰葱郁茂密的茅萱丛中，淡雅的山百合犹如夜的明星，星星点点。然而，不经意间，很快这边也盛开了，那边也含笑绽放了。如今，比布满夜半星空的群星还要多。

登山访花，花藏在茅萱深处，难以觅见。

归来伫立庭院眺望，那花便在茅萱中灵秀地微笑。

---

[1] 本文选自德富芦花著《自然与人生》，林敏译，四川文艺出版社，2014年版。德富芦花（1868—1927年）小说家，本名德富健次郎。他同情弱者，尊重自然，站在人本主义的立场从事活动，是一位卓越的文学家。其作品以独特的观点探讨社会与个人、自然与人类等主题。

朝露洒满山谷，花仍在蒙昽沉睡着。

夕阳的风轻拂而来时，漫山遍野的茅萱荡起阵阵青波。花在这起伏中摇曳，如同漂浮水上的藻花。

日落时分，山色幽暗，点点花白，令人怜叹那余晖残照。

在东京时，我曾为百合留下过这样的手记：

“一早便闻门外卖花翁的吆喝声，出门一瞧，夏菊、东菊等黄紫相间的花中有两三枝百合，旋即买回了百合。插入瓷瓶中，放在书桌右侧，顿觉清香满屋。有时困倦于洋文汉字时，移目于此君，心神便驰往那青山深处。”

夏日的花卉中我独钟情牵牛与百合。百合中又偏爱白百合、山百合。编写百花谱的许六翁[1]虽一口断定百合为俗物，然而，我以为他指的是浓妆艳抹的红百合，清雅绝伦的白百合是不会包含其中的。请不要以为我附弄风雅。我虽置身人如云、事如雨的东京，处在忙碌喧嚣的境遇中，但我之心灵却常常神游于春草秋野。对于别无生计的我来说，买花钱便是活命钱。

我自买了这几株百合花，白昼便放于桌边为伴，夜晚便置于庭院中，任凭月光辉映，星辰照耀，露水洗涤。早晨起来，推开挡雨窗，映入眼帘的便是此君了。一夜之间，花蕾少了几许，花朵多了几许。汲来井水，注入瓶中，也在花叶上喷上新水，花上粒粒润珠。随后，又将百合置于回廊上，沐浴了水珠的叶片青翠欲滴，新开的花朵清澈无垢。一日复一日，今日的花蕾变为明日的花朵，今日的残花为昨日而开，盛开、凋谢，花托渐渐移到了枝梢。看吧，六千年世界的变迁，不确如这百合一枝的盛衰一般吗?

面对这百合，不禁想起曾经在房州游历时的光景。时值初夏，无同伴相随的我常常独自爬到海边的山崖上。镜浦湾如明镜般光滑，海面上浮着一两艘一动不动的小舟，海边的山崖葱郁一片，与海水交相辉映。四周寂然无声，唯日光充溢着天地。矶石渐渐地低平了下来，没入海面，只露出光秃的岩壁。我端坐这岩石上，正做着白日梦，忽然飘过一阵清香，回首一望，只见一株百合立于身后。

面对这百合，便想起那年在相州山的情景。在这连一抔黄土都饱含着历史之地，在傍山而建的茅屋边，悬崖峭壁上，幽暗的古洞窟里，在长眠着古代英雄之地，在细谷川流淌之处，在杉木的树荫、细竹丛中，无论在何处，都可见那白白的花儿。有时遇见背着秣草的村童，背篮里也插着两三枝；有时走在蛙鸣的田埂间，忽地抬头一望，眼前形如米粒的青山上，满山遍野，萱草丛生，如同山岳公主的美发。其间，到处点缀着数不胜数的山百合，犹如公主天然的簪花。风静时刻，它便是绿色天鹅绒毯上织出的白色花纹。有风掠过时，遍山青草碧波荡漾，那山百合便又如漂浮在碧波上的浮萍花。

面对这百合，又忆起某日一大早出门游夏山的时刻。那日，山间清冷的寒气，润湿我单衣肌肤。脚下的路越走越窄，头上松树、榉树繁茂，脚边细竹丛生。我拨开竹枝前行，满山露珠沾湿衣襟。忽然一阵微风送来幽香，细细一看，竹丛中盛开着一枝山百合。踏着齐膝的露水，我推开细竹枝，折下了那枝山百合。白玉杯一般的花朵上，溢满晶莹的露珠。伸手摘花，露珠滴落，衣袖盈满清香。

面对这百合，便想起仙女高洁的容颜。以清香熏德，以洁白守操，虽生长在荒草杂木的尘世中，却不以尘俗为伍；虽悲天悯人，泪积凝露，面带忧伤，却仰视长空，含泪的眼中饱含希望的微笑；虽

[1] 许六翁，即森川许六（1656—1715年），江户中期俳句诗人，曾师从松尾芭蕉。著有俳句选集《本朝文选》、俳论《俳谐问答》等。

幽居深山，不为人知，无人观赏，却能独善其身，枯荣无憾。身在山中，便在山中盛开；移栽庭院，便在庭院溢香。不为花开而孤傲，不为花落而怨恨，清白一生，归于春天的永恒。这如同天仙般圣洁的身影，不正是白百合的神韵吗？

每当面对几案上的这瓶百合，心灵便神驰于清寂无比的境地。每当涌起俗念浊思之际，便羞愧难当，无以面对它。啊，百合花，两千年前你诞生在犹太人的原野，自你进入人们的视野，便成为传播真理的永恒的信使。你来到新的国度，在他们的园中开放。百合呀，请把你的清香分赠一半予我吧！

学以致用

一、活动主题

举办“艺海拾贝”课堂表演活动。

二、活动规则

1. 以学习小组为单位准备一个表演节目，节目类型可以是歌舞、器乐、话剧、诗歌朗诵等。
2. 票选出“最受欢迎节目”“最受欢迎演员”。
3. 结合本章主题，各小组分别谈谈对艺术之美的理解。

第 8 单元

科学创新

科学是人类社会发展与进步的动力和阶梯，是科学把人类一个又一个征服自然的梦想变成了现实。从古老的算盘到电子计算机，从“嫦娥奔月”的传说到“嫦娥二号”再访月宫……这一切的一切，都是科技的力量。

爱因斯坦说：“科学是一种强有力的工具。怎样用它，究竟是给人带来幸福还是带来灾难，全取决于人自己，而不取决于工具。刀子在人类生活上是有用的，但它也能用来杀人。”

华罗庚说：“科学上没有平坦的大道，真理的长河中有无数礁石险滩。只有不畏攀登的采药者，只有不怕巨浪的弄潮儿，才能登上高峰采得仙草，深入水底觅得骊珠。”

在科学的道路上，作出重大发明创造的人，大多是敢于向千年不变的戒规、定律挑战的人，他们做出了大师们认为不可能的事情，让世人大吃一惊。

生命不息，探索不止。人类将永远相伴于科学探索的世界里，科学也将给予人们永无止境的启示与恩惠。

22 《梦溪笔谈》二则[1]

沈 括

正午牡丹

欧阳公[2]尝得一古画牡丹丛，其下有一猫，未识其精粗[3]。丞相正肃吴公与欧阳公姻家，一见曰："此正午牡丹也。何以明之？其花披哆[4]而色燥，此日中之花也；猫眼黑睛如线，此正午猫眼也。有带露花，则房[5]敛[6]而色泽。猫眼早暮则睛圆，日渐中狭长，正午则如一线耳。"此亦善求古人心意也。

雷震

内侍[7]李舜举家曾为暴雷所震。其堂之西室，雷火自窗间出，赫然出檐，人以为堂屋已焚，皆出避之。及雷止，其舍宛然[8]，墙壁、窗纸皆黔[9]。有一木格，其中杂贮诸器，其漆器银扣者，银悉熔流在地，漆器曾不焦灼。有一宝刀，极坚钢，就刀室中熔为汁，而室亦俨然[10]。人必谓火当先焚草木，然后流金石；今乃金石皆铄[11]，而草木无一毁者，非人情所测也。佛书言"龙火得水而炽，人火得水而灭"，此理信然。人但知人境[12]中事耳，人境之外，事有何限？欲以区区世智情识，穷测至理，不其难哉！

---

[1] 本文选自沈括著、张富祥译注《梦溪笔谈》，中华书局，2009 年版。

[2] 欧阳公：指北宋文学家欧阳修。

[3] 精粗：精良和粗劣。这里指古画水平的高低。

[4] 披哆（chǐ）：披散，张开。

[5] 房：这里指花房，即花冠，花心。

[6] 敛：聚拢，收。

[7] 内侍：官名。

[8] 宛然：真切的样子。

[9] 黔：黑色。

[10] 俨然：完整的样子。

[11] 铄：熔化。

[12] 人境：人世。

知人论世

《梦溪笔谈》是一部涉及古代中国自然科学、工艺技术及社会历史现象的综合性笔记体著作，由北宋科学家、政治家沈括（1031—1095年）撰写，该书被英国科学史家李约瑟评价为中国科学史上的里程碑。

《梦溪笔谈》一共分30卷，其中《笔谈》26卷，《补笔谈》3卷，《续笔谈》1卷。全书有17目，凡609条。内容涉及天文、数学、物理、化学、生物等各个门类学科，其价值非凡。书中的自然科学部分，总结了中国古代，特别是北宋时期的科学成就。

《梦溪笔谈》作者沈括，字存中，号梦溪丈人，出身于仕宦之家，幼年曾随父宦游各地。沈括博闻多学，一生致志于科学研究，在众多学科领域都有很深的造诣和卓越的成就，被誉为“中国整部科学史中最卓越的人物”。

触类旁通

笔记体

“笔记”是中国古代记录史学的一种文体。意谓随笔记录之言，属野史类史学体裁。有随笔、笔谈、杂识、日记、札记等异名。笔记形式随便，又无确定格式，诸如见闻杂录、考据辩证之类，皆可归入。其起源颇早，早期的笔记常被归为小说一类，笔记作为一种专门的文学体裁，起始于魏晋，经过唐宋时期的充实发展，到了明清两代，更加风靡兴盛。

依其所载内容，笔记大体可分为：鬼神仙怪、历史琐闻和考据辨证等类别。鬼神仙怪类笔记在魏晋时期就十分盛行，是当时笔记的主流，著称者有张华《博物志》和干宝《搜神记》。历史掌故类笔记主要记录掌故遗事、民情风俗、人物轶闻和山川景物等，如唐代《隋唐嘉话》、宋代《涑水记闻》等。考据辩证类笔记唐代始独树一帜，并有所发展。清代乾隆、嘉庆间，考据之学大盛，此类笔记更加增多。如宋代《梦溪笔谈》、清代《日知录》等。

笔记所载，虽多是些琐碎片断，但因有闻即记，较官修史籍往往生动真切，其中不少资料还为正史所不载。笔记也记录了一些传闻不确、考订不严的东西。另外，如互相抄袭，津津乐道于荒诞无稽的奇事轶闻，着力宣扬封建迷信等，也随处可见。

切问近思

1. 吴丞相根据什么判定古画中的牡丹是“正午牡丹”？

2.《雷震》中，作者说：“欲以区区世智情识，穷测至理，不其难哉！”你认为我们应该对“至理”持什么态度?

3.《梦溪笔谈》在中国科学史上有何价值?

23 我的世界观[1]

（美）爱因斯坦

我们这些总有一死的人的命运多么奇特呀！我们每个人在这个世界上都只作一个短暂的逗留；目的何在，却无所知，尽管有时自以为对此若有所感。但是，不必深思，只要从日常生活就可以明白：人是为别人而生存的——首先是为那样一些人，他们的喜悦和健康关系着我们自己的全部幸福；然后是为许多我们所不认识的人，他们的命运通过同情的纽带同我们密切结合在一起。我每天上百次地提醒自己：我的精神生活和物质生活都依靠着别人（包括生者和死者）的劳动，我必须尽力以同样的分量来报偿我所领受了的和至今还在领受着的东西。我强烈地向往着俭朴的生活。并且时常发觉自己占用了同胞的过多劳动而难以忍受。我认为阶级的区分是不合理的，它最后所凭借的是以暴力为根据。我也相信，简单淳朴的生活，无论在身体上还是在精神上，对每个人都是有益的。

我完全不相信人类会有那种在哲学意义上的自由。每一个人的行为，不仅受着外界的强迫，而且还要适应内心的必然。叔本华说：“人虽然能够做他所想做的，但不能要他所想要的。”这句话从我青年时代起，就给了我真正的启示；在我自己和别人的生活面临困难的时候，它总是使我们得到安慰，并且永远是宽容的源泉。这种体会可以宽大为怀地减轻那种容易使人气馁的责任感，也可以防止我们过于严肃地对待自己和别人；它还导致一种特别给幽默以应有地位的人生观。

要追究一个人自己或一切生物生存的意义或目的，从客观的观点看来，我总觉得是愚蠢可笑的。可是每个人都有一定的理想，这种理想决定着他的努力和判断的方向。就在这个意义上，我从来不把安逸和享乐看作是生活目的本身——这种伦理基础，我叫它猪栏的理想。照亮我的道路，并且不断地给我新的勇气去愉快地正视生活的理想，是善、美和真。要是没有志同道合者之间的亲切感情，要不是全神贯注于客观世界——那个在艺术和科学工作领域里永远达不到的对象，那么在我看来，生活就会是空虚的。人们所努力追求的庸

---

[1] 本文选自爱因斯坦著《爱因斯坦文集》第三卷，由许良英、赵中立、张宜三编译，商务印书馆，1979 年版。原文最初发表在 1930 年出版的《论坛和世纪》（*Forum and Century*）84 卷，193-194 页。当时用的标题是“我的信仰”（What I Believe）。

俗目标——财产、虚荣、奢侈的生活——我总觉得都是可鄙的。

我有强烈的社会正义感和社会责任感，但我又明显地缺乏与别人和社会直接接触的要求，这两者总是形成古怪的对照。我实在是一个“孤独的旅客”，我未曾全心全意地属于我的国家、我的家庭、我的朋友，甚至我最为接近的亲人；在所有这些关系面前，我总是感觉到一定距离并且需要保持孤独——而这种感受正与年俱增。人们会清楚地发觉，同别人的相互了解和协调一致是有限度的，但这不足惋惜。无疑，这样的人在某种程度上会失去他的天真无邪和无忧无虑的心境；但另一方面，他却能够在很大程度上不为别人的意见、习惯和判断所左右，并且能够避免那种把他的内心平衡建立在这样一些不可靠的基础之上的诱惑。

我的政治理想是民主政体。让每一个人都作为个人而受到尊重，而不让任何人成为被崇拜的偶像。我自己一直受到同代人的过分的赞扬和尊敬，这不是由于我自己的过错，也不是由于我自己的功劳，而实在是一种命运的嘲弄。其原因大概在于人们有一种愿望，想理解我以自己微薄的绵力通过不断的斗争所获得的少数几个观念，而这种愿望有很多人却未能实现。我完全明白，一个组织要实现它的目的，就必须有一个人去思考、去指挥，并且全面担负起责任来。但是被领导的人不应当受到强迫，他们必须有可能来选择自己的领袖。在我看来，强迫的专制制度很快就会腐化堕落。因为暴力所招引来的总是一些品德低劣的人，而且我相信，天才的暴君总是由无赖来继承，这是一条千古不易的规律。就是由于这个缘故，我总是强烈地反对今天我们在意大利和俄国所见到的那种制度。像欧洲今天所存在的情况，使得民主形式受到了怀疑，这不能归咎于民主原则本身，而是由于政府的不稳定和选举制度中与个人无关的特征。我相信美国在这方面已经找到了正确的道路。他们选出了一个任期足够长的总统，他有充分的权力来真正履行他的职责。另一方面，在德国的政治制度中，我所重视的是，它为救济患病或贫困的人作出了比较广泛的规定。在人生丰富多彩的表演中，我觉得真正可贵的，不是政治上的国家，而是有创造性的、有感情的个人，是人格；只有个人才能创造出高尚的和卓越的东西，而群众本身在思想上总是迟钝的，在感觉上也总是迟钝的。

讲到这里，我想起了群众生活中最坏的一种表现，那就是使我厌恶的军事制度。一个人能够洋洋得意地随着军乐队在四列纵队里行进，单凭这一点就足以使我对他轻视。他之所以长了一个大脑，只是出于误会；单单一根脊骨就可满足他的全部需要了。文明国家的这种罪恶的渊薮，应当尽快加以消灭。由命令而产生的勇敢行为，毫无意义的暴行，以及在爱国主义名义下一切可恶的胡闹，所有这些都使我深恶痛绝！在我看来，战争是多么卑鄙、下流！我宁愿被千刀万剐，也不愿参与这种可憎的勾当。尽管如此，我对人类的评价还是十分高的，我相信，要是人民的健康感情没有遭到那些通过学校和报纸而起作用的商业利益和政治利益的蓄意败坏，那么战争这个妖魔早就该绝迹了。

我们所能有的最美好的经验是奥秘的经验。它是坚守在真正艺术和真正科学发源地上的基本感情。谁要是体验不到它，谁要是不再有好奇心，也不再有惊讶的感觉，谁就无异于行尸走肉，他的眼睛便是模糊不清的。就是这样奥秘的经验——虽然掺杂着恐惧——产生了宗教。我们认识到有某种为我们所不能洞察的东西存在，感觉到那种只能以其最原始的形式接近我们的心灵的最深奥的理性和最灿烂的美——正是这种认识和这种情感构成了真正的宗教感情；在这个意义上，而且也只是在这个意义上，我才是一个具有深挚的宗教感情的人。我无法想象存在这样一个上帝，它会对自己的创造物加以赏罚，会具有我们在自己身上所体验到的那种意志。我不能也不愿去想象一个人在肉体死亡以后还会继续活着；让那些脆弱的灵魂，由于恐惧或者由于可笑的唯我论，去拿这种思想当宝贝吧！我自己只求满足于生命永恒的奥秘，满足于觉察现存世界的神奇结构，窥见它的一鳞半爪，并且以诚挚的努力去领悟在自然界中显示出来的那个理性的一部分，倘若真能如此，即使只领悟其极小的一部分，我也就心满意足了。

爱因斯坦，犹太裔物理学家。1879 年出生于德国乌尔姆市的一个犹太人家庭，1900 年毕业于苏黎世联邦理工学院，1916 年创立了广义相对论。爱因斯坦提出光子假设，成功解释了光电效应，因此获得了 1921 年诺贝尔物理学奖。

爱因斯坦为核能开发奠定了理论基础，开创了现代科学技术新纪元，被公认为是继伽利略、牛顿以来最伟大的物理学家。1999 年 12 月 26 日，爱因斯坦被美国《时代周刊》评选为“世纪伟人”。

《我的世界观》于 1930 年发表，展示了爱因斯坦恢宏的胸襟和高尚的人格。20 世纪 20 年代末是世界滑向战争的动荡岁月，意大利墨索里尼、德国希特勒法西斯势力正企图掀起战争暴力，爱因斯坦关注时事，对国家及社会命运进行了深入思考。他热爱真理，追求正义，深切关怀社会进步的精神在本文中得以集中体现，给世人以巨大、深刻的影响。

触类旁通

美丽的居里夫人[1]

玛丽的性格里天生有一种更可贵的东西，她坚定、刚毅、顽强，有远大、执著的追求。这种可贵的性格与高远的追求，使玛丽·居里几乎在完成这项伟大自然发现的同时，也完成了对人生意义的发现。在发现镭之后的不断研究中，居里夫人也在不停地变化着。在工作卓有成效的同时，镭射线也在无声地侵蚀着她的肌体。她美丽健康的容貌在悄悄地隐退，逐渐变得眼花耳鸣，浑身乏力。皮埃尔不幸早逝，社会对女性的歧视，更加重了她生活和思想上的负担。但她什么也不管，只是默默地工作。她从一个漂亮的小姑娘，一个端庄坚毅的女学者，变成科学教科书里的新名词“放射线”，变成物理学的一个新的计量单位“居里”，变成一条条科学定律，她变成了科学史上一块永远的里程碑。

居里夫人的美名从她发现镭那一刻起就流传于世，迄今已经百年，这是她用全部的青春、信念和生命换来的荣誉。她一生共得了 10 项奖金、16 种奖章、107 个名誉头衔，特别是两次诺贝尔奖。她本来可以躺在任何一项大奖或任何一个荣誉上尽情地享受，但是她视名利如粪土，她将奖金赠给科研事业和战争中的法国，而将那些奖章送给 6 岁的小女儿去当玩具。上帝给的美形她都不为所累，尘世给的美誉她又怎肯背负在身呢？凭谁论短长，漫将浮名换了精修细研，她一如既往，埋头工作到 67 岁离开人世，离开了她心爱的实验室。直到她死后 40 年，她用过的笔记本里，还有射线在不停地释放。

爱因斯坦说：“在所有的世界著名人物当中，玛丽·居里是唯一没有被盛名宠坏的人。”

切问近思

1. 爱因斯坦提出了两种不同的生活理想，即“猪栏的理想”和他所追求的真、善、美的理想。对于这两种理想，你会选择哪一种？

2. 爱因斯坦认为，简单淳朴的生活，无论在身体上还是在精神上，对每个人都是有益的。你如何理解这句话？

3. 假如让你与爱因斯坦对话，你将如何给他讲当今青年人的世界观？

---

[1] 本文节选自梁衡著《跨越百年的美丽（第 2 版）》，中国青年出版社，2016 年版。

24 寂静的春天（节选）[1]

（美）雷切尔·卡森

地球上生命的历史即是生物与它们的环境互相作用的历史。在很大程度上，地球上动植物的形体和习性是由环境造成的。相对于地球的漫长历史，反向作用即生物对其环境的实际影响较小。只有在20世纪极短的时光瞬间中，一个物种——人——才获得了有效力量去改变他所在世界的大自然。

在过去的四分之一世纪里，这种力量不仅增大到了令人不安的程度，而且其性质亦发生了变化。人类对环境最可怕的破坏是用危险甚至致命的物质对空气、土地、河流和海洋的污染。这种污染多数是无法救治的，由它所引发的恶性循环在很大程度上是不可逆转的，它不仅存在于生物赖以生存的世界，而且也存在于生物组织中。在当今对环境的普遍污染中，化学药品是辐射线的凶恶的但却被人忽视的同谋，它们共同改变着世界上生物的根本性质。由核爆炸释放到空中的锶-90[2]以放射性尘埃的形式随雨水或漂浮物落到地球上，留在土壤里，进入地上生长着的草、玉米或小麦等植物体内，最后钻进人体，停留在骨骼里直到人死去。同样，喷洒在农田、森林或花园里的化学药品长期留在土壤中，进入活的生物体内，在一种毒害和死亡的连锁反应中从一个生物体传到另一个生物体；或者随着地下溪流神秘地流淌直至冒出地表，通过空气和阳光的化合作用构成新形式，毒死植物，使牲畜得病，对那些饮用原本纯净的井水的人们造成不知不觉的危害。正如阿尔伯特·施威策[3]所说：“人甚至连自己创造的魔鬼都认不出来。”

要生成现今栖居在地球上的生物需要亿万年的时间——在这漫长的时间里，生物不断发展进化，种类越变越多，达到一种同其环境相适应、相平衡的状态。而环境一丝不苟地塑造和引导它所供养的生物，这环境既包含有利生物生长的成分，又包含有害的成分。某些岩石放射出危险的射线；即便在一切生物中取得能量的日光中，也包含着有伤害力的短波射线。经过一定的时间——不是过了若干年，而是过了千百年，生物适应了环境，达到

[1] 本文选自戴安娜·拉维奇编《美国读本》，林木椿等译，生活·读书·新知三联书店，1995年版。

[2] 锶-90：金属元素锶的一种放射性同位素，是铀-235的裂变产物之一，属高毒性核素。

[3] 阿尔伯特·施威策（1875—1965年）：又译作阿尔伯特·史怀哲。法国神学家、哲学家、医生。获1952年诺贝尔和平奖。

了平衡。时间是最基本的因素。但在现代世界里人们没有时间去适应世界的急速变化。

人类急躁轻率的步伐胜过了自然界稳健的步履，事物很快发生变化，新情况急剧不断地产生。如今辐射已不仅仅是地球上出现生命之前便存在的岩石隐秘射线、宇宙射线以及太阳紫外线，它更是人类拨弄原子的奇异产物。同样，逼迫生物与之适应的化学物质也不再只是从岩石上冲刷出来由河流带入海洋的钙、二氧化硅、铜以及其他矿物质，它们还有人类的聪明才智所创造的人工合成物，在实验室里配制而成，在自然界找不到与它们相似的东西。

适应这些化学药品所需的时间应以大自然的尺度来衡量，人的短暂一生是不够的，它要求的是若干世代的时间。但即令在这么漫长的时间内可能奇迹般地实现了适应，也将毫无用处，因为从我们的各个实验室会源源不断地冒出新的化学药品并投入实际使用。这数字令人震惊，而且它的深层含义不易为人们所领会——单是在美国，每年就有约500种新的化学药品需要人和动物的身体以某种方式去与之适应，它们完全超出了生物学经验的范围。

这些化学药品有许多被用于人类对自然的战争。自20世纪40年代中期以来，逾200种基本化学药品被研制出来，用于杀死昆虫、杂草、啮齿动物和其他现代行话称之为“害虫”的生物体；这些化学药品被打着数千种不同的商标出售。

这些喷雾液、药粉、烟雾剂现在几乎普遍在农场、花园、森林和家庭中使用——这些化学药品能够不加选择地杀死任何昆虫，不论其是“好”是“坏”；能够使鸟儿不再歌唱，鱼儿不再跳跃于水中；能够以一层剧毒物质覆盖在叶片表面或长期滞留在土壤中。而人们使用所有这些药品消灭的目标或许仅仅是屈指可数的几种杂草或昆虫。难道有人会相信，可以向地球表面倾泻这么多毒物而又继续使它适宜一切生物生长？这些化学药品不应称作“杀虫剂”，而应称为“杀生剂”。

药物使用的整个发展过程似乎卷入了一个永无终点的螺旋。自从滴滴涕[1]被允许民用以来，逐步升级的过程便开始了，人们得不断寻找更有毒性的物质。这是因为作为对达尔文适者生存原理的绝好证明，昆虫已演化出对人们使用的某一杀虫药具有抗药性的超级品种，于是人们必须发明一种更毒的药剂，接着又发明一种比这种药剂更毒的药剂……

[1] 滴滴涕：化学名为双对氯苯基三氯乙烷，中文名称从英文缩写DDT而来，为白色晶体，不溶于水，溶于煤油，可制成乳剂，是有效的杀虫剂。为20世纪上半叶防止农业病虫害，减轻疟疾伤寒等蚊蝇传播的疾病危害起到了不小的作用。但由于其对环境污染过于严重，很多国家和地区已经禁止使用。

“控制大自然”这一短语是在骄傲自大的心态中构思出来的，它源于尼安德特人[1]时期的生物学和哲学，当时人们以为自然界是为人类的便利而存在的。应用昆虫学的概念和实践大都发端于那石器时代的科学。如此原始的科学竟已用最现代、最可怕的武器装备起来，这真是我们的一大灾祸。这门科学在使用这些武器对付害虫的同时也在打击整个地球。

《寂静的春天》是一本促进了全世界环境保护事业发展的书，作者是美国海洋生物学家、科普作家雷切尔·卡森。它以寓言开头向我们描绘了一个美丽村庄的突变，并从陆地到海洋，从海洋到天空，全方位地揭示了化学农药的危害，是一本公认的开启了世界环境运动的奠基之作。

这本书引发了公众对环境问题的注意，将环境保护问题提到了各国政府面前。各种环境保护组织纷纷成立，从而促使联合国于1972年6月12日在斯德哥尔摩召开了“人类环境大会”，并由各国签署了《人类环境宣言》，开始了环境保护事业。

科普作品

科普作品是一种以向大众普及科学知识为主要目的的作品。科普作品的主要功能和目的就是宣传普及科学知识，所述内容具有一定的学科专业性。科普作品的阅读对象主要是不熟悉该学科的非专业人士，因此科普作品具有一定的娱乐性、普及性、可读性和通俗性。科普作品在陈述专业科学知识时要求把握一定程度的严谨性，在叙述

[1] 尼安德特人：原始人类家族的一个分支，主要生活在欧洲和亚洲的中部、西南部地区。后来，“尼安德特人”成为智人阶段所有人类化石的通称。

内容上要求通俗易懂，深入浅出，能引起普通读者兴趣。科普作品允许适当地虚构作品情节、人物、环境等，以增加可读性。

切问近思

1. 除了文章中提到的因素外，还有哪些因素会使地球上出现“寂静的春天”？

2. 在经济利益与环境保护这两者的关系上，作者的观点是什么？试联系生活并结合可持续发展的观念，谈谈你对这个问题的认识。

3. 对于环境保护，人类还需要做些什么？

拓展阅读

工程师的人生观[1]

胡 适

究竟什么算是工程师的哲学呢？什么算是工程师的人生观呢？因为时间很短，我当然不能把这个大的题目讲得满意，只是提出几点意思，给现在的工程师同将来的工程师作个参考。法国从前有一位科学家柏格生（Bergson）[2]说："人是制器的动物。"过去有许多人说："人是有效力的动物。"也有许多人说："人是理智的动物。"而柏格生说："人是能够制造器具的动物。"这个制造器具的动物，是工程师的老祖宗。什么叫做工程师呢？工程师的作用，在能够找出自然界的利益，强迫自然世界把它的利益一个一个贡献出来；就是改造自然、征服自然、控制自然，以减除人的痛苦，增加人的幸福。这是工程师哲学的简单说法。

大家都承认：学作工程师的，每天在课堂里面上应该上的课，在试验室里面作（做）应该作（做）的试验，也许忽略了最大的目标，或者忽略了真正的基本——工程师的人生观。所以这个题目，是值得我们考虑的。

昨天在工学院教授座谈会中，我说：我到了六十二岁，还不知道我专门学的什么。起初学农；以后弄弄文学，弄弄哲学，弄弄历史；现在搞《水经注》[3]，人家说我改弄地理。也许六十五岁以后、七十岁的时候，说不定要到工学院作（做）学生；只怕工学院的先生们不愿意收一个老学徒，说"老狗教不会新把戏"。今天在工学院作学生不够资格的人，要来谈谈现在的工程师同将来的工程师的人生观，实属狂妄，就是，有点大胆。不过我觉得我这个意思，值得提出来说说。人是能够制造器具的动物，别的动物，也有能够制造东西的，譬如：蜘蛛能够制造网，蜜蜂能够制造蜜糖，珊瑚虫能够制造珊瑚岛。而我们人同这些动物之所以不同，就是蜘蛛制造网的丝，是从肚子里出来的，它肚子里有无穷无尽的丝；蜜蜂采取百花，经一番制造，作（做）成的确比原料高明的蜜糖：这些动物，可算是工程师；但是它的范围，它用的，只是它自己的本能。珊瑚虫能够做成很大的珊瑚岛，也是本能的。人，如果只靠他的本能，讲起来也是有限得很的！人与蜘蛛、蜜蜂、珊瑚虫所以不同，是在他充分运用聪明才智，揭发自然的秘密，来改造自然、征服自然、控制自然。控制自然，为的是什么呢？不是像蜘

[1] 本文选自胡适著，欧阳哲生编《胡适文集·胡适演讲集》，北京大学出版社，2013年7月版。胡适（1891—1963年），原名嗣穈，后改名胡适，字适之。安徽绩溪人。文学家、历史学家、哲学家，新文化运动的领袖之一。著有《胡适文集》。

[2] 柏格生（1859—1941年）：今译为亨利·柏格森，法国哲学家，曾获1927年诺贝尔文学奖。代表作为《创造的进化》。

[3]《水经注》：北魏郦道元著，全书三十多万字，详细介绍了中国境内一千多条河流以及与这些河流相关的郡县、城市、物流、风俗、传说、历史等，是中国古代较完整的一部以记载河道水系为主的综合性地理著作。胡适晚年，穷二十年之功，以二百万字的著述，从事《水经注》的考证。

蛛制网，为的捕虫子来吃；人的控制自然，为的是要减轻人的劳苦，减除人的痛苦，增加人的幸福，使人类的生活格外的丰富，格外有意义。这是“科学与工业的文化”的哲学。我觉得柏格生这个“人”的定义，同我们刚才简单讲的工程师的哲学，工程师的人生观，工程师的目标，是值得我们随时想想、随时考虑的。

这个话同这个目标，不是外国来的东西，可以说是我们老祖宗在几百年，甚至几千年以前，就有了这种理想了。目前有些人提倡读经；我倒很愿意为工程师背几句经书，来说明这个理想。

人如何能控制自然，制造器具呢？人控制自然这个观念，无论东方的圣人贤人，西方的圣人贤人，都是同样有的。我现在提出我们古人的几句话，使大家知道工程师的哲学，并不是完全外来的洋货。我常常喜欢把《易经・系辞》里面几句话翻成外国文给外国人看。这几句话是：“见乃谓之象；形乃谓之器；制而用之谓之法；利用出入，民咸用之，谓之神。”看见一个意思，叫做（作）象；把这个意象变成一种东西——形，叫做（作）器；大规模的制造出来，叫做法；老百姓用工程师制造出来的这些器具，都说好呀！好呀！但是不晓得这器具是从一种意象来的，所以看见工程师便叫做（作）神。

希腊神话，说火是从天上偷来的；中国历史上发明火的燧人氏[1]被称为古帝之一——神。火，是一个大发明。发明火的人，是一个大工程师。我刚才所举《易经・系辞》，从一个观念——意象——造成器具，这个意思，是了不得的。人类历史上所谓文化的进步，完全在制造器具的进步。文化的时代，是照工程师的成绩划分的。人类第一发明是火；大体说来，火的发现是文化的开始。下去为石器时代。无论旧石器时代，新石器时代，都是人类用智慧把石头造成器具的时候。再下去为青铜器时代。用铜制造器具，这是工程师最大的贡献。再下去为铁器时代。这是一个大的革命，后来把铁炼成钢。再下去发明蒸汽机，为蒸汽机时代。再下去运用电力，为电力时代。现在为原子能时代。这都是制器的大进步。每一个大时代，都只是制器的原料与动力的大革命。从发明火以后，石器时代，铜器时代，铁器时代，电力时代，原子能时代，这些文化的阶段，都是依工程师所创造划分的。

这种理想，中国历史上早就有了的。工学院水工试验室要我写字，我写了两句话。这两句话，是《荀子・天论》篇里面的。《荀子・天论》篇，是中国古代了不得的哲学，也就是西方柏格生征服自然，以为人用的思想。《荀子・天论》篇说：“从天而颂之，孰与制天命而用之？大天而思之，孰与物蓄而制裁之？[2]”这个文字，依照清代学者校勘[3]，稍须改动。但意思没有改动。“从天而颂之”，是说服从自然。“从天而颂之，孰与制天命而用之？”两句话联起来说，意思是：跟着自然走而歌颂，不如控制自然来用。“大天而思之”，是问自然是怎样来的。“大天而思之，孰与物蓄而制裁之？”是说：问自然从哪里来的，不如把自然看成一种东西，养它、制裁它。把自然控制来用，中国思想史上只有荀子才说得这样彻底。从这两句话，也可以看出中国在两千二三百年前，就有控制天命——古人所谓天命，就是自然——把天命看作一种东西来用的思想。

“穷理致知”四个字，是代表七八百年前——11 世纪到 12 世纪——宋朝的思想的。宋代程子、朱子提倡格物——穷理——的哲学。什么叫做（作）“格物”呢？这有七十几种说法。今天我们不去

[1] 燧人氏：传说中钻木取火的发明者。

[2] “从天而颂之”四句：原文应为：“大天而思之，孰与物音而制之？从天而颂之，孰与制天命而用之？”

[3] 校勘：是中国古籍整理的一种方法。校是查校古书中文字的异同，勘是勘正古书流传过程中出现的错误。

研究这些说法。照程子、朱子的解释，“格物”是“即物而穷其理也……即凡天下之物，莫不因其已知之理而益穷之，以求至乎其极”。这样的格物致知，可以扩大人的智识。程子说：“今天格一物，明天格一物，习而久之，自然贯通。”有人以范围问他，他说：“上自天地之高大，下至一草一木，都要格的”。这个范围，就是科学的范围，工程师的范围。

两千二三百年前，荀子就有“制天命而用之”的思想；七八百年前，程子、朱子就有格物——穷理——的哲学。这是科学的哲学，可算是工程师的哲学。我们老祖宗有这样好的思想、哲学，为什么不能作（做）到科学工业的文化呢？简单一句话，我们不幸得很，二千五百年以前的时候，已经走上了自然主义的哲学一条路了。像《老子》《庄子》，以及更后的《淮南子》[1]，都是代表自然主义思想的。这种自然主义的哲学发达得太早，而自然科学与工业发达得太迟：这是中国思想史的大缺点。

刚才讲的，人是用智慧制造器具的动物。这样，人就要天天同自然界接触，天天动手动脚的，抓住实物，把实物来玩，或者打碎它、煮它、烧它。玩来玩去，就可以发现新的东西，走上科学工业的一条路。比方（说）“豆腐”，就是把豆子磨细，用其他的东西来点、来试验；一次、二次，……经过许多次的试验，结果点成浆，做成功豆腐；做成功豆腐还不够，还要做豆腐干、豆腐乳。豆腐的做成，很显然的，是与自然界接触，动手、动脚、多方试验的结果，不是对自然界看看、想想，或作一首诗恭维自然界就行了的。

顶好一个例子，是格物哲学到了明朝的一个故事。明朝有一位大哲学家王阳明[2]，他说：“照程子、朱子的说法，要做圣人，要‘即物而穷其理’。‘即物穷理’，你们没有试验过，我王阳明试验过了。”有一天，他同一位姓钱的朋友研究格物，并由钱先生动手格竹子；拿一个凳子坐在竹子旁边望，望了三天三夜，格不出来，病了。王阳明说：“你不够做圣人，我来格。”也端把椅子对着竹子望；望了一天一夜，两天两夜，……到了七天七夜，王阳明也格不出来，病了。于是王阳明说：“我们不配作（做）圣人，不能格物。”从这个故事可以看出，传统的不动手动脚，拿天然实物来玩的习惯。今天工学院植物系的学生格竹子，是要把竹子劈开，用显微镜来细细地看，再加上颜色的水，作（做）各种的试验，然后就可以判定竹子在工业上的地位。为什么王阳明格不出来，今天的工程师可以格出来？因王阳明没有动手动脚作器具的习惯，今天的工程师有动手动脚作器具的习惯。荀子“制天命而用之”的哲学，终敌不过老子、庄子“错（措）人而思天”的哲学。故程、朱的格物穷理的思想，终不能应用到自然界的实物上去，至多只能在“读书”上（文史的研究上）发生了一点功效。

今天送给各位工程师哲学的人生观，又约略讲了讲我们老祖宗为什么失败；为什么有了这样好的征服天然的理想，穷理致知的哲学，而没有造成功科学文化、工业文化。我们可以了解我们老祖宗让西方人赶上去了。同时，从西方人后来实现了我们老祖宗的理想，我们亦就可以知道，只要振作，是可以迎头赶上的。我们只要二十年、三十年的努力，就可以同世界上科学工业发达的国家站在一样的地位。

---

[1]《淮南子》：又名《淮南鸿烈》刘安子，是西汉淮南王刘安及其门客编写的。该书内篇二十一，外篇三十二，内篇论道，外篇杂谈，是战国至汉初黄老之学理论体系的代表作。

[2]王阳明（1472—1529年）即王守仁，字伯安，别号阳明。浙江余姚人，明代哲学家、教育家，著有《传习录》，有《王阳明全集》。

二十年前，中国科学社要我作一个《社歌》；后来请赵元任[1]先生作了乐谱。今天我把这个东西送给各位工程师。这个《社歌》，一共三段十二句。

我们不崇拜自然。他是一个刁钻古怪；
我们要捶他、煮他，要叫他听我们的指派。

我们要他给我们推车；我们要他给我们送信。
我们要揭穿他的秘密，好叫他服事[2]我们人。

我们唱天行有常；我们唱致知穷理。
明知道真理无穷，进一寸有一寸的欢喜。

（1952 年 12 月 27 日在台南工学院七周年纪念会的演讲）

科学与人生[3]

钱　穆

科学头脑，冷静，纯理智的求真，这是现代一般知识分子惯叫的口头禅。然而整个世界根本上就不是冷静的，又不是纯理智的。整个人生亦不是冷静的，亦不是纯理智的。若说科学只是冷静与纯理智，则整个世界以及整个人生就根本不是科学的。试问你用科学的头脑，冷静，纯理智的姿态，如何能把握到这整个世界以及整个人生之真相。

张目而视，倾耳而听，如何是真的色，如何是真的声。视听根本便是一个动，根本便带有热的血，根本便参（掺）杂有一番情绪、一番欲望。不经过你的耳听目视，何处来有真的声和真的色。因此所谓真的声和真的色，实际都已参（掺）进了人的热的血，莫不附带着人之情和欲。科学根本应该也是人生的，科学真理不能逃出人生真理之外。若把人生的热和血冷静下来，把人生的情和欲洗净了、消散了，来探求所谓科学真理，那些科学真理对人生有好处，至少也得有坏处，有利也须有弊。

人体解剖，据说是科学家寻求对于人体知识所必要的手续。然而人体是血和肉组成的一架活机构，

[1] 赵元任（1892—1982 年）：江苏常州人，现代语言学家、音乐家。

[2] 服事：今写作“服侍”。

[3] 本文选自钱穆著《湖上闲思录》，三联书店，2005 年版。

血冷下了，肉割除了，活的机构变成了死的，只在尸体上去寻求对于活人的知识，试问此种知识真乎不真？面对着一个活泼泼的生人，决不能让你头脑冷静，决不能让你纯理智。当你走进解剖室，在你面前的，是赫然的一个尸体，你那时头脑是冷静了，你在纯理智的对待他。但你莫忘却，人生不是行尸走肉。家庭乃至任何团体，人生的场合，不是尸体陈列所。若你真要把走进解剖室的那一种头脑和心情来走进你的家庭和任何人群团体，你将永不得人生之真相。从人体解剖得来的一番知识，或许对某几种生理病态有用，但病态不就是生机。你那种走进人体解剖室的训练和习惯，却对整个人生，活泼泼的人生应用不上。

先把活的当死的看，待你看惯了死的，回头再来看活的，这里面有许多危险，你该慎防。解剖术在中国医学史上，也曾屡次应用过，但屡次遭人非难，据说在西方历史上亦然。这并不是说解剖死人的尸体，得不到对活人的身体上之某几部分的知识。大抵在反对者的心里，只怕养成了你把活人当死人看的那种心理习惯。那就是冷静，纯理智和科学头脑。反对者的借口，总说是不人道。不错，冷静，纯理智，便是不人道。人道是热和血之动，是情与欲之交流，哪能冷静，哪能纯理智。若科学非得冷静与纯理智，那科学便是不人道。把不人道的科学所得来的知识，应用到人生方面，这一层不得不格外留神。

科学家所要求的，在自己要头脑冷静，要纯理智，在外面又要一个特定的场合，要事态单纯而能无穷反复。那样才好让他来求真。但整个世界，整个人生，根本就不单纯，根本就变动不居，与日俱新，事态一去不复来，绝不能老在一个状态上反复无穷。因此说世界与人生根本就不科学，至少有一部分不科学，而且这一部分，正是重要的一部分。让我们用人为的方法，把外面复杂的事态在特设的场合下单纯起来，再强制地叫他反复无穷，如此好让我们得着一些我们所要的知识。然而这真是一些而已。你若认此一些当做（作）全部，你若认为外面的世界和人生，真如你的实验室里的一切，也一样的单纯，也一样的可以反复无穷，科学知识是有用的，然而你那种心智习惯却甚有害。而且你所得的知识的用处，将抵偿不过你所养成的心智习惯的害处来得更深更大。

原来科学家本就把他自身也关闭在一个特定的场合下的，他把他自身从整个世界、整个人生中抽出，因此能头脑冷静，能用纯理智的心情来对某些单纯的事态作无穷反复的研寻。他们所得来的知识，未尝不可在整个世界与整个人生中的某几处应用，让我们依然把这些科学家在特定的场合中封闭，研究人体解剖的医生，依然封闭在解剖室里，整个医学上用得到解剖人体所得来的知识，但我们不要一个纯解剖的医学。人生中用得到科学，但我们不能要一个纯科学的人生。科学只是寻求知识的一条路，一种方法。我们用得到科学知识，但我们不能要纯科学的知识。否则我们须将科学态度和科学方法大大地解放，是否能在科学中也放进热和血之动，在科学中也渗入人之情感与欲望，让科学走进人生广大而复杂的场面，一往不复的与日俱新的一切事态，也成为科学研究之对象呢？这应该是此下人类寻求知识的一个新对象，一种新努力。

前一种科学，我们称他（它）为自然科学；后一种科学，则将是人文科学了。近代西方科学是从自然科学出发的，我们渴盼有一种新的人文科学兴起。人文和自然不能分离，但也不能用自然来吞灭了人文。人文要从自然中出头，要运用自然来创建人文。我们要有复杂的变动的热情的人生科学，来运用那些单纯的、静定的、纯理智的非人生的自然科学。

公众的科学观[1]

（英）史蒂芬·霍金

不管我们喜欢不喜欢，我们生活其中的世界在过去 100 年间遭受到剧烈的变化，看来在 21 世纪这种变化还要更厉害。有些人宁愿停止这些变化，回到他们认为是更纯洁单纯的年代。但是，正如历史所昭示的，过去并非那么美好。过去对于少数特权者而言是不坏，尽管甚至他们也享受不到现代医药，妇女生育是高度危险的。但是，对于绝大多数人，生活是肮脏、野蛮而短暂的。

无论如何，即便人们向往也不可能把时钟扳回到过去。知识和技术不能就这么被忘却。人们也不能阻止将来的进步。即便所有政府都把研究经费停止（而且现任政府在这一点上做得十分地道），竞争的力量仍然会把技术向前推进。况且，人们不可能阻止头脑去思维基础科学，不管这些人是否得到报酬。防止进一步发展的唯一方法是压迫任何新生事物的全球独裁政府，但是人类的创造力和天才是如此之顽强，即便是这样的政府也无可奈何。充其量不过把变化的速度降低而已。

如果我们都同意说，无法阻止科学技术去改变我们的世界，至少要尽量保证它们引起在正确方向上的变化。在一个民主社会中，这意味着公众需要对科学有基本的理解，这样作出决定才能是消息灵通的，而不会只受少数专家的操纵。现今公众对待科学的态度相当矛盾。人们希望科学技术新发展继续导致生活水平的稳定提高，另一方面由于不理解而不信任科学。一位在实验室中制造佛朗克斯坦机器人的发疯科学家的卡通人物便是这种不信任的明证。这也是支持绿党的一个背景因素。但是公众对科学，尤其是天文学兴趣盎然，这可从诸如《宇宙》电视系列片和科学幻想对大量观众的吸引力而看出。

如何利用这些兴趣向公众提供必需的科学背景，使之在诸如酸雨、温室效应、核武器和遗传工程方面作出真知灼见的决定？很清楚，根本的问题是中学基础教育。可惜中学的科学教育既枯燥又乏味。孩子们依赖死记硬背蒙混过关，根本不知道科学和他们周围世界有何相关。此外，通常需要方程才能学会科学。尽管方程是描述数学思想的简明而精确的方法和手段，大部分人对之敬而远之。当我最近写一部通俗著作时，有人提出忠告说，每放进一个方程都会使销售量减半。我引进了一个方程，即爱因斯坦著名的方程，$E = mc^2$。也许没有这个方程的话我能多卖出一倍数量的书。

科学家和工程师喜欢用方程的形式表达他们的思想，因为他们需要数量的准确值。但对于我们中的其他人，定性地掌握科学概念已经足够，这些概念只要通过语言和图解而不必用方程即能表达。

人们在学校中学的科学可提供一个基本框架。但是现在科学进步的节奏如此之迅速，在人们离开学校或大学之后总有新的进展。我在中学时从未学过分子生物学或晶体管，而遗传工程和计算机却是

[1] 本文是史蒂芬·霍金于 1989 年 10 月在西班牙奥维多发表的演讲。史蒂芬·霍金是英国理论物理学家，牛津大学毕业后，又在剑桥大学获得哲学博士学位。曾在剑桥大学任引力物理学教授，主要从事宇宙学和黑洞理论的研究。从 20 多岁起，有渐进性的神经疾病，一直困在轮椅上从事艰难的科学研究。

最有可能改变我们将来生活方式的两种发展。有关科学的通俗著作和杂志文章可以帮助我们知悉新发展，但是哪怕是最成功的通俗著作也只为人口中的一小部分阅读。只有电视才能触及真正广大的观众。电视中有一些非常好的科学节目，但是还有些人把科学奇迹简单地描述成魔术，而没有进行解释或者指出它们如何和科学观念的框架一致。科学节目的电视制作者应当意识到，他们不仅有娱乐公众而且有教育公众的责任。

在最近的将来，什么是公众在和科学相关的问题上应作的决定呢？迄今为止，最紧急的应是有关核武器的决定。其他的全球问题，诸如食物供给或者温室效应则是相对迟缓的，但是核战争意味着地球的全人类在几天内被消灭。冷战结束带来的东西方紧张关系的缓解表明，核战争的恐惧已从公众意识中退出。但是只要还存在把全球人口消灭许多遍的武器，这种危险仍然在那里。在苏联和美国的核武器仍然把北半球的主要城市作为毁灭目标。只要计算机出点差错或者掌握这些武器的人员不服从命令就足以引发全球战争。更令人忧虑的是现在有些弱国也得到了核武器。强国的行为相对负责任一些，但是一些弱国如利比亚或伊拉克、巴基斯坦或甚至阿塞拜疆的诚信就不够高。这些国家能在不久获得的实际的核武器本身并不太可怕，尽管能炸死几百万人，这些武器仍然是相当落后的。其真正的危险在于两个小国家之间的核战争会把具有大量核储备的强国卷进去。

公众意识到这种危险性，并迫使所有政府同意大量裁军是非常重要的。把所有核武器销毁也许是不现实的，但是我们可以减少武器的数量以减轻危险。

如果我们避免了核战争，仍然存在把我们消灭的其他危险。有人讲过一个恶毒的笑话，说我们之所以来被外星人文明所接触，是因为当他们的文明达到我们的阶段时先把自己消灭。但是我对公众的意识有充分的信任，那就是相信我们能够证明这个笑话是荒谬的。

为什么要有科学家[1]

（加拿大）约翰·波拉尼

我根本就说不清楚，我为什么在小时候就对科学这么感兴趣。也许是因为我总是喜欢提问题吧。每一个小孩每天都要问一百遍：“为什么？”人和动物一样，天生就有好奇心。婴儿好奇，狗和猫也好奇。我们都觉得，在锁住的纸板箱里或石头下面会藏着什么东西，总想去瞧一瞧，去发现些什么东西。这是一件很有吸引力的事情。只要家里的一扇门嘎吱一响，大家便立刻猜起谜来了：谁来了？我们的母

[1] 本文选自贝蒂娜·施蒂克尔编《诺贝尔奖获得者与儿童对话》，张荣昌译，生活·读书·新知三联书店，2003 年版。作者约翰·波拉尼（John C. Polanyi），1929 年 1 月 23 日出生，加拿大化学家和教育家。他因为研究化学反应动力学而获得 1986 年诺贝尔化学奖。

亲？我们的兄弟？每一个人的问题都希望不断地得到解释。我们科学家不说“解释”，我们说“理论”。

但是我们为什么是这样的？为什么我们总是想知道一个原因？为什么我们需要一种理论来说明一切事物？大约在三千年前，科学家的榜样——希腊人苏格拉底就对他为什么当哲学家这一问题回答说，他必须“研究自己和所有其他的人”，否则他的生命就没有意义。

首先，每一个人都觉得自己周围的现实是乱七八糟的，对各种事物都有着各种不同的印象，如阳光、热量、树叶沙沙地作响。只要我们在这个世界上，我们就会想出一些故事，把这些看似互相毫无关联的图像和感觉整理好。我们自然科学家讲的这种故事只是许多种故事中的一种——别人则以童话、戏剧、长篇小说或诗歌的形式讲述故事。在我们的研究人员所讲述的故事中，问题常常涉及一种事物如何完全出其不意地和另一种完全不同的事物有关联。举一个例子：没有太阳的热射线就吹不起凉风来。还有：没有太阳和风，绿色的树叶和树就没有生命力。

和所有的好故事一样，太阳、风和树的故事也有一种清晰的形态：圆圈儿的形态。你是知道的，人和动物——也包括你和我——都吸入植物放出的氧气。反过来我们大家又呼出二氧化碳，而植物需要二氧化碳。植物养活我们，我们养活植物。大自然巧妙地形成了这种循环，这将会永远循环往复下去。但前提是我们人类不能过多地去干预这种循环。你想象一下吧，如果我们把地球上的全部森林都砍伐光，这不仅会毁掉全部树木，我们同时也就没有了与生命攸关的氧气。如果我们破坏了这个平衡，植物和我们双方都会受到损害。

那么，这就是一个自然科学家所要做的事情吗？整天讲故事并为我们天天经历的所有这些事物寻找一种内在的联系？从根本上来说——是的。但是我们的工作还有另外几项内容，它们同样重要，它们带给我们很多的乐趣。

为什么偏偏是我的工作给我带来这么多的乐趣？因为它包含着神奇的力量，这种力量一再激励着我们研究人员作出了不起的成绩。我这并不是想说，我们会耍魔术，因为我们的能力也是有限度的。这使我想起了一群瑞典学生的来信，我在获得诺贝尔化学奖之后的不久，收到了这封来信：“亲爱的教授先生，衷心地祝贺您获奖。我们是正在学习化学课程的学生，我们有一个请求：您能不能到我们这儿来一下，把我们的学校炸毁？”对于这些孩子来说，我都成了一个魔术师了，我可以炸毁他们的学校，为他们解闷。但是，其实我在谈到科学的魔力时，我指的是别的东西：这就是数字的魔力。科学是研究人们用某种方法能够数数或计算的东西。譬如，如果让一个科学家来描述你这个人，他就不会说，你好看或诚实，而是说你身高 1.50 米，体重 45 千克。

现在你也许猜到了，这些瑞典学生为什么一定要我将他们的学校炸毁。我们描述一个人的方式是极其无聊的。但是它有一个好处：它可以讲述某些绝不可能被人们讲述的故事。譬如，有一种我们称之为算术的方法，我们用这种方法虽然不能说出你的同班同学的相貌，但是却可以使我们知道你们的平均身高和体重。你看到了：一方面数字限制我们——譬如尽管有这么多的数字，我却无法对你那有感染力的笑声作出任何说明；另一方面这些数字却增加了我们所作的陈述的精确性。我们自然科学家不说：“我的父亲长着一双大脚”，而是说：“我的父亲穿 52 号鞋”。

或者让我们以阿尔伯特·爱因斯坦为例。假如爱因斯坦只说，我们称之为质量的东西（某种东西有多重）与某种别的我们称之为能量（一种运动的名称）的东西有关联，那么这听起来虽然很好听，可是，实际上并没有多大用处。然而，由于爱因斯坦通过计算向我们说明了，某一种小的质量能生产出某一种极大的能量来，他也就说出了某种我们能够理解的东西。也许你已经在什么地方听说过著名的“相对论”？我谈的就是这个“相对论”。爱因斯坦的理论百分之百的正确。所以在很短的时间内，许许多多的科学家能够用他的计算方法进行工作，并且产生种种想法，去证明这一理论，这样就改变了世界。

“相对论”首先给我们带来了一种可以炸毁东西的新方法：科学家们研制了原子弹，我们之所以这样称呼它，是因为它把原子核的质量变成能量，并将其当作武器使用。所以研究可能带来极严重的后果——我以后还要再谈到这个问题。同样，把原子核的质量变成能量的技术，也向我们揭示了用极少量的铀生产出大量电能的途径。这将极大地缓解了我们日常生活中用电紧张的矛盾。然而这又有另一种危险，因为原子能（核）发电厂也会爆炸，就像切尔诺贝利核电站那样。但是在某一个时候，我们定将能够从几滴水中提取一些物质，使之产生出大得多的能量——而其危险性则小得多。科学家们还正在研究一台这样的机器，一个聚变反应堆；这只是一个时间问题，科学家们终将会获得成功。

既然我们谈到科学有时会有危险，那么我们也必须考虑，我们如何才能预防这种危险，我们如何确保我们的工作不造成任何严重的后果。我已经说过，我们科学家被某些人当作魔术师。人们已经可以想象，我们就像童话里的魔术师，再也不能停止我们自己的魔术。在正常情况下，科学会告诉我们一些关于自然界的情况：月亮为什么时而弯月，时而半月，时而满月？为什么住在地球底面的澳大利亚居民不摔下来？为什么没有人会长成 10 米高？我们往往十分机智地去寻找这些问题的答案，所以它们就把我们引向新的、更机智的提问，并引出更机智的答案。

所以当我们谈到对科学的监控时，问题并不在于停止研究，而只在于你和我用新知识干什么事情。我们是利用爱因斯坦关于把质量变成能量的知识去制造原子弹，并用它们去杀人，还是利用这种知识，使人们的生活过得更加轻松、愉快？作出这个决定的，不只是科学家，而是整个社会，是政治家们，是所有的人们。噢，当然儿童除外，因为你们必须先学习，了解世界如何正常运转，然后你们才可以对应该改变世界上的什么作出决定。

科学家们能够帮助以及向儿童们和所有的其他人解释世界并改造世界。自几百年以来，他们一直认为，发现真理比谁发现这个问题更重要。这并不意味着科学家就不互相争辩了——他们像疯了似的争辩。每一个人都想成为下一个诺贝尔奖得主。更为有趣的是，我们之中没有一个人会保守自己的知识：大家分享它，并且相互支持，不管他们来自哪个国家，或者他们信仰哪个上帝。所有科学家的国际共同体有着神圣的使命；我是其中的一员，这是我的莫大光荣。

我因从事研究工作而得到报酬。即使有时候看起来我似乎在玩耍。譬如，我有一个最新的玩具，它是一台机器，我用它来拨弄分子。我用一束激光射线瞄准分子，一群紧密地联系在一起的原子；这时我能看到，这些原子如何作出反应：原子一个接一个地脱离群体并组成新的分子。令人气恼的是，这件玩具已经花了我相当多的精力。因为在大多数日子里，它根本就不灵！它相当地令人气恼！尤其是因为人们要求我不断地发现新东西，如果我要继续当研究人员的话——而这是我无论如何一定要当的！

所以你可以想象，当这台痴呆的机器终于做完了它该做的事情的时候，当我的大学生们和我，有一天能够看上一眼，某种迄今还没有哪个人曾经见过的东西的时候，我会多么激动。我们顿时会联想到，一个像克里斯托夫·哥伦布这样的发现者，在他海上航行了几个月之后，突然又看见了陆地，他一定也曾感觉到巨大的快乐及巨大的欣慰。当我们将我们的分子拆开并又组合在一起的时候，我们将和哥伦布有着同样的感觉。

也许你现在会问我：人们如何才能成为一个研究人员？最重要的是：你必须要有极强烈的愿望！具有非凡的才干和独具个性的人才能成为科学家，但是科学家们都有一个共同点：他们充满热情、全力以赴地进行研究。

如果你现在害怕这些豪情满怀的科学家们，会在今后几年的时间里，把有待于发现的一切都发现了，到头来没有任何东西可让你去发现了，那么我可以让你放心：我们今天所知道的事物，只是我们必须发现的事物中的极其微小的一部分。在人、动物和植物的细胞核里，在原子的内部和在宇宙的边缘，有许多新的“世界”正在等待着人们去发现。也许你就是发现者吧。

为什么要探索宇宙[1]

（美）恩斯特·施图林格

亲爱的玛丽·尤肯达修女：

每天，我都会收到很多类似的来信，但这封对我的触动最深，因为它来自一颗慈悲的饱含探求精神的心灵。我会尽自己所能来回答你这个问题。

首先，请允许我向你以及你勇敢的姐妹们表达深深的敬意，你们献身于人类最崇高的事业：帮助身处困境的同胞。

在来信中，你问我在目前地球上还有儿童由于饥饿面临死亡威胁的情况下，为什么还要花费数十亿美元来进行飞向火星的航行。我清楚你肯定不希望这样的答案：“哦，我之前不知道还有小孩子快饿死了，好吧，从现在开始，暂停所有的太空项目，直到孩子们都吃上饭再说。”事实上，早在了解火星之旅的技术之前，我已经对儿童的饥荒问题有所了解。而且，同我很多朋友的看法一样，我认为此时此刻，我们就应该开始通往月球、火星乃至其他行星的伟大探险。从长远来看，相对于那些要么只有年复一年的辩论和争吵，要么连妥协之后也迟迟无法落实的各种援助计划来说，我甚至觉得探索

[1] 本译文转引自王荣生，吕志敏主编《大学语文》，外语教学与研究出版社，2014 年版。1970 年，赞比亚修女玛丽·尤肯达给恩斯特·施图林格博士写了一封信。施图林格因在火星之旅工程中的原创性研究，成为 NASA（National Aeronautics and Space Administration，美国航空航天局）马绍尔太空航行中心的科学副总监。信中，玛丽·尤肯达修女问道：目前地球上还有这么多小孩子吃不上饭，他怎么能舍得为远在火星的项目花费数十亿美元。施图林格很快给尤肯达修女回了信，同时还附带了一张题为“升起的地球”的照片，这张标志性的照片是宇航员威廉·安德斯于 1968 年在月球轨道上拍摄的（照片中可以看到月球的地面）。他这封真挚的回信随后由 NASA 以“为什么要探索宇宙”为标题发表。

太空的工程更有助于解决人类目前所面临的种种危机。

在详细说明我们的太空项目如何帮助解决地面上的危机之前，我想先简短讲一个真实的故事。那是在400年前，德国某小镇里有一位伯爵。他是个心地善良的人，他将自己收入的一大部分捐给了镇子上的穷人。这十分令人钦佩，因为中世纪时穷人很多，而且那时经常爆发席卷全国的瘟疫。一天，伯爵碰到了一个奇怪的人，他家中有一个工作台和一个小实验室，他白天卖力工作，每天晚上的几小时的时间专心进行研究。他把小玻璃片研磨成镜片，然后把研磨好的镜片装到镜筒里，用此来观察细小的物件。伯爵被这个前所未见的可以把东西放大观察的小发明迷住了。他邀请这个怪人住到了他的城堡里，作为伯爵的门客，此后他可以专心投入所有的时间来研究这些光学器件。

然而，镇子上的人得知伯爵在这么一个怪人和他那些无用的玩意儿上花费金钱之后，都很生气："我们还在受瘟疫的苦，"他们抱怨道，"而他却为那个闲人和他没用的爱好乱花钱！"伯爵听到后不为所动。"我会尽可能地接济大家"，他表示，"但我会继续资助这个人和他的工作，我确信终有一天会有回报"。

果不其然，他的工作赢来了丰厚的回报：显微镜。显微镜的发明给医学带来了前所未有的发展，由此展开的研究及其成果，消除了世界上大部分地区肆虐的瘟疫和其他一些传染性疾病。

伯爵为支持这项研究发明所花费的金钱，其最终结果大大减轻了人类所遭受的苦难，这回报远远超过单纯将这些钱用来救济那些遭受瘟疫的人。

我们目前面临类似的问题。美国总统的年度预算共有2000亿美元，这些钱将用于医疗、教育、福利、城市建设、高速公路、交通运输、海外援助、国防、环保、科技、农业以及其他多项国内外的工程。今年（1970年），预算中的1.6%将用于探索宇宙，这些花销将用于阿波罗计划[1]，其他一些涵盖了天体物理学、深空天文学、空间生物学、行星探测工程、地球资源工程的小项目以及空间工程技术。为担负这些太空项目的支出，平均每个年收入10000美元的美国纳税人需要支付约30美元给太空，剩下的9970美元则可用于一般生活开支、休闲娱乐、储蓄、别的税项等花销。

也许你会问："为什么不从纳税人为太空支付的30美元里抽出5美元或3美元或是1美元来救济饥饿的儿童呢？"为了回答这个问题，我需要先简单解释一下我们国家的经济是如何运行的，其他国家也是类似的情形。政府由几个部门（如内政部、司法部、卫生部与公众福利部、教育部、运输部、国防部等）和几个机构（国家科学基金会、国家航空航天局等）组成，这些部门和机构根据自己的职能制订相应的年度预算，并严格执行以应对国务委员会的监督，同时还要应付来自预算部门和总统对于其经济效益的压力。当资金最终由国会拨出后，将严格用于经预算批准的计划中的项目。

显然，NASA的预算中所包含的项目都是和航空航天有关的。未经国会批准的预算项目，是不会得到资金支持的，自然也不会被课税[2]，除非有其他部门的预算涵盖了该项目，借此花掉没有分配给太空项目的资金。由这段简短的说明可以看出，要想援助饥饿的儿童，或在美国已有的对外援助项目上增加援助金额，需要首先由相关部门提出预算，然后由国会批准才行。

---

[1] 阿波罗计划：又称阿波罗工程，是美国从1961—1972年从事的一系列载人登月飞行任务，它是世界航天史上具有划时代意义的一项成就。

[2] 课税：征税。

要问是否同意政府实施类似的政策，我个人的意见是绝对赞成。我完全不介意每年多付出一点点税款来帮助饥饿的儿童，无论他们身在何处。

我相信我的朋友们也会持相同的态度。然而，事情并不是仅靠把去往火星航行的计划取消就能轻易实现的。相对的，我甚至认为可以通过太空项目，来为缓解乃至最终解决地球上的贫穷和饥饿问题作出贡献。解决饥饿问题的关键有两部分：食物的生产和食物的发放。食物的生产所涉及的农业、畜牧业、渔业及其他大规模生产活动在世界上的一些地区高效高产，而在有的地区则产量严重不足。通过高科技手段，如灌溉管理，肥料的使用，天气预报，产量评估，程序化种植，农田优选，作物的习性与耕作时间选择，农作物调查及收割计划，可以显著提高土地的生产效率。

人造地球卫星无疑是改进这两个关键问题最有力的工具。在远离地面的运行轨道上，卫星能够在很短的时间里扫描大片的陆地，可以同时观察计算农作物生长所需要的多项指标，土壤、旱情、雨雪天气等，并且可以将这些信息广播至地面接收站以便进一步处理。事实证明，配备有土地资源传感器及相应的农业程序的人造卫星系统，即便是最简单的型号，也能给农作物的年产量带来数以十亿美元计的提升。

如何将食品发放给需要的人则是另一个全新的问题，关键不在于轮船的容量，而在于国际间的合作。小国统治者对于来自大国的大量食品的输入很难作出准确的判断，他们害怕伴随着食物一同而来的还有外国势力对其统治地位的影响。恐怕在国与国之间消除隔阂之前，饥饿问题无法得以高效解决了。我不认为太空计划能一夜之间创造奇迹，然而，探索宇宙有助于促使问题向着良好的方向发展。

以最近发生的“阿波罗13号”事故为例。当宇航员处于关键的大气层再入期时，为了保证通信畅通，苏联关闭了境内与阿波罗飞船所用频带相同的所有广播通信。同时派出舰艇到太平洋和大西洋海域以备第一时间进行搜救工作。如果宇航员的救生舱降落到俄方舰船附近，俄方人员会像对待从太空返回的本国宇航员一样对他们进行救助。同样，如果俄方的宇宙飞船遇到了类似的紧急情况，美国也一定会毫不犹豫地提供援助。

通过卫星进行监测与分析来提高食品产量，以及通过改善国际关系提高食品发放的效率，只是通过太空项目提高人类生活质量的两个方面。下面我想介绍另外两个重要作用：促进科学技术的发展和提高一代人的科学素养。

登月工程需要历史上前所未有的高精度和高可靠性。面对如此严苛的要求，我们要寻找新材料、新方法；开发出更好的工程系统；用更可靠的制作流程；让仪器的工作寿命更长久；甚至需要探索全新的自然规律。

这些为登月发明的新技术同样可以用于地面上的工程项目。每年，都有大概一千项从太空项目中发展出来的新技术被用于日常生活中，这些技术打造出更好的厨房用具和农场设备，更好的缝纫机和收音机，更好的轮船和飞机，更精确的天气预报和风暴预警，更好的通信设施，更好的医疗设备，乃至更好的日常小工具。你可能会问，为什么先设计出宇航员登月舱的维生系统，而不是先为听力障碍患者造出有声阅读设备呢。答案很简单：解决工程问题时，重要的技术突破往往并不是按部就班直接得到的，而是来自能够激发出强大创新精神，能够燃起的想象力和坚定的行动力，以及能够整合好所有资源的充满挑战的目标。

太空旅行无可置疑地是一项充满挑战的事业。通往火星的航行并不能直接提供食物解决饥荒问题。然而，它所带来的大量新技术和新方法可以用在火星项目之外，这将产生数倍于原始花费的收益。

若希望人类生活得越来越好，除了需要新的技术，我们还需要基础科学不断有新的进展。包括物理学和化学，生物学和生理学，特别是医学，用来照看人类的健康，应对饥饿、疾病、食物和水的污染以及环境污染等问题。

我们需要更多的年轻人投入科学事业中来，我们需要给予那些投身科研事业的有天分的科学家更多的帮助。随时要有富于挑战的研究项目，同时要保证对项目给予充分的资源支持。在此我要重申，太空项目是科技进步的催化剂，它为学术研究工作提供了绝佳的实践机会，包括对月球和其他行星的研究、物理学和天文学、生物学和医学科学等学科，有它，科学界源源不断地出现令人激动不已的研究课题，人类得以窥见宇宙无比瑰丽的景象；为了它，新技术、新方法不断涌现。

由美国政府控制并提供资金支持的所有活动中，太空项目无疑最引人瞩目也最容易引起争议，尽管其仅占全部预算的 1.6%，不到全民生产总值的 3‰。作为新技术的驱动者和催化剂，太空项目开展了多项基础科学的研究，它的地位注定不同于其他活动。从某种意义上来说，太空项目对社会的影响，其地位相当于三四千年前的战争活动。

如果国家之间不再比拼轰炸机和远程导弹，取而代之比拼月球飞船的性能，那将避免多少战乱之苦！聪慧的胜利者将满怀希望，失败者也不用饱尝痛苦，不再埋下仇恨的种子，不再带来复仇的战争。

尽管我们开展的太空项目研究的东西离地球很遥远，已经将人类的视野延伸至月亮、太阳、星球，直至那遥远的星辰，但天文学家对地球的关注，超过以上所有天外之物。太空项目带来的不仅有那些新技术所提供的生活品质的提升，随着对宇宙研究的深入，我们对地球，对生命，对人类自身的感激之情将越深。太空探索让地球更美好。

随信一块寄出的这张照片，是 1968 年圣诞节那天“阿波罗 8 号”在环月球轨道上拍摄的地球的景象。太空项目所能带来的各种结果中，这张照片也许是其中最可贵的一项。它开阔了人类的视野，让我们如此直观地感受到地球是广阔无垠的宇宙中如此美丽而又珍贵的孤岛，同时让我们认识到地球是我们唯一的家园，离开地球就是荒芜阴冷的外太空。无论在此之前人们对地球的了解是多么的有限，对于破坏生态平衡的严重后果的认识是多么的不充分。在这张照片公开发表之后，面对人类目前所面临的种种严峻形势，如环境污染、饥饿、贫穷、过度城市化、粮食问题、水资源问题、人口问题等等，号召大家正视这些严重问题的呼声越来越多。人们突然表示出对自身问题的关注，不能说和目前正在进行的这些初期太空探索项目，以及它所带来的对于人类自身家园的全新视角无关。

太空探索不仅仅给人类提供一面审视自己的镜子，它还能给我们带来全新的技术、全新的挑战和进取精神，以及面对严峻现实问题时依然乐观自信的心态。我相信，人类从宇宙中学到的，充分印证了阿尔伯特·史怀哲那句名言：“我忧心忡忡地看待未来，但仍满怀美好的希望。”

向您和您的孩子们致以我最真挚的敬意！

您诚挚的
恩斯特·施图林格
1970 年 5 月 6 日

学以致用

一、活动主题

举办以“科技发展的利与弊”为主题的辩论赛。

二、活动规则

1. 以学习小组为单位抽取辩题，搜集信息，准备辩论材料。

2. 每个学习小组选派 1 ～ 2 名代表参加班级辩论赛。

三、活动评价

辩论赛评分标准

1. 立论陈词（20 分）

评分标准：论点明晰，论据充足，引证恰当，分析透彻。语言表达清晰、流畅；层次清楚，逻辑严密。

2. 攻辩环节（20 分）

评分标准：提问简明，击中要害；回答精准，处理问题有技巧；表达清晰，论证合理而有力。

需要扣分的情形：一是提问内容与辩题无关；二是发言内容不健康或进行人身攻击。

3. 自由辩论（30 分）

评分标准：能迅速抓住对方的观点及漏洞，驳论精到，切中要害，明确阐述本方立论和观点并博采出众。

需要扣分的情形：一是对方已经明确回答的问题，仍然纠缠不清；二是发言不健康，或进行人身攻击；三是辩论与辩题无关；四是在一方发言完毕另一方停顿时间过长未起立发言。

4. 总结陈词（20 分）

评分标准：语言表达清晰、流畅；层次清楚，逻辑严密；对对方观点进行质疑，同时强化本方观点，并能首尾呼应。

需要扣分的情形：辩论双方应针对辩论赛整体态势总结陈词，脱离实际的背稿应适当扣分。

5. 团体配合（10 分）

评分标准：辩手配合默契，观点统一。

参考文献

[1] 大学·中庸[M].王国轩，编.北京：中华书局，2007.

[2] 陈平原.大学何为[M].北京：北京大学出版社，2016.

[3] 王荣生，吕志敏.大学语文[M].北京：外语教学与研究出版社，2014.

[4] 王国维.王国维文集[M].姚淦铭，王燕，编.北京：中国文史出版社，1997.

[5] 蔡元培.蔡元培全集[M].高平舒，编.北京：中华书局，1984.

[6] 梅贻琦.梅贻琦谈教育[M].沈阳：辽宁人民出版社，2015.

[7] 胡适.胡适文存[M].合肥：黄山书社，1996.

[8] 陈平原.中国大学十讲[M].上海：复旦大学出版社，2002.

[9] 徐中玉，齐森华.大学语文[M].上海：华东师范大学出版社，2007.

[10] 漆永祥.大学国文选本[M].北京：北京大学出版社，2014.

[11] 何晏注，邢昺疏.十三经注疏·论语注疏[M].北京：北京大学出版社，1999.

[12] 杨伯峻.论语译注[M].北京：中华书局，1980.

[13] 钱宁.新论语[M].北京：生活·读书·新知三联书店，2012.

[14] 钱穆.论语新解[M].北京：生活·读书·新知三联书店，2002.

[15] 张燕婴，译注.论语[M].北京：中华书局，2006.

[16] 卡尔·雅斯贝斯.历史的起源与目标[M].魏楚雄，俞新天，译.北京：华夏出版社，1989.

[17] 易中天.百家争鸣[M].杭州：浙江文艺出版社，2016.

[18] 仇兆鳌.杜诗详注[M].北京：中华书局，1979.

[19] 王国维.宋元戏曲史[M].上海：上海古籍出版社，1998.

[20] 高棅.唐诗品汇[M].汪宗尼，校订，葛景春，胡永杰，点校.北京：中华书局，2015.

[21] 施蛰存.唐诗百话[M].上海：上海古籍出版社，1987.

[22] 冯牧.中国新文学大系（1949—1976）杂文卷[M].上海：上海文艺出版社，1997.

[23] 程光炜，吴晓东，等.中国现代文学史[M].2版.北京：中国人民大学出版社，

2000.
［24］万丽华 . 孟子［M］. 蓝旭，译注 . 北京：中华书局，2006.
［25］杨伯峻 . 孟子译注［M］. 北京：中华书局，1960.
［26］安小兰，译注 . 荀子［M］. 北京：中华书局，2007.
［27］王先谦 . 荀子集解［M］. 北京：中华书局，1988.
［28］饶尚宽，译注 . 老子［M］. 北京：中华书局，2006.
［29］陈鼓应 . 老子今注今译［M］. 北京：商务印书馆，2003.
［30］孙通海，译注 . 庄子［M］. 北京：中华书局，2007.
［31］陈鼓应 . 庄子今注今译［M］. 北京：商务印书馆，2007.
［32］李小龙，译注 . 墨子［M］. 北京：中华书局，2007.
［33］孙诒让 . 墨子间诂［M］. 北京：中华书局，2001.
［34］嵇康 . 嵇康集校注［M］. 戴明扬，校注 . 北京：人民文学出版社，1962.
［35］贾青青 . 梁启超演讲集［M］. 天津：天津古籍出版社，2005.
［36］梁启超 . 饮冰室合集［M］. 北京：中华书局，1989.
［37］傅敏 . 傅雷家书［M］. 北京：生活・读书・新知三联书店，1981.
［38］王家新 . 中外现代诗歌导读［M］. 北京：中国人民大学出版社，2012.
［39］洪兴祖 . 楚辞补注［M］. 北京：中华书局，2015.
［40］王力 . 古代汉语［M］. 北京：中华书局，1999.
［41］章培恒 . 中国文学史新著［M］. 上海：复旦大学出版社，2007.
［42］曹雪芹 . 红楼梦［M］. 北京：人民文学出版社，2005.
［43］龚鹏程 . 中国文学史［M］. 北京：东方出版社，2015.
［44］张爱玲 . 张爱玲典藏全集［M］. 哈尔滨：哈尔滨出版社，2003.
［45］蒲松龄 . 聊斋志异汇校汇注汇评本［M］. 张友鹤，辑校 . 北京：中华书局，1962.
［46］朱其凯，等 . 全本新注聊斋志异［M］. 北京：人民文学出版社，1989.
［47］萧红 . 萧红全集［M］. 哈尔滨：哈尔滨出版社，1991.
［48］贾平凹 . 贾平凹文集［M］. 北京：中国文联出版公司，1995.
［49］木心 . 云雀叫了一整天［M］. 桂林：广西师范大学出版社，2009.
［50］叶芝 . 叶芝抒情诗精选［M］. 王可嘉，译 . 西安：太白文艺出版社，1997.
［51］泰戈尔 . 泰戈尔诗选［M］. 冰心，等，译 . 北京：人民文学出版社，2000.

[52] 隋树森．全元散曲［G］．北京：中华书局，1964.
[53] 王实甫．集评校注西厢记［M］．王季思，校注．上海：上海古籍出版社，1987.
[54] 张燕瑾，校注．西厢记［M］．北京：人民文学出版社，1995.
[55] 汤显祖．牡丹亭［M］．徐朔方，等，校注．北京：人民文学出版社，1963.
[56] 冯梦龙．冯梦龙全集 ［M］．魏同贤，主编．南京：凤凰出版社（原江苏古籍出版社），2007.
[57] 袁宏道．袁宏道集笺校［M］．钱伯诚，校笺．上海：上海古籍出版社，1981.
[58] 张草纫．纳兰词笺注［M］．上海：上海古籍出版社，2003.
[59] 蒲松龄．聊斋志异汇校汇注汇评本［M］．张友鹤，辑校．北京：中华书局，1962.
[60] 张友鹤．聊斋志异选注［M］．北京：人民文学出版社，1978.
[61] 曹雪芹．红楼梦［M］．北京：人民文学出版社，2005.
[62] 程俊英．诗经注析［M］．蒋见元，注．北京：中华书局，1991.
[63] 穆旦．穆旦诗文集［M］．北京：人民文学出版社，2006.
[64] 曹植．曹植集校注［M］．赵幼文，校注．北京：人民文学出版社，1998.
[65] 黄兰波．文天祥诗选［M］．北京：人民文学出版社，1979.
[66] 孔尚任．桃花扇［M］．王季思，等，注．北京：人民文学出版社，1997.
[67] 舒婷．双桅船［M］．上海：上海出版社，1982.
[68] 普希金．普希金诗集［M］．戈宝权，译．北京：中国社会科学出版社，2007.
[69] 鲁迅．野草［M］．北京：人民文学出版社，1979.
[70] 梁漱溟．人生的三路向——宗教，道德与人生［M］．北京：当代中国出版社，2009.
[71] 莎士比亚．哈姆莱特［M］．朱生豪，译．北京：人民文学出版社，2000.
[72] 莎士比亚．莎士比亚十四行诗［M］．梁宗岱，译．上海：华东师范大学出版社，2016.
[73] 关鸿，魏平．历史的先见——罗家伦文化随笔［M］．上海：学林出版社，1997.
[74] 黄秉洲．教你欣赏散文：中外经典名篇［G］．北京：中央编译出版社，2005.
[75] 史铁生．我与地坛［M］．北京：人民文学出版社，2011.
[76] 海子．海子诗全集［M］．西川，编，北京：作家出版社，2009.
[77] 帕斯卡尔．思想录［M］．何兆武，译．北京：商务印书馆，1985.

[78] 王国维 . 人间词话 [M]. 徐调孚，校注 . 北京：中华书局，2016.
[79] 顾随（讲）. 顾随诗词讲记 [M]. 叶嘉莹，笔记，顾之京，整理 . 北京：中国人民大学出版社，2010.
[80] 宗白华 . 美学散步 [M]. 上海：上海人民出版社，2005.
[81] 凌继尧 . 美学十五讲 [M].2 版 . 北京：北京大学出版社，2014.
[82] 爱默生 . 美国名家散文选读 [G]. 夏济安，译 . 上海：复旦大学出版社，2000.
[83] 苏轼 . 苏轼文集 [M]. 茅维，孔凡礼，点校 . 北京：中华书局，1986.
[84] 苏轼 . 苏轼诗文词选译 [M]. 章培恒，等，主编，曾枣庄，曾弢，译注 . 南京：凤凰出版社，2011.
[85] 朱光潜 . 谈美 [M]. 北京：中华书局，2016.
[86] 梁思成 . 人世文丛・云梦生涯 [G]. 张岱年，邓九平 . 北京：北京师范大学出版社，2005.
[87] 林语堂 . 吾国与吾民 [M]. 黄嘉德，译 . 长沙：湖南文艺出版社，2016.
[88] 德富芦花 . 自然与人生 [M]. 林敏，译 . 成都：四川文艺出版社，2014.